beck ^lsche **reihe**

W0072329

b ^{sr}

Dieses Buch schildert umfassend und allgemeinverständlich die Geschichte der Kurden von ihrer Islamisierung im 7. Jahrhundert über das Aufkommen des Begriffs „Kurdistan" im 12. Jahrhundert bis zur Einrichtung einer autonomen kurdischen Region im Nordirak. Der zweite Teil ist der gegenwärtigen kurdischen Gesellschaft gewidmet, die von traditionellen Organisationsformen wie Familien und Stämmen ebenso geprägt ist wie von den Auswirkungen der Modernisierung, inneren Konflikten und nicht zuletzt erheblichen Wanderungsbewegungen, sei es in die Städte, in den Westen der Türkei oder ins Ausland.

Martin Strohmeier ist Professor für Türkische Sprache, Geschichte und Kultur an der University of Cyprus in Nikosia/Republik Zypern.

Lale Yalçın-Heckmann ist Ethnologin und Privatdozentin an der Martin-Luther-Universität Halle-Wittenberg.

Martin Strohmeier
Lale Yalçın-Heckmann

Die Kurden

Geschichte, Politik, Kultur

Verlag C.H.Beck

Mit 8 Abbildungen und 4 Karten

1. Auflage. 2000
2., durchgesehene Auflage. 2003

Originalausgabe

3., überarbeitete und aktualisierte Auflage. 2010
© Verlag C.H.Beck oHG, München 2000
Satz, Druck u. Bindung: Druckerei C.H.Beck, Nördlingen
Umschlagbild: Enver Özkahraman
Umschlagentwurf: malsyteufel, Willich
Printed in Germany
ISBN 978 3 406 59195 2

www.beck.de

Inhalt

Erster Teil
Geschichte, Politik und Kultur

Zweiter Teil
Wirtschaft und Gesellschaft in Südost-Anatolien

Anhang

Verzeichnis der Karten

Verzeichnis der Abbildungen

Verzeichnis der Tabellen

Hinweise zu den Karten

Die Karten 1 und 2 basieren auf den Karten 1, 2 und 4 in David McDowalls *A Modern History of the Kurds* (London/New York 1996/1997, S. XIII, XIV, XVI) und wurden anhand der Karten „Vorderer Orient: Ethnische Gruppen – Die emische Perspektive" (*Tübinger Atlas des Vorderen Orients der Universität Tübingen*, *TAVO* A VIII 13) und „Vorderer Orient: Sprachen und Dialekte" (*TAVO* A VIII 10) von den Verfassern modifiziert und vom Verlag neu erstellt. Die Prozentzahlen in Karte 1 stellen nur grobe Schätzungen dar.

Hinweise zur Schreibweise und Aussprache
von Wörtern und Namen

In unserem Kontext haben wir es mit vier Sprachen zu tun: Kurdisch, Arabisch, Persisch und Türkisch bzw. dem bis 1928 in arabischer Schrift geschriebenen Osmanisch. Die Lateinschrift des Türkischen bietet keine Schwierigkeiten; es verfügt über einige vom Deutschen abweichende bzw. gegenüber dem Deutschen zusätzliche Laute. Auf die Wiedergabe von arabischen und persischen Begriffen und Namen in wissenschaftlicher Umschrift – für Kurdisch gibt es keine allgemein akzeptierte Transkription – wurde verzichtet, weil dies die Verwendung zahlreicher Sonderzeichen notwendig gemacht und den Satz sowie die Lesbarkeit erschwert hätte; entsprechend werden beispielsweise weder bestimmte arabische Konsonanten noch Dehnungszeichen bei langen Vokalen gesetzt. Vielmehr wurde eine Kompromißlösung angestrebt. Die Schreibweise lehnt sich so eng wie möglich an die Aussprache an, versucht aber auch, der Transkription einigermaßen gerecht zu werden. Inkonsequenzen sind nicht vermeidbar gewesen. Ein Beispiel: Eine der Aussprache angenäherte Schreibweise des arabischen Namens Muhammad lautet im persischen Kontext Mohammed; eine mögliche kurdische Transkription wäre Mihemed. In beiden Fällen ist der „arabischen" Schreibweise der Vorzug gegeben worden. Die verwendeten Zeichen werden folgendermaßen ausgesprochen:

c   türk., dsch wie in Dschungel, z.B. *cumhuriyet*

ç   türk., tsch wie Tscherkessen, z.B. *çavuş*

dh   arab., entspricht dem stimmhaften th in engl. this, z.B. *madhhab*

ğ   türk., nur in der Wortmitte und am Wortende vorhandener Buchstabe, der einen kaum hörbaren Reibelaut darstellt und häufig eine Längung des vorausgehenden Vokals zur Folge hat, z.B. *doğu* („Osten")

gh   arab., entspricht dem hochdeutsch ausgesprochenen r in fahren, z.B. *ghaiba*

ı	türk. (i ohne Punkt), gesprochen wie das e in Rose, z.B. Diyarbakır
q	arab./pers., ein am hinteren Gaumen erzeugtes k (nicht kw!), z.B. Qom, Naqschbandiya
s	stimmloses s wie in Haus, z.B. *sunna*, Husain
ş	türk., Lautwert sch, z.B. Muş
th	stimmloses th wie in engl. thing
x	kurd., ch wie in Bach
y	wie das deutsche j, z.B. Ayyubiden, Yeziden
z	stimmhaftes s wie in Sonne, z.B. Zand, Yeziden

Häufige Begriffe wie Aga und Scheich sowie zahlreiche geographische Namen (z.B. Mosul) werden in eingedeutschter Form (zumeist gemäß Duden) wiedergegeben.

Einleitung

In den kurdischen Bergen, wo die türkische Armee ihre Wachtposten in Dörfern oder in deren Nähe unterhält, gab es bis in die achtziger Jahre einen Beruf, den man als „Mauleselunternehmer" bezeichnete. Reşit, dessen Familie nach einem Aufstand in dieser Region im Jahr 1930 in den Westen der Türkei deportiert worden war und der dort als Kind gut Türkisch gelernt hatte, übte diesen Beruf aus. Seine Familie kehrte nach mehreren Jahren in ihr Heimatdorf zurück, „dieses Loch zwischen den Bergen", wie Reşit sich auszudrücken pflegte. Er war Jäger und unterhielt sich gern mit den Soldaten und Offizieren der Gendarmeriewache und übernahm den einträglichen Gütertransport mit Mauleseln für das Militär. Er transportierte den Vorrat für die Soldaten, die im Winter genauso wie die Dorfbewohner von der Außenwelt abgeschnitten waren. Seine Arbeit brachte ihn in näheren Kontakt zu den Soldaten; er schloß Freundschaft mit ihnen und konnte sie, wenn nötig, um Hilfe bitten. Eines Tages wollte Reşit mit seinem Sohn, der zum Militärdienst mußte, in die Stadt. Zusammen mit zwei anderen Dorfbewohnern „mietete" er das Auto eines ihm bekannten Feldwebels (*çavuş*), um sich von ihm dorthin fahren zu lassen. Während der Fahrt unterhielten sie sich lebhaft und laut auf Kurdisch, worauf der Feldwebel, ein Türke einfacher Bildung aus dem Schwarzmeergebiet, plötzlich gereizt das Gespräch unterbrach: „Hört auf mit dieser ekelhaften Sprache!" Die Mitfahrer waren erstaunt und schwiegen. Dann sagte Reşit langsam und mit sicherer, ruhiger Stimme und verschmitztem Blick: „*Çavuş*, wir wissen, daß wir alle aus Zentralasien stammen und Brudervölker sind, aber die Sprache kannst du uns nicht verbieten ..."

Reşit lebt nicht mehr. In der Auseinandersetzung zwischen den „Brudervölkern" bzw. in dem Krieg zwischen PKK-Guerilla, türkischer Armee und kurdischen Dorfschützern wurde er getötet. Die Arbeit, die er verrichtete, ist nicht mehr gefragt; die türkische Armee ließ überallhin Straßen bauen, ihre Versorgung liegt heute nicht mehr in den Händen von Mauleselunternehmern.

Die Personen sind in vielfältiger Weise in das Geschehen eingebunden: Der *çavuş*, der im Einsatz gegen kurdische Schmuggler ist, bessert sein karges Gehalt mit Taxifahrten für die kurdische Bevölkerung auf. Reşit, ein „integrierter" Kurde, bestreitet von seiner Arbeit im Dienst der Armee seinen Lebensunterhalt und wird später (die Geschichte spielt 1981) Dorfschützer (*korucu*). Die Begebenheit führt verschiedene Facetten kurdischen Alltags vor Augen: Ambivalenzen von Identität und Ideologie, situationsbedingtes oder pragmatisches Handeln und Denken, wechselseitige Abhängigkeit der Menschen voneinander. Was veranlaßte den *çavuş*, das Kurdische als „ekelhaft", d. h. minderwertig zu bezeichnen? Hatte er sich sprachlich ausgegrenzt gefühlt? Wie erklären sich Reşits Souveränität in seiner Behandlung des *çavuş*, sein selbstbewußter Ton und seine ironische Anspielung auf die angeblich gemeinsame Herkunft von Türken und Kurden?

Es sind solche Alltagssituationen, an denen sich die komplexen historischen Beziehungen und sozialen Prozesse zwischen Türken und Kurden ablesen lassen. Eine ethnische Identität, die von einer nationalen abweicht, kann im Alltag eine unausgesprochene Selbstverständlichkeit haben. Ethnische Identität kann aber auch zugespitzt und bewußt verwendet werden, um die Unterschiede zwischen beiden Identitäten zu unterstreichen. Die von Reşit und seinen Landsleuten gesprochene Sprache ist hier der Gegenstand solcher Prozesse. Für sie gehört ihre Sprache zu ihrem Selbstverständnis und wird nicht aus „patriotischen" Gründen gesprochen. Der *çavuş* reagiert auf seine Ausgeschlossenheit aggressiv. Diese Haltung drückt nicht mehr allein seine persönliche Frustration aus, sondern greift auf dubiose Ideologien zurück, die sich auf die ethnisch-nationale „Überlegenheit" von Türken über Kurden beziehen. Reşit weiß um die Unangemessenheit der Intervention des *çavuş*. Er spielt mit der Zweideutigkeit dieser Ideologie und betont die Gemeinsamkeit der Herkunft von Türken und Kurden, akzeptiert sie aber nur um den Preis der Gleichwertigkeit der eigenen Sprache. Kurdisch zu sprechen kann man ihm nicht verbieten; dies ist eine wesentliche Komponente seines Selbstverständnisses als Kurde und als Bürger des türkischen Staates.

In dieser Episode ist der Umgang mit Geschichte von großer Bedeutung. Geschichte und Geschichtsbewußtsein sind zentral für ethnische und nationale Identitäten, die keineswegs immer zusammenfallen. Eine soziale Gruppe kann ein Bewußtsein von objektiven Kriterien wie Sprache und Religion haben, die sie von anderen sozialen Gruppen unterscheiden; dies bedeutet aber nicht, daß sie ihre Identität nur auf diese Kriterien beziehen muß. Geschichte wird immer wieder neu geschrieben, Geschichtsbewußtsein konstituiert sich immer wieder aufs neue. Akteure in ungleichen Machtverhältnissen – sei es auf der individuellen oder auf der gesellschaftlichen Ebene – können historische Konstrukte benutzen, um diese Verhältnisse zum eigenen Vorteil zu ändern. Die Unstimmigkeit zwischen unterschiedlichen Konstrukten, die in unserer Geschichte zum Konflikt führte, und die Diskrepanz von Fremd- und Selbstsicht (d.h. wie die Kurden von anderen gesehen werden und wie sie sich selbst sehen) sind wichtige Elemente des Verhältnisses der Kurden zu anderen Völkern. Seit Beginn ihres „nationalen Erwachens", d.h. seit sie ihre Sprache und Kultur als Basis einer nationalen Identität einsetzen, mußten die Kurden (bzw. ihre nationalistischen Vorkämpfer) erleben, daß ihr Selbstbild (ihr historisches Konstrukt) von anderen nicht ohne weiteres akzeptiert wurde, beispielsweise ihnen eine eigene Identität versagt wurde oder sie als „wildes Bergvolk" galten, wenn sie im Westen nicht sogar gänzlich unbekannt waren. Diese frustrierende Erfahrung machte ein Mitglied der kurdischen Studentenvereinigung *Hivi*, das sich vor dem Ersten Weltkrieg zum Studium in der Schweiz aufhielt:

„An dem Tag, an dem ich in die Pension in Lausanne einzog, fragte mich die Vermieterin vor den anderen Gästen, die aus mehr als zehn verschiedenen Ländern kamen: ‚Monsieur, Sie kommen aus Istanbul, sind Sie Türke oder Grieche?' In meinem gebrochenen Französisch antwortete ich: ‚Weder Türke noch Grieche.' Auf ihre Frage: ‚Zu welchem Volk gehören Sie dann?' antwortete ich: ‚Ich bin Kurde.' Alle Gäste am Tisch schauten mich verdutzt an, als ob sie etwas ganz Sonderbares gehört hätten. Natürlich schämte ich mich. Und ich war verletzt, daß ich zu einem Volk gehörte, das niemand kannte. Glücklicherweise waren zwei Russen zugegen, die mir aus meiner Verlegenheit halfen und etwas zu den Kurden und Kurdistan sagen konnten. Am nächsten Tag saß ich nach dem Frühstück im Salon. Die Pensionswirtin fragte: ‚Sie sagen, daß Sie Kurde sind. Wo ist denn ihr Land?' Ich öffnete die Landkarte, die dort lag, zeigte auf die Stadt Diyarbakır, über der der Name Kurdistan in großen Buchstaben geschrieben stand, und sagte: ‚Da komme ich her.'"[1]

Im Jahre 1998 jährte sich zum hundertsten Mal die Gründung einer Zeitung mit Namen *Kürdistan*. Zwar war den Herausgebern und Autoren von *Kürdistan* die Forderung nach einem Staat gleichen Namens noch fremd, weil sie sich als loyale Untertanen des Osmanischen Reiches, wenn auch – zusammen mit türkischen Reformern – als Gegner des autokratisch herrschenden Sultans Abdülhamid verstanden. Aber die Grundlagen wurden geschaffen für ein Programm, wie es Nationalisten überall auf der Welt propagieren: Rückbesinnung auf Glanzzeiten des eigenen Volkes, Forderung nach Überwindung von Abhängigkeit und Rückständigkeit sowie nach Modernität. Die kurdische Nationalbewegung, die sich seit Beginn des 20. Jahrhunderts herausbildete, lenkte ihr Augenmerk auf zwei Punkte: Zum einen galt es, den Kampf um die von ihr beanspruchten Rechte der Kurden bzw. die Einheit der Kurden zu führen. Zum anderen wurde die Modernisierung der kurdischen Gesellschaft und die Zurückdrängung traditioneller Identitäten und Strukturen als Voraussetzung für „nationalen" Fortschritt angesehen. Während letzteres ansatzweise realisiert worden ist, konnte das längst nicht von allen Kurden verfolgte Projekt der staatlichen Einheit nicht bewerkstelligt werden. Bis heute leben die Kurden nicht in einem eigenen Staat, sondern vor allem in Iran, in der Türkei, im Irak und in Syrien. Während die Kurden im Irak der Unabhängigkeit am nächsten gekommen sind, widersetzt sich in den anderen drei Ländern ein Teil der Kurden seit Jahrzehnten staatlichem Homogenisierungsdruck sowie Repressionen und kämpft um politische und kulturelle Anerkennung sowie Autonomie.

Die vor über 60 Jahren auf die Kurden-Republik von Mahabad gemünzte Aussage kann noch heute als konzise Definition der Kurdenfrage im allgemeinen gelten: „Ihre seltsam widersprüchlichen Elemente – Stammeskriege, rivalisierende Imperialismen und konkurrierende Gesellschaftssysteme, mittelalterliche Ritterlichkeit und idealistischer Nationalismus – veranschaulichen die Komplexität der kurdischen Frage. Sie betrifft ein Volk, das nie vereint war und das jetzt auf fünf Staaten aufgeteilt ist, von denen keiner den nationalistischen Bestrebungen der Kurden wohlwollend gegenübersteht".[2]

Die kurdische Frage besteht also nicht nur aus einem Konflikt zwischen Türken und Kurden, Arabern und Kurden bzw. Iranern und Kurden oder den Regierungen der Türkei, Irans und Iraks. Sie ist auch nicht in ein Schema von Unterdrückern und Unterdrückten zu pressen. Vielmehr gibt es in der kurdischen Gesellschaft selbst Spannungen, die herrühren aus einem starken Entwicklungsgefälle, unterschiedlichen Orientierungen der Führungsschichten und dem Konflikt zwischen noch vorhandenen Stammesstrukturen und Ansätzen zu einer bürgerlichen Gesellschaft. Abgesehen davon hat die kurdische Problematik allgemeinere Dimensionen. Insbesondere seit dem Zusammenbruch der kommunistischen Systeme des Ostblocks und dem Wegfall der alten bipolaren Machtkonstellation haben sich in Europa und an seinem Rand gewalttätige Konflikte entzündet, in deren Mittelpunkt Fragen von Ethnizität, Minderheiten, Nationalismus und Demokratie stehen.

Die Kurden leben in einer Region, die von strategischer Bedeutung ist. Wasserreichtum und Ölvorkommen sind ein so bedeutender Faktor, daß weder die Türkei noch der Irak auf diese Ressourcen verzichten können, auf die auch die Kurden Ansprüche erheben. Damit ist Kurdistan auch für die westliche Welt von geopolitischer Bedeutung. Dies hat zu einem lebhaften Interesse an den Ereignissen und Personen beigetragen. In den sechziger und siebziger Jahren war es der legendäre Kurdenführer Mustafa Barzani, der die westliche Öffentlichkeit beschäftigte. Seit den achtziger Jahren sind es die PKK in der Türkei und der Überlebenskampf der irakischen Kurden sowie die Transformation ihres Gebietes in eine autonome Region, denen weltweite Aufmerksamkeit zuteil wurden.

Trotz der publizistischen Präsenz der Kurden in den Medien besteht ein Mangel an aktuellen, umfassenden und zuverlässigen Informationen zur Geschichte und Gegenwart der Kurden. Mit dem vorliegenden Buch wird versucht, diese Lücke zu schließen. Es wendet sich an Leserinnen und Leser, die Hintergrundkenntnisse zur Berichterstattung in den Medien suchen. Darüber hinaus ist es für all jene von Interesse, die sich über die Rolle der Kurden in der Geschichte und ihre gegenwärtigen Lebensbedingungen informieren wollen.

Das Buch besteht aus zwei Teilen. Im ersten Teil werden zunächst Herkunft, Sprachen und Religionen der Kurden dargestellt sowie wichtige Ereignisse und Entwicklungen in der kurdischen Geschichte beschrieben. Der dargestellte Zeitraum erstreckt sich von der Islamisierung der Kurden im 7. Jahrhundert über das

Aufkommen des Begriffs „Kurdistan" im 12. Jahrhundert und kurdische Fürstentümer zwischen den Reichen der Osmanen und Perser bis hin zur Entwicklung des kurdischen Nationalismus seit dem Ende des 19. Jahrhunderts. Ein Schwerpunkt liegt auf der Darstellung der Situation der Kurden besonders in Iran, im Irak und in der Türkei bis in unsere Zeit.

Im zweiten Teil werden Wirtschaft und Gesellschaft der Kurden unter besonderer Berücksichtigung der Verhältnisse im Südosten der Türkei analysiert. Ausgehend von der sozioökonomischen Lage werden die Auswirkungen der Modernisierung und gesellschaftlichen Differenzierung dargestellt. Zentrale Instanzen der sozialen Organisation wie Haushalt und Familie werden ebenso vorgestellt wie unterschiedliche Produktions- und Lebensformen. Auch die für die kurdische Gesellschaft immer noch relevanten traditionellen Stammes- und Führungsstrukturen werden ausführlich erläutert. Die Akzentsetzung auf die Türkei bot sich aus zwei Gründen an. Zum einen konnte aus eigener Feldforschung geschöpft werden; zum anderen ist über die Kurden in der Türkei sehr viel mehr bekannt als über jene in den anderen Staaten. Dies liegt nicht zuletzt daran, daß die Türkei trotz aller Einschränkungen eine kritische Öffentlichkeit besitzt, die begonnen hat, die kurdische Frage zu diskutieren. Letzthin haben Vorschläge der gegenwärtigen Regierung und des Präsidenten Hoffnungen auf eine Gewährung umfassender kultureller Rechte für die Kurden geweckt.

Der Begriff Kurdistan ist umstritten. Der Einfachheit halber verwenden wir ihn zur Bezeichnung des Gebietes, in dem Kurden, in veränderlicher Zahl und nicht immer die Mehrheit bildend, leben. Zu einem so verstandenen Kurdistan zählen große Teile der Ost- und Südost-Türkei, Nordwest-Irans und des Nordirak.

Teil I wurde von Martin Strohmeier verfaßt, Teil II von Lale Yalçın-Heckmann. Das Kapitel 9 über die Kurden in der Türkei (Teil I) und die Einleitung entstanden in Zusammenarbeit. Da der Anmerkungsapparat möglichst knapp gehalten werden sollte, wurde auf Einzelnachweise teilweise verzichtet.

Die Autoren danken Dr. Harald Schüler (Nürnberg) für die Erstellung der Karten „Provinzratswahlen 2009, Stimmanteile der DTP (Partei der demokratischen Gesellschaft)", „Geschätzter Anteil der Einwohner kurdischer Muttersprache 1990" und seine Hilfen bei der Interpretation statistischer Fragen. Dank gilt auch unserer ersten Leserin Angela Zerbe und Dr. Bärbel Reuter für ihre Mitarbeit an den Korrekturen. Dr. Ludwig Paul (Göttingen) und Dr. Walter Posch (Bamberg) haben wertvolle Hinweise beigesteuert.

Die Idee zu diesem Buch geht zurück auf Gespräche mit Professor Dr. Ulrich Haarmann (Direktor des Geisteswissenschaftlichen Zentrums Moderner Orient in Berlin), der auch die Kontakte zum Verlag C. H. Beck hergestellt hat. Zur Bestürzung seiner Kollegen und Freunde, denen er fachlich und menschlich stets Vorbild war, ist er am 4. Juni 1999 im Alter von 56 Jahren einem schweren Leiden erlegen.

Erster Teil

Geschichte, Politik und Kultur

1.

Das Land: Kurdistan als geographischer und politischer Begriff

Eine allgemein akzeptierte geographische Definition Kurdistans gibt es nicht. Das ist nicht überraschend, weil mit dem Begriff ganz verschiedene Vorstellungen verbunden werden. Kurdische Nationalisten verwenden ihn mit Nachdruck, während die Staaten, auf deren Territorien Kurdistan liegt, ihn lange Zeit geleugnet oder ignoriert haben. Bis in die jüngste Zeit war Kurdistan auf der einen Seite (z.B. in der Türkei) ein verpöntes, zuweilen auch verbotenes Wort, auf der anderen Seite ein politischer Kampfbegriff, der das Ziel eines beträchtlichen Teils der Kurden benennt. Die Problematik liegt darin, daß der Begriff Kurdistan nie zusammengefallen ist mit einer staatlich-politischen Einheit gleichen Namens, die fest umrissene und dauerhafte Grenzen gehabt hätte. Solche Grenzziehungen waren ohnehin vor Beginn der Moderne, zumal in kaum erschlossenen und schwer zugänglichen Gebieten wie Kurdistan, nicht möglich. So gesehen ist Kurdistan eine geographische Konvention, ein Begriff, den man aus Gründen der Bequemlichkeit und in Ermangelung präziserer Definitionen gewählt hat.

Seit etwa einem Jahrtausend existiert unzweifelhaft eine Region oder Landschaft dieses Namens. Der persische Name Kurdistan bedeutet „Land der Kurden" und bezeichnete eine Provinz des Reiches der türkischstämmigen Dynastie der Seldschuken, die vom 11. bis zum 13. Jahrhundert weite Teile des Vorderen Orients beherrschten. Im Osmanischen Reich gab es gleichfalls eine Provinz (*eyalet*) mit Namen Kurdistan, die aus den drei Distrikten Dersim, Muş und Diyarbakır bestand; in osmanischen Dokumenten ist auch von einem „Kürdistan-i Diyar Bekr" die Rede. Heute wird der Name Kurdistan offiziell nur für eine Provinz (Hauptstadt Sanandadsch) in Iran verwendet (Irakisch-Kurdistan heißt im offiziellen Sprachgebrauch „Region Kurdistan-Irak").

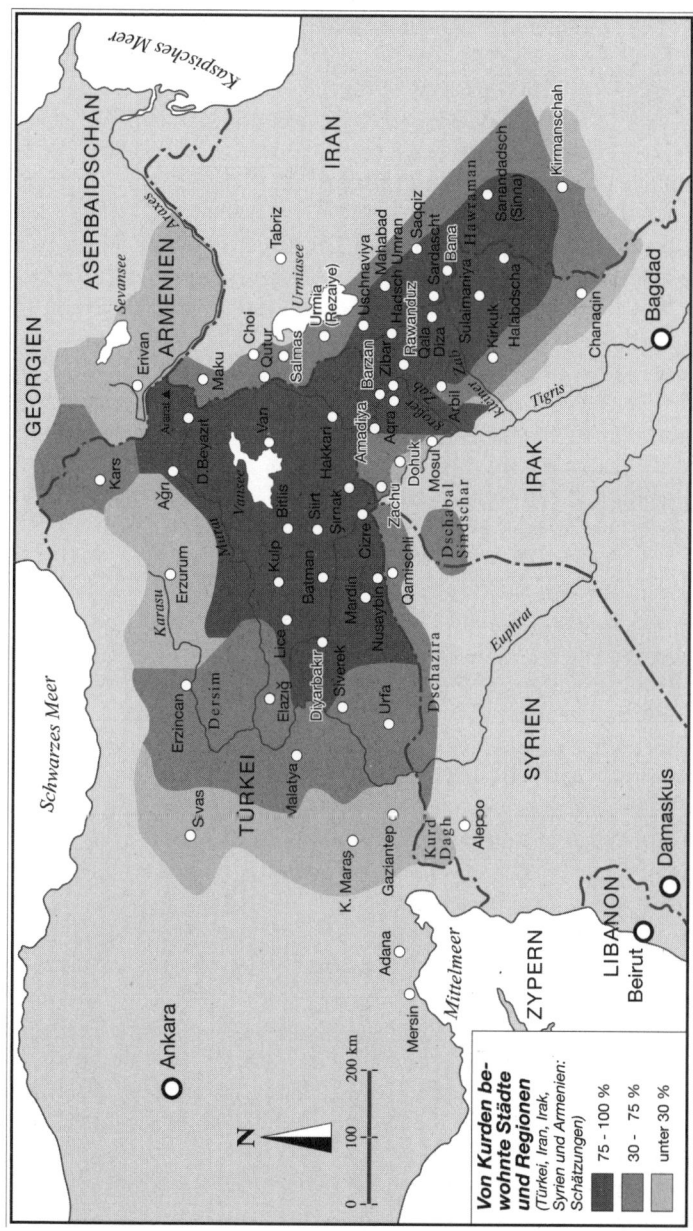

Kaspisches Meer

ASERBAIDSCHAN

GEORGIEN

ARMENIEN

IRAN

Sevansee

Aras

Tabriz

Choi

Çukur

Salmas

Urmiasee

Urmia
(Rezaiye)

Erivan

Maku

Uschnaviya

Mahabad

Saqqiz

Sardescht

Bena

Sanandadsch
(Sinna)

Kirmanschah

Kars

Ağrı

D.Beyazıt

Van

Hakkari

Amadiya

Barzan

Zibar

Hadschi Umran

Rawanduz

Diza

Qala

Arbil

Dohuk

Mosul

Sulaimaniya

Kirkuk

Halabdscha

Chanaqin

Bagdad

Tigris

Kleiner Zab

Großer Zab

Ararat

Erzurum

Murat

Bitlis

Siirt

Şırnak

Cizre

Zachu

Dschabal
Sindschar

IRAK

Karasu

Kulp

Batman

Mardin

Nusaybin

Qamischli

Erzincan

Lice

Siverek

Dschazira

Euphrat

SYRIEN

Dersim

Elazığ

Diyarbakır

Urfa

Erzurum

Svas

Malatya

K. Maraş

Gaziantep

Kurd
Dagh

Aleppo

Damaskus

Schwarzes Meer

TÜRKEI

Ankara

Adana

Mersin

ZYPERN

LIBANON

Beirut

Mittelmeer

N

200 km

100

0

**Von Kurden be-
wohnte Städte
und Regionen**
*(Türkei, Iran, Irak,
Syrien und Armenien:
Schätzungen)*

75 - 100 %

30 - 75 %

unter 30 %

21

Die Ausdehnung Kurdistans ist zu verschiedenen Zeiten unterschiedlich verstanden worden. Der persisch schreibende Geograph Hamdallah Mustaufi Qazwini (1281–1350) bezeichnete in seinem *Nuzhat al-Qulub* („Vergnügen der Herzen") damit das Gebiet, das im Westen an Unter-Mesopotamien (in der Terminologie der mittelalterlichen islamischen Geographen: der „arabische Irak", d.i. Babylonien), im Osten an den „persischen Irak" (das alte Medien), im Süden an Chuzistan sowie im Norden an Aserbaidschan und Diyar Bakr (Obermesopotamien) grenzte.[1] Qazwinis Kurdistan war somit bedeutend kleiner als jenes, das im *Scharafname* beschrieben wird: „Das Land Kurdistan beginnt bei Hormuz, das am indischen Meer [gemeint ist ein Ort an der Straße von Hormuz zwischen dem Persischen Golf und dem Golf von Oman] gelegen ist, und erstreckt sich von da in einer geraden Linie bis zum Land Malatya und Maraş. Im Norden dieser Linie liegen Fars, der persische Irak, Aserbaidschan und Armenien, im Süden Diyar Bakr, Mosul und der arabische Irak".[2]

Kurdistan, d.h. das Gebiet, in dem ein zahlenmäßig veränderlicher, bisweilen dominierender Bevölkerungsanteil Kurden sind, ist im wesentlichen auf die Staaten Türkei, Irak und Iran verteilt. Kurden leben zwar auch in den ehemaligen Sowjetrepubliken und heute unabhängigen Staaten Armenien und Aserbaidschan sowie in Syrien in unterschiedlichen Konzentrationen, aber die Dichte der kurdischen Bevölkerung im Dreieck Iran, Irak und Türkei wird hier nirgends erreicht. Eine beträchtliche Zahl von Kurden gibt es ferner in Städten außerhalb Kurdistans, z.B. in Istanbul, Damaskus, Bagdad und Teheran, oder in Gebieten, in die sie zu verschiedenen Zeiten umgesiedelt worden sind (z.B. in der Gegend von Haymana nahe Ankara).

Unter diesen Voraussetzungen erstreckt sich Kurdistan in Form eines Bogens von Nordwest Richtung Südost vom 39. bis zum 48. Längengrad und vom 35. zum 40. Breitengrad. Das Herz Kurdistans bilden die Gebirgszüge des östlichen Taurus in der Türkei und westlichen Zagros in Iran. Überhaupt ist Kurdistan durch seine gebirgige und zerklüftete Beschaffenheit geprägt. Die Berge erreichen stellenweise Höhen bis zu 4000 m, die höchste Erhebung ist der Ararat (5165 m) im äußersten Norden; sie senken sich im Westen zum ostanatolischen Hochplateau und fallen im Süden zur mesopotamischen Tiefebene bzw. zur syrischen Wüste ab. Weitere Charakteristika sind die Durchbrüche durch die Gebirge des Taurus, die Canyons des Euphrat und die fruchtbaren Hochebenen nördlich der Städte Malatya und Muş.

Der vorherrschend gebirgige und z.T. unzugängliche Charakter Kurdistans hat spezifische gesellschaftliche und wirtschaftliche Verhältnisse hervorgebracht. Die Abgeschlossenheit hat u.a. dazu geführt, daß Zentralregierungen und Verwaltungen entweder nur unter großen Schwierigkeiten und Verlusten ihre Kontrolle durchsetzen konnten oder darauf verzichten und sich mit einer lockeren Anbindung begnügen mußten. Die Unzugänglichkeit bedeutet zum anderen, daß wirtschaftliche Verbindungen zur „Außenwelt" nur höchst mühsam hergestellt und aufrechterhalten werden konnten. Lange Zeit blieb Kurdistan ein von den großen Handelsströmen kaum berührtes Gebiet.

Entsprechend der geographischen Beschaffenheit sind die klimatischen Bedingungen in Kurdistan sehr unterschiedlich. Infolge der Höhenlage ist das Klima in weiten Teilen Kurdistans verhältnismäßig kalt. Viele Gipfel sind die meiste Zeit des Jahres schneebedeckt. In den Tälern ist das Klima kontinental und relativ trocken, während in den Ebenen gewisse Regenmengen verzeichnet werden. Die Temperaturen sind von beträchtlichen Gegensätzen gekennzeichnet. Im gebirgigen Norden Kurdistans sind Wintertemperaturen von unter −30 Grad Celsius keine Seltenheit, während in Kirkuk im Nord-Irak im Sommer über 40 Grad erreicht werden können. Gleichwohl ist Kurdistan keine unfruchtbare Region, in der Pflanzen- und Baumwuchs völlig fehlen würden. Wie viele Gegenden des Mittelmeerraums war Kurdistan in früheren Jahrhunderten bewaldet gewesen, aber der Holzschlag für Bau- und Heizzwecke sowie der Abfraß von Sträuchern und Zweigen durch Tiere haben ihren Tribut gefordert. Dadurch sind beispielsweise die Eichenwälder im Zagros fast völlig verschwunden. Trotzdem bieten auch heute noch Weiden und Almen Schafen und Ziegen Nahrung.

Die Wirtschaft in Kurdistan beruht zum großen Teil auf Ackerbau und Viehzucht. Im Südosten der Türkei spielt Getreideanbau eine Rolle, auf dem Plateau Irans werden Weizen und Gerste angepflanzt. In den Tälern des iranischen Kurdistan werden Reis, Tabak und Baumwolle produziert. Im Nordosten des Irak ermöglichen die Niederschlagsmengen eine Landwirtschaft ohne künstliche Bewässerung; auch hier wird Reis angebaut. Kurdistan ist eine Viehzuchtregion par excellence. Kriegsbedingte Zerstörungen, Vertreibungen und mehr oder weniger erzwungene Abwanderung aus den ländlichen Gebieten (z. B. in der Türkei) sind jedoch nicht ohne Auswirkungen auf die landwirtschaftliche Produktion geblieben.

Das Straßen- und Wegenetz ist in den höheren Bergregionen ausgesprochen begrenzt bzw. dürftig. Natürlich sind die Ebenen und Täler für den Verkehr sehr viel dienlicher. Bis in die jüngere Vergangenheit sind die Staatsgrenzen, die Kurdistan zerschneiden, von den nomadischen Stämmen auf ihren saisonalen Wanderungen, z. B. zwischen der Syrischen Wüste und dem anatolischen Hochland, ignoriert worden.

Kurdistan ist in erster Linie eine ländliche Region mit zahlreichen, z. T. entlegenen Dörfern. Doch gibt es einige wenige Großstädte von Rang, z. B. Diyarbakır in der Südost-Türkei und Erbil, die Hauptstadt Irakisch-Kurdistans.

Sein Wasserreichtum macht Kurdistan in einer sonst wasserarmen Weltgegend zu einer strategisch wichtigen Region. Dominieren schon bei einem flüchtigen Blick auf die Karte die beiden Ströme Euphrat und Tigris, so kommen noch zahlreiche Flüsse und Seen hinzu, z. B. die beiden Zab-Flüsse und der Aras. Die Quellflüsse (die des Euphrat heißen Murat und Karasu) und Oberläufe der beiden Ströme verlaufen auf türkischem Territorium. Hier sind bereits mehrere große Staudämme (u. a. der Atatürk-Staudamm südöstlich von Adıyaman) in Betrieb genommen worden, die der Stromerzeugung dienen und in teils eingeleiteten, teils realisierten Projekten – zu nennen wäre etwa das Südost-Anatolien-Projekt (GAP, Abkürzung für *Güney-Doğu Anadolu Projesi*) – weite Landstriche zwischen Urfa und Gaziantep in landwirtschaftliche Nutzflächen verwandeln sollen.

Der Tigris (türk. Dicle) entspringt nahe dem Hazar-See südlich der Stadt Elazığ, berührt Diyarbakır und Cizre und nimmt auf irakischem Gebiet die Zuflüsse des Großen und Kleinen Zab auf, die, wie auch der Diyala, in den Bergen an der irakisch-iranischen Grenze entspringen. Im Nord-Irak gibt es einige Staudämme und Wasserkraftwerke, die an diesen Flüssen betrieben werden, wenn auch nicht in derselben Größenordnung wie in der Türkei. Auch im kurdischen Teil Irans sind zahlreiche Wasserläufe vorhanden.

Dazu kommen als wichtige Seen der Van-See (3700 km²) in Ost-Anatolien und der Urmiya-See (5700 km²) in Iran.

Die Ölvorkommen in Kurdistan sind ein bedeutender wirtschaftlicher und geopolitisch-strategischer Faktor. Die Aufteilung der Einkünfte aus den Ölfeldern von Kirkuk (das nicht im kurdischen Teil liegt, aber von den Kurden beansprucht wird) ist zwischen der Zentralregierung in Bagdad und der RRKI (Regional-Regierung Kurdistan-Irak) bisher noch nicht abschließend geklärt worden. Die Erdölproduktion in Südost-Anatolien, vor allem um Batman, deckt lediglich ca. 10% des inländischen Bedarfs.

2.

Die Menschen: Mythen und Fakten

Die Herkunft der Kurden liegt im vorgeschichtlichen Dunkel, weil die meisten Nachrichten über die Kurden vor dem Mittelalter, genauer: vor der Annahme des Islams und der damit einsetzenden Erwähnung in muslimischen Quellen, bruchstückhaft und umstritten sind. Je weniger gesicherte Kenntnisse wir über einen bestimmten Gegenstand, beispielsweise ein historisches Faktum, haben, desto trefflicher lassen sich Spekulationen anstellen. Dies trifft gewiß auf die Behauptung in der türkischen Ausgabe der französischen Enzyklopädie *Meydan-Larousse*[1] zu, die Kurden seien „ein türkischstämmiges Volk". Indes zeigt die Nennung der Kurden zweierlei: Der Name „Kurden" wird heutzutage in der Türkei keineswegs ignoriert; in dem betreffenden Artikel werden immerhin alternative Theorien zur „türkischen" Herkunft der Kurden vorgestellt. Noch im 19. Jahrhundert fanden osmanische Autoren wie der albanisch-stämmige Schemseddin Sami, Verfasser eines historisch-geographischen Lexikons mit dem Titel *Qamus ul-Alam* („Ozean der Namen")[2], nichts dabei, die Kurden als Volk zu bezeichnen, das dem „iranischen Zweig der arischen Völker" angehörte (unter Ariern verstand man im 19. Jahrhundert Angehörige frühgeschichtlicher Völker mit indogermanischer Sprache in Indien und Iran).

Nur soviel ist sicher: Die iranische Hochebene war seit alters ein wichtiger Schnittpunkt zwischen dem Vorderen Orient und Zentralasien bzw. dem indischen Subkontinent sowie Schauplatz von Wanderungsbewegungen von Völkern, die aus dem Osten kamen. Vermutlich sind die Vorfahren der Kurden um die Wende vom zweiten zum ersten Jahrtausend v. Chr. im Zuge von Einwanderungswellen indogermanischer Arier nach West-Iran gekommen und haben sich mit der ansässigen Bevölkerung vermischt. Diese Region war Teil der altorientalischen Reiche der Sumerer, Assyrer, Urartäer und Meder. Im 6. Jahrhundert lösten die Achämeniden die Meder als Herrscher über weite Teile Irans ab. In den folgenden Jahrhunderten herrschten Seleukiden, Parther und Sassaniden über diese Gegend, die erst ab dem 12. Jahrhundert als Kurdistan bezeichnet werden sollte.

Die Einordnung der Kurden unter iranische bzw. indo-europäische Völker gründet sich auf linguistische und nicht auf ethnogenetische Belege. Ohnehin lassen sich Herkunft und Abstammung von Völkern kaum ermitteln, weil sich über lange Zeiträume hinweg Vermischungen mit anderen Völkern ergeben haben. So auch im Fall der Kurden, die Kontakte mit semitischen und türkischen Völkerschaften gehabt haben. Die These von der Abstammung der Kurden von den Medern ist ebensowenig bewiesen wie die Verwandtschaft der kurdischen Sprache mit dem Medischen (dabei wird der Name des kurdischen Dialektes Kurmandsch aufgespalten in die Bestandteile Kur für Kurd und Mandsch für Medisch, Meder). Eine andere These geht davon aus, daß die Kurden von den Skythen, einem nordiranischen Volk, abstammen. In den einschlägigen Quellen, v.a. Inschriften, werden Namen erwähnt, die auf eine gewisse Nähe zu dem Begriff „Kurden" verweisen (bes. die Konsonanten „k", „r" und „d"). Ob Kardu, Karduchen (erwähnt in der Anabasis Xenophons um 400 v. Chr.) oder Kyrtii (bei Strabo) – all diese Namen haben spitzfindige philologische Spekulationen ausgelöst, aber bis heute keine wissenschaftliche Klarheit geschaffen.

Nicht weniger spekulativ, dafür aber unterhaltender sind die Mythen, die sich um den Ursprung der Kurden ranken. Eine dieser Legenden wird von dem Verfasser des iranischen Nationalepos *Schahname*, Firdausi, berichtet (diese Legende ist in Varianten bei zahlreichen Autoren persischer und arabischer Zunge erhalten).

Danach herrschte einst ein tyrannischer Drachenkönig namens Sohak (auch: Zohak, Dohak) über das Land Schahrazur. Seinen Schultern entwuchsen Schlangen, denen täglich die Gehirne zweier Kinder geopfert werden mußten. Listige Leute (in anderen Quellen war es ein Minister) hatten die Idee, anstatt des einen Kindes ein Kalbs- oder Lammhirn zu opfern, so daß jeweils ein Kind mit dem Leben davon kam. Die auf diese Weise geretteten Kinder wurden in die Berge gebracht und avancierten zu Vorfahren der Kurden. Hier ein Ausschnitt in der Übersetzung Friedrich Rückerts[3]:

> „Sie [die Retter, die sich als Köche in den Palast des Tyrannen eingeschlichen hatten] nahmen heraus das Hirn von Schafen, und mischten's dem Hirne jenes Braven.
> Dem andern ward frei aus zu gehn erlaubt, gesagt: ‚Nun sieh, wie du birgst dein Haupt!
> Laß dich nicht treffen in Stadt und Feld, Wüst' und Berg ist dein Teil auf der Welt.'
> Mit schlechtem Tierhaupt an Menschen statt machten sie also die Drachen satt.
> Ein dreißig Jünglinge monatlich also durch sie dem Tod entwich.
> Als deren zweihundert zusammen kamen, wo keiner wußte des andern Namen,
> einige Geißen und Schafe diesen gaben die Köch' und zur Wüste sie wiesen.
> Dort sind nun die Kurden erwachsen daraus, denen nicht am Herzen liegt Feld und Haus.
> Unter Tuchzelten wohnen sie gern; ihr Herz kennt keine Furcht des Herrn."

Sohak wurde von dem Schmied Kawa mit seinem Hammer erschlagen, nachdem zuvor alle seine anderen Kinder für den Tyrannen getötet worden waren und nun auch das letzte geopfert werden sollte. Der Tyrannenmord wird auf den 21. März 612 v. Chr. datiert. Just an diesem Tag eroberten die Meder die Hauptstadt des Assyrischen Reiches, Ninive, auf dem linken Tigris-Ufer gegenüber Mosul gelegen. Darüber hinaus wird am 21. März der erste Tag des iranischen Sonnenjahres gefeiert. Hier vermischen sich also Mythen mit historischen Fakten und volkstümlichen Bräuchen.

Einer anderen Legende zufolge, die in nahöstlichen Literaturen überliefert wird, entsandte König Salomon von ihm beherrschte Dschinnen (arab. *dschinn*; unsichtbare Wesen, die positiv oder negativ ins Leben der Menschen eingreifen) nach Europa, um von dort die schönsten Jungfrauen für seinen Harem herbeizuschaffen. Bei ihrer Rückkehr fanden die Dschinnen ihren König tot vor und behielten die Mädchen für sich. Aus dieser Verbindung gingen die Kurden hervor.[4] Eine Variante dieser Geschichte überliefert Scharaf ad-Din. Auch ihm müssen Zweifel gekommen sein ob dieser wundersamen Geschichte, denn er fügte seinem Bericht einschränkend hinzu, daß die Wahrheit allein Gott bekannt sei.[5]

Kurmanci

3.
Sprachen und Literaturen:
Vielfalt und Restriktion

Wenn von der Zugehörigkeit eines Individuums zu einer größeren Gruppe von Menschen – sei es Nation, Volk oder Ethnie – die Rede ist, fällt uns gewöhnlich als erstes Kriterium die Sprache ein. Wir bezeichnen eine Person als Deutschen oder Deutsche, weil er oder sie Deutsch spricht und die deutsche Staatsangehörigkeit besitzt. Wie verhält es sich aber mit einem aus der Türkei eingewanderten Menschen, der die deutsche Sprache beherrscht und aufgrund einer bestimmten Aufenthaltsdauer die deutsche Staatsangehörigkeit erhalten hat, daneben auch noch einen türkischen Paß besitzt? Ist dieser Mensch Deutscher, Türke oder Deutsch-Türke? Und was ist, wenn dieser Mensch auch noch kurdischer Herkunft ist? Eine solche mehrfache Identität ist eine Konstellation, mit der viele Kurden leben.

Für Menschen, die sich zu einem Volk bekennen, das über keinen eigenen Staat verfügt, ist die Frage der Identität, des Bekenntnisses und der Loyalität zu dem Staat, in dem sie leben, schwierig. Ein Kurde aus Iran wird im Ausland zunächst einmal als Iraner wahrgenommen. Seine kurdische Herkunft wird er – je nach Situation, Gesprächsthema und Vertrautheit mit seinem Gegenüber – mitteilen oder auch nicht, je nachdem, ob er dieser Identität Bedeutung beimißt. Die Behauptung einer kurdischen Identität ist nicht, wie bei anderen Nationalitäten „objektiv" durch einen Paß greifbar, sondern subjektiv und darüber hinaus fließend und oszillierend.

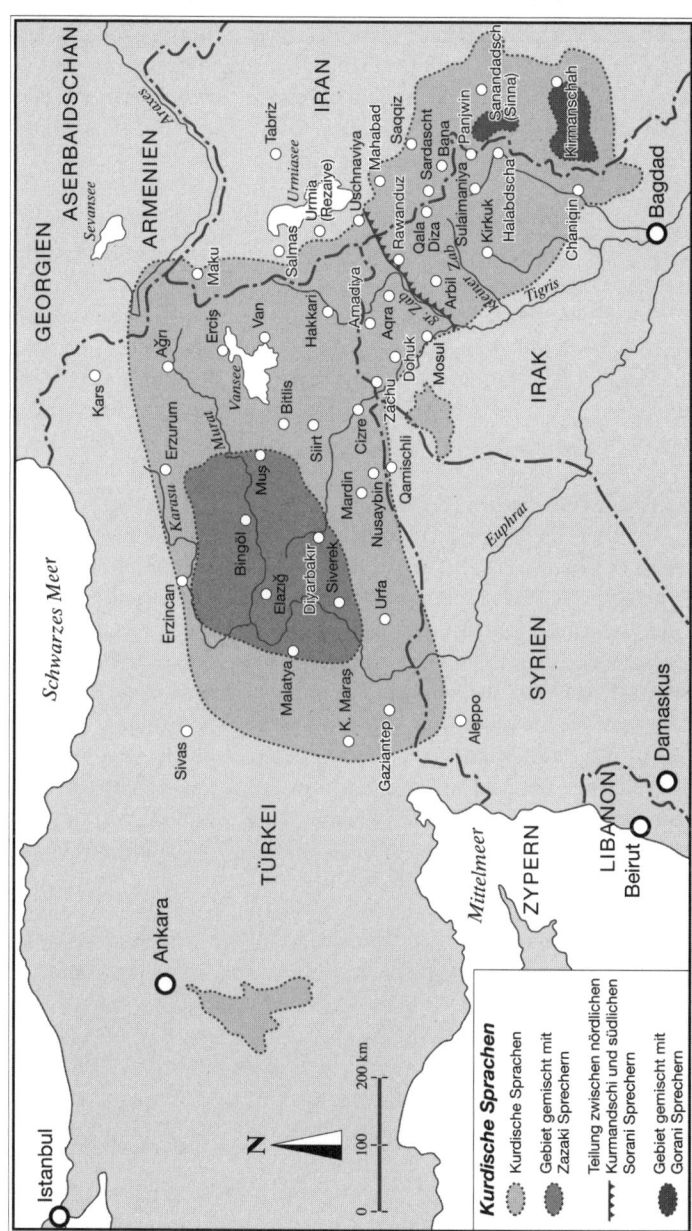

ASERBAIDSCHAN

GEORGIEN

ARMENIEN

IRAN

Schwarzes Meer

Sevansee

Araxes

Tabriz

Urmiasee

Urmia (Rezaiye)

Maku

Salmas

Ağrı

Erciş

Van

Hakkari

Vansee

Murat

Karasu

Erzurum

Bitlis

Siirt

Cizre

Şırnak

Zaxo

Amadiya

Aqra

Dohuk

Mosul

Gr. Zab

Arbil

Rawanduz

Qala Diza

Uschnaviya

Mahabad

Saqqiz

Sardaschti

Bana

Paniwin

Sulaimaniya

Kirkuk

Halabdscha

Kl. Zab

Sanandadsch (Sinna)

Kirmanschah

Chaniqin

Bagdad

IRAK

Tigris

Kars

Erzincan

Bingöl

Muş

Elazığ

Diyarbakır

Siverek

Malatya

K. Maras

Gaziantep

Urfa

Mardin

Nusaybin

Qamischli

Aleppo

Euphrat

SYRIEN

Damaskus

Beirut

LIBANON

Mittelmeer

ZYPERN

Sivas

TÜRKEI

Ankara

Istanbul

N

0   100   200 km

Kurdische Sprachen

Kurdische Sprachen

Gebiet gemischt mit Zazaki Sprechern

Teilung zwischen nördlichen Kurmandschi und südlichen Sorani Sprechern

Gebiet gemischt mit Gorani Sprechern

Die Zuweisung „Kurde, Kurdin" ist keineswegs klar. Die Definition, wer Kurde ist und wer nicht, hängt in hohem Maße von der Anerkennung des Kriteriums Sprache für die Identität eines Menschen ab. Ist ein Kurde nur jemand, der Kurdisch spricht, und jemand, der zwar kein oder kaum Kurdisch spricht, aber sich zum Kurdentum bekennt, kein Kurde? Der ausschließliche Bezug auf die Sprache birgt Probleme, zumal das Kurdische nur im Nordirak eine offizielle Sprache darstellt. Die Absurdität der Behauptung, wer kein Kurdisch spricht, sei kein Kurde, wird sogleich klar, wenn man weiß, daß die Kurdisch-Kenntnisse eines Abdullah Öcalan sehr gering sind, Türkisch die wichtigste Sprache in der PKK ist und nach Öcalans Aussagen auch in einem unabhängigen kurdischen Staat unter seine Ägide sein würde. Wer wollte nun ausgerechnet dem Führer einer lange Zeit effektiven Guerilla-Bewegung, die vorgibt in nationaler Mission tätig zu sein, sein Kurdentum absprechen?

Die Identifizierung von Sprechern einer Sprache mit Angehörigen einer Nation ist ein Ergebnis von Prozessen, die in der Neuzeit zunächst in Europa, später auch in anderen Weltregionen, zur Bildung von Nationalstaaten geführt haben. Entscheidend für die Entstehung dieser Staaten waren die von Nationalbewegungen propagierten Identitäts- oder Zugehörigkeitsmerkmale wie Sprache, Geschichte und gemeinsame Kultur. In vormoderner Zeit haben diese Merkmale eine weitaus geringere Rolle gespielt, d.h. Sprache war nicht unbedingt ein Indiz für die ethnische Zugehörigkeit eines Menschen. Erst ab dem 18. Jahrhundert war Sprache nicht mehr wie in vormoderner Zeit allein Verständigungsmittel, sondern wurde zum Ausweis nationaler Identität.

Eben weil es bisher keinen fest etablierten kurdischen Staat gibt – schließlich ist die Region Kurdistan-Irak ja ein Bundesland im Irak –, wird von den Gegnern kurdischer nationaler Bestrebungen (z.B. Regierungen von Staaten, in denen Kurden in größerer Zahl leben) durchaus bezweifelt, daß die Kurden eine Nation oder ein Volk seien bzw. über die Kriterien von Zugehörigkeit verfügen, die andere Staatsnationen besitzen oder zu besitzen vorgeben. Allerdings dürfte diese Einstellung in dem Maße abnehmen, in dem die Existenz der kurdischen autonomen Region im Nordirak zementiert wird. Umgekehrt fehlt es nicht an Versuchen kurdisch-nationalistischer Kreise, solche Merkmale zu betonen oder sogar zu erfinden, um Forderungen nach einem eigenen Staat zu legitimieren. Tatsache ist, daß es den Kurden bisher nicht gelungen ist, einen international anerkannten Staat zu gründen, in dem das kurdische Element ethnische und sprachliche Homogenität und Dominanz gehabt hätte. Dieses Defizit, das viele Kurden beschäftigt und unter dem sie intellektuell und politisch leiden, ist ein wichtiger Aspekt der kurdischen Frage.

Zuverlässige Angaben über die Zahl der Kurden gibt es nicht. Nicht alle Staaten, in denen Kurden wohnen, haben ein Interesse, deren Zahl zu ermitteln. Eine Ausnahme stellt die Volkszählung in der Türkei im Jahre 1965 dar, bei der nach der Muttersprache gefragt wurde. Daher kursieren etliche Angaben, die je nach Interessenlage ihrer Urheber mit Vorsicht zu genießen sind. Unter diesen Vorbehalten können folgende Schätzungen übernommen werden: Danach dürfte es insgesamt 24–27 Millionen Kurden geben, von denen ungefähr die Hälfte in der Türkei wohnen. Gut vier Millionen leben im Irak; 5,7 Mio. in Iran, etwas mehr als eine Million in Syrien. Die Zahl der Kurden in Westeuropa wird auf ca. 700 000 und in den Nachfolgestaaten der Sowjetunion auf 400 000 geschätzt.[1]

Eine standardisierte, einheitliche kurdische Sprache gibt es nicht. Vielmehr zerfällt das „Kurdische" in eine Reihe von Dialekten bzw. Mundarten, die z.T. stark voneinander abweichen und daher wechselseitig nur schwer verständlich sind. Diese Differenzierungen und die fehlende politische Einheit unter den Kurden haben dazu beigetragen, daß die Kommunikation unter ihnen beeinträchtigt ist. Die wichtigsten kurdischen Dialektgruppen sind Kurmandschi (auch Nord-Kurdisch genannt), das in der Türkei, in Syrien und im Libanon, den nördlichen Landesteilen Iraks (z.B. um Mosul) und Irans sowie in der ehemaligen Sowjetunion (Armenien, Aserbaidschan, Georgien) gesprochen wird. Seit Beginn der dreißiger Jahre wird Kurmandschi mit lateinischen Buchstaben geschrieben. Hingegen wird für das ansonsten in Irak (z.B. um Arbil, Sulaimaniya und Kirkuk) und Iran (besonders um Mahabad=Saudschbulak und Sanandadsch=Senne) verbreitete Sorani (auch Zentral-Kurdisch genannt) eine vom arabischen Alphabet abgeleitete Schrift verwendet. Grammatikalisch gesehen sind die Unterschiede zwischen Kurmandschi und Sorani nicht geringer als etwa jene zwischen dem Deutschen und dem Holländischen; z.B. kennt Sorani im Gegensatz zum Kurmandschi kein grammatikalisches Geschlecht. Die Sprecher räumlich weit voneinander entfernter Dialekte können sich gegenseitig kaum verstehen. Zusätzlich wird die Situation noch durch das Vorhandensein von lokalen und regionalen Unterdialekten kompliziert.

Zazaki oder die Sprache der Zaza-Kurden (auch Dimli genannt) zählt weitaus weniger Sprecher als Kurmandschi oder Sorani. Sie leben – abgesehen von Migranten in Europa – ausschließlich in der Türkei, und zwar vorzugsweise im Dreieck zwischen Diyarbakır, Sivas und Erzurum. In jüngster Zeit haben Iranisten die sprachliche Eigenständigkeit des Zazaki betont. Zazaki wiederum ist mit Gorani verwandt, das, ursprünglich um Kermanschah und Sanandadsch in Iran verbreitet, bereits seit dem 19. Jahrhundert an Bedeutung verlor und heute fast ausgestorben ist. Es hat aber eine gewisse Bedeutung bewahrt, weil es die heilige Sprache der Ahl-i Haqq ist, einer heterodoxen religiösen Gemeinschaft, von der noch die Rede sein wird. In der Forschung ist noch keine Übereinkunft über die Zusammengehörigkeit von bzw. Unterschiede zwischen einzelnen Dialekten erzielt worden, ja es gibt sogar Tendenzen, angesichts großer Unterschiede weniger von Dialekten als von eigenen Sprachen auszugehen. Von kurdischer Seite wird die Zahl der Kurmandschi-Sprecher auf 15 Millionen, jene der Sorani-Sprecher auf 6 und die der Zaza-Sprecher auf 4 Millionen geschätzt.[2]

Gemeinsam ist den kurdischen Dialekten oder Sprachen, daß sie zur westlichen Gruppe iranischer Sprachen gehören, die einen Zweig der indoeuropäischen Sprachfamilie darstellen. Zu dieser Gruppe zählen außerdem das Persische (*Farsi*), die Staatssprache Irans, Beludschisch und Tadschikisch. Damit unterscheidet sich das Kurdische ganz erheblich sowohl vom Türkischen, das entgegen der früher behaupteten Zugehörigkeit zu den ural-altaiischen Sprachen wohl eher eine eigene Familie bildet, als auch vom Arabischen, das zu den semitisch-hamitischen Sprachen zählt.

In den Ländern, in denen Kurden leben, hat sich das Kurdische unter ganz verschiedenen Bedingungen entwickelt. Am eindeutigsten war die Situation bis vor kurzem in der Türkei. Über Jahrzehnte hinweg, nämlich von der Niederschlagung der Kurden-Aufstände in den zwanziger und dreißiger Jahren bis zum Beginn der neunziger Jahre, waren kurdische Publikationen zumeist verboten. Die Einschränkungen, denen das Kurdische – bis hin zum absurden, weil nicht durchführbaren Verbot des Gebrauchs der Sprache schlechthin – unterlag, haben seine Entwicklung beeinträchtigt. Zwar gab es ab und zu kurzfristig Lockerungen, die sich mit Verschärfungen der Restriktionen abwechselten. In den sechziger Jahren konnten in der Türkei kurdische Publikationen erscheinen. Diese wurden z. T. zweisprachig herausgebracht wie z. B. die Zeitschriften *Dicle-Firat* und *Deng*, weil ausschließlich auf Kurdisch abgefaßte Publikationen von vielen Kurden nicht verstanden wurden. Nach dem Militärputsch von 1980 ergaben sich wieder gravierende Beschränkungen. Mit der türkischen Verfassung von 1982 und insbesondere dem Sprachengesetz Nr. 2392 wurde der Gebrauch des Kurdischen unter Strafandrohung gestellt. Seit Anfang der neunziger Jahre des 20. Jahrhunderts ist eine schrittweise Legalisierung des Kurdischen erfolgt. Bisheriger Höhepunkt dieser Entwicklung war die Eröffnung des kurdischsprachigen Kanals 6 der Türkischen Radio- und Rundfunkanstalt TRT am 1. 1. 2009. Gelegentlich werden kurdische Politiker jedoch immer noch strafrechtlich verfolgt, wenn sie Reden in der Öffentlichkeit auf Kurdisch halten.

Im Irak unterlag das Kurdische, d. h. in erster Linie das von der Mehrheit der Kurden im Irak gesprochene, arabisch-schriftliche Sorani, nicht solchen Einschränkungen. Im Gegenteil, in der britischen Mandatszeit in den zwanziger Jahren erfuhr das Kurdische eine offizielle Förderung. Allerdings waren die Erfolge aufgrund des Mangels an geeigneten Schulbüchern in Kurdisch und qualifizierten Lehrern gering. Je nach politischer Situation wurde dem Kurdischen manchmal mehr (Anerkennung als zweite Amtssprache neben dem Arabischen zu Beginn der siebziger Jahre, Gründung einer Kurdischen Akademie der Wissenschaften) und manchmal weniger (Verbot von Publikationen) Freiheit eingeräumt. Die veränderte Situation im kurdischen Landesteil seit 1992 gab der Entwicklung des Kurdischen Auftrieb. Kurdisch ist jetzt erste Amtssprache in Irakisch-Kurdistan.

Wiederum anders liegen die Dinge in Iran. Ein Verbot des Kurdischen wäre dort kaum denkbar. Weil das Kurdische dem Persischen verwandt ist, wird es als im weitesten Sinne zur „eigenen" Kultur gehörig betrachtet und unterliegt damit nicht der Ausgrenzung, wie dies in der Türkei bis vor kurzem der Fall war.

Als eine Bedrohung nationaler Einheit oder gar Sicherheit ist das Kurdische in Iran nie aufgefaßt worden. Das heißt allerdings nicht, daß das Kurdische, also vor allem Sorani, sich ungehindert hätte entfalten können. Eben weil die Autonomiebestrebungen bekämpft wurden, suchte man auch kurdische Veröffentlichungen zu unterbinden. Ab Mitte der achtziger Jahre setzte eine Legalisierung des Kurdischen ein, was zu einem Anwachsen der Zahl der Publikationen führte. Nachrichten über die gegenwärtige Situation, etwa ob Kurdisch als Unterrichtssprache an Schulen zugelassen ist und eine Zensur für Bücher in kurdischer Sprache besteht, sind widersprüchlich. Aufs Ganze gesehen weist das Kurdische in Iran nicht den gleichen Entwicklungsstand wie im Irak auf.

Die kurdischen Minderheiten in Syrien und im Kaukasus spielen im Unterschied zu früher im Hinblick auf Bemühungen um die Sprache eine untergeordnete Rolle. Daher kommt wohl die größte Bedeutung den Aktivitäten der Kurden in der Diaspora, besonders in Europa, zu. In Deutschland, Frankreich und Schweden leben zahlreiche kurdische Intellektuelle, die als Publizisten und Literaten sich für die kurdische Sprache engagieren. Hier gibt es zahlreiche Institutionen – zu nennen wären etwa das Pariser Institut Kurde und Abteilungen an den Universitäten Göttingen und Utrecht –, die kurdische Sprache und Literatur pflegen. Daher ist Kurdisch keine aussterbende, wohl aber eine z.T. gefährdete Sprache mit ungewisser Zukunft. Die Gefährdung besteht darin, daß eine dominante Sprache wie das Türkische das Kurdische verändert und es schließlich verdrängt. Die pessimistische Prophezeiung von Celadet Bedir Chan in einem offenen Brief an Atatürk aus dem Jahre 1933, daß bei einer Unterdrückung der kurdischen Sprache die Zahl ihrer Sprecher genau wie die der Indianer Nordamerikas in wenigen Jahren an den Fingern einer Hand abzuzählen wäre, hat sich bislang nicht bewahrheitet.[3]

Die Kurden verfügen über eine ausgedehnte Literatur, die bis ins 19. Jahrhundert hinein zumeist mündlich überliefert wurde und seitdem von einheimischen und ausländischen Forschern schriftlich festgehalten worden ist. Hierbei handelt es sich überwiegend um Dichtung und Folklore (Sprichwörter, Rätsel, Lieder, Märchen). Demgegenüber sind schriftliche Traditionen nicht sehr zahlreich. Allerdings entstand ab dem späten 16. Jahrhundert eine Poesie in kurdischer Sprache, deren bedeutendste Vertreter die Dichter Mela-ye Dscheziri und sein Schüler Feqi-ye Teyran sowie Ahmad-i Chani (1651–1706) sind. Die Herausbildung einer Literatur in Kurmandschi hing mit der Etablierung quasi-unabhängiger kurdischer Herrschaften zusammen. An den Fürstenhöfen wurde diese Literatur gefördert und gepflegt. Lesen und Schreiben wurde praktisch nur von Religionsgelehrten, zum geringeren Teil auch von Angehörigen der Fürstenhäuser beherrscht.

In den militanten, auf Kurdisch abgefaßten Gedichten des Hadschi Qadir aus Choi (ca. 1817–1897) begegnen uns antiosmanische und antireligiöse Elemente. Der Autor, ähnlich wie vor ihm Ahmad-i Chani, befaßt sich mit der mißlichen Lage des kurdischen Volkes und prangert die politischen und religiösen Führer an, die dessen Unwissenheit ausnutzen. Er empfiehlt den Kurden, dem Beispiel der Bulgaren, Serben, Griechen und Armenier zu folgen und sich gegen die osmanische Herrschaft aufzulehnen. Die Gedichte Hadschi Qadirs sind bemerkenswert, weil sie die Ideen gebildeter Kurden, die den Nationalismus initiierten, um viele Jahre vorwegnahmen. Wahrscheinlich hat er einige Mitglieder der Bedir Chan-Familie, bei der er in seinem Istanbuler Exil unterkam, in ihrem Eintreten für politische und kulturelle Belange der Kurden beeinflußt.

Eine Prosa-Schriftsprache entfaltete sich erst mit der Gründung von kurdischen Zeitungen im Osmanischen Reich ab Ende des 19. Jahrhunderts. Diese Zeitungen (*Kürdistan, Ruj-i Kürd, Jîn*), die teils in Kurmandschi, teils in Türkisch in arabischer Schrift, d.h. Osmanisch erschienen, boten eine Plattform für Bemühungen um kurdische Sprache (Schriftreform) und Literatur. Seit den dreißiger Jahren wird das lateinische Alphabet überwiegend für Kurmandschi benutzt, während Sorani in arabischer Schrift geschrieben wird. Kurden in der Sowjetunion bzw. in ihren Nachfolgestaaten verwenden das kyrillische oder lateinische Alphabet. Als herausragende Figuren der kurdischen Literatur im 20. Jahrhundert sind die Brüder Celadet und Kamuran Bedir Chan zu erwähnen. Diese Abkömmlinge der berühmten Dynastie gleichen Namens studierten in München bzw. Leipzig und begaben sich nach Gründung der türkischen Republik 1923 nach Syrien, wo sie, begünstigt durch die kulturelle Freiheit unter französischem

Mandat und mit Unterstützung französischer Orientalisten, die literarische Zeitschrift *Hawar* („Ruf nach Hilfe", Damaskus 1932–1945) aus der Taufe hoben. Die Bedir Chans richteten ein Alphabet in Lateinschrift für Kurmandschi ein.

Wohl der erste Roman in kurdischer Sprache (Kurmandschi) mit dem Titel *Schivane kurd* („Der kurdische Hirte", 1935) entstammt der Feder von Ereb Schemo (1898–1978), einem Kurden aus Armenien. Thema sind Kindheit und Jugend des Autors, die ärmlichen häuslichen Verhältnisse und die Veränderungen, welche die Machtergreifung der Kommunisten und der Aufbau einer sozialistischen Gesellschaft mit sich brachten.

Es darf nicht vergessen werden, daß Kurden (auch wenn berücksichtigt wird, daß die Zuschreibung einer kurdischen Identität oder Herkunft problematischer Natur ist) eine ganze Reihe von Werken verschiedener Gattungen nicht auf Kurdisch verfaßt haben, sondern auf Arabisch (insbesondere zu Religion und Recht; einer der großen, arabisch schreibenden Historiker des 13. Jahrhunderts, Ibn al-Athir, war Kurde) und vor allem auf Persisch. Kurdischer Herkunft waren die Verfasser des auf Persisch erschienenen *Scharafname*, Scharaf ad-Din Bitlisi, und des *Hascht Bihischt* („Acht Paradiese", der Titel steht für die ersten acht osmanischen Sultane), Idris-i Bitlisi (gest. 1520). Letzterer ist als Architekt osmanischer Oberherrschaft über Kurdistan bei kurdischen Nationalisten nicht wohlgelitten, ja wird von diesen sogar in einem Wortspiel als „Teufel von Bitlis" (*Iblis-i Bitlisi*) geschmäht.

Unabhängig von der Sprache geht in der Regel die Tendenz dahin, ein „Kurdentum" nur jenen zu unterstellen, von denen man glaubt, daß sie positiv zu den politischen Forderungen der Kurden stehen. Entsprechend werden die „Anderen" nicht vorbehaltlos zur ethnischen Gemeinschaft gezählt. Der Denker und Soziologe Ziya Gökalp (1876–1924), der mindestens von einem Elternteil kurdischer Herkunft ist, wurde (möglicherweise nach anfänglichem Engagement für kurdische Sprache und Literatur) zum Theoretiker des türkischen Nationalismus. Einer der Autoren, der in jüngerer Zeit schrieb, und zwar kurdisch, persisch, arabisch und türkisch, war Scheich Riza Talabani (ca. 1843–1910). In einem seiner Gedichte in kurdischer Sprache sang er das Lob der Baban-Dynastie:

„Ich erinnere mich an Sulaimaniya, als es die Hauptstadt der Baban war,
Es war nicht von den Persern unterworfen und auch nicht unterjocht von der
osmanischen Dynastie.
Vor dem Palasttor standen Scheichs, Mollas und Fromme in einer langen Reihe,
Der Ort der Wallfahrt für die Leute mit Anliegen war der Gird-i Saiwan [Ort
in der Nähe Sulaimaniyas].
Wegen der Truppenbataillone gab es keinen Zugang zum Audienzsaal des Pa-
schas.
Das Geräusch der Kesselpauken der Militärkapelle drang bis zu den Hallen
des Saturn.
Ach jene Zeit, jenes Zeitalter, jener Tag ...
Araber! Ich leugne nicht eure Überlegenheit, ihr seid die vorzüglichsten,
aber
Saladin, der sich die Welt unterwarf, gehörte zum Geschlecht der Baban-
Kurden.
Mögen die glänzenden Gräber der Dynastie von Baban voll sein mit Gottes
Gnade,
Denn der Regen ihrer Freigebigkeit war wie Schauer im April ...“[4]

In unseren Tagen ist Yaşar Kemal, der Träger des Friedenspreises
des deutschen Buchhandels, der prominenteste unter den Autoren, die sich als Kurden verstehen, aber in einer „Staatssprache",
nämlich Türkisch, schreiben. Mehmet Uzun (1953–2007) trat als
Romancier in kurdischer Sprache hervor. Ein anderer vielseitiger
kurdischer Autor, der meist auf Türkisch schrieb, war Musa Anter
(1917–1992). Er veröffentlichte ein Theaterstück, in dem Armut
und Unwissenheit der kurdischen Landbevölkerung beschrieben
werden, gab ein Kurdisch-türkisches Wörterbuch heraus und trat
als Journalist hervor. Kurz vor seinem gewaltsamen Tod erschienen seine Memoiren in türkischer Sprache. Darin beschreibt Anter, wie er wegen eines kurdischsprachigen Artikels in der Zeitung
İleri Yurt im Jahr 1958 vor Gericht angeklagt wurde. Der Richter
fragte Anter in der Verhandlung: „Musa Bey, warum schreiben Sie
auf Kurdisch? Ich erwiderte: ‚Herr Richter, in Istanbul geben die
Juden, Griechen und Armenier [d.h. die Minderheiten, denen im
Vertrag von Lausanne der Gebrauch ihrer Sprachen zugestanden
worden war] ihre eigenen Zeitungen heraus. Außerdem erscheinen Zeitungen in Englisch und Französisch. Was ist schon dabei,
wenn ich auf Kurdisch schreibe? Der Richter warf ein: ‚Aber das
sind doch Minderheiten‘, worauf ich entgegnete: ‚Herr Richter,
heißt das, daß es vorteilhafter ist, der Minderheit in einem Land
anzugehören als der Mehrheit? Wenn ich nicht das gleiche Recht
habe wie eine Minderheit, was habe ich dann mit einer solchen

Mehrheit zu schaffen? Bitte fällen Sie ein Urteil und erkennen Sie mich als Minderheit an!' Der Richter, die Verteidiger und sogar der Staatsanwalt lachten. Der Richter sagte: ‚Musa, was sagst du da? Kann ich dieses Problem mit meinem Urteil lösen?'. Man muß wissen, daß der Richter ein Landsmann von uns aus Kars war. Er beschützte mich, soweit es ihm möglich war".[5]

Im übrigen sind Werke aus der Feder kurdischer Autoren nicht auf orientalische Sprachen beschränkt. So ist beispielsweise die Autobiographie Nur ad-Din Zazas, in der er sein Engagement für die kurdische Sache beschreibt, in französischer Sprache erschienen.[6]

So sehr man bedauern mag, daß die schriftliche Überlieferung in kurdischer Sprache verhältnismäßig gering ist, so sehr ist die Vielsprachigkeit kurdischer Gelehrter und Literaten hervorzuheben, ob nun aus Talent oder der Not geboren. Ohnehin gab es in früheren Jahrhunderten im Rahmen der islamischen Kultur keine Fixierung auf **eine** Sprache, auch wenn das Arabische als Offenbarungssprache dominierte. Im Zeitalter der Nationalstaaten hat sich naturgemäß eine Vorrangstellung der Staats- oder Nationalsprachen herausgebildet, eine Entwicklung, an der das Kurdische nicht teilhatte.

Früher hat man sich über die ethnische Einordnung kultureller Produkte wie Filme oder Gedichte als kurdisch oder nicht-kurdisch auseinandergesetzt, wenn als alleiniges Kriterium die kurdische Herkunft der Urheber galt. Der Regisseur Yılmaz Güney (1931–1984) beispielsweise verstand sich gewiß als Kurde, sein bemerkenswertes Œuvre greift in einiger Hinsicht kurdische Sujets auf (sein Film *Yol*, „Der Weg", der beim Filmfestival in Cannes 1982 die „Goldene Palme" gewann, wurde in der Türkei erstmals 1999 gezeigt); aber sein Filmschaffen teilt so viele Gemeinsamkeiten mit dem seiner türkischen Kollegen, daß es nicht gerechtfertigt wäre, seine Filme als „kurdisch" anzusehen. Auf die Frage, warum er keinen Film in kurdischer Sprache gedreht habe, antwortete Güney: „Ganz einfach, weil Kurdisch in der Türkei durch Gesetz verboten ist".[7] Inzwischen gibt es etliche Filme kurdischstämmiger Regisseure (Bahman Ghobadi/Iran, Hiner Salim/Irak, Halil Uysal/Türkei) mit kurdischer Thematik (z.T. in kurdischer Sprache gedreht), die auf einheimischen und internationalen Filmfestivals gezeigt werden.

Seit dem Beginn des 20. Jahrhunderts wird Ahmad-i Chanis *Mam u Zin* (Mam und Zin) als kurdisches Nationalepos, sein Verfasser als früher kurdischer Nationalist gerühmt. Zum Beweis werden gewöhnlich die folgenden Verse angeführt, die im Vorwort („Unser Leiden", *derd-e ma*) zur eigentlichen Geschichte stehen:

> „Wenn es nur Eintracht gäbe unter uns,
> wenn wir nur einem zu gehorchen hätten,
> würde er zu Knechten machen
> die Türken, Araber und Perser allesamt.
> Wir würden unsere Religion und unsern Staat vollenden
> und Wissenschaft und Weisheit erlangen …"[8]

Die Charakterisierung Chanis als nationalistischer Dichter ist jedoch ahistorisch und anachronistisch, weil sie außer Acht läßt, daß die Verwendung der Begriffe Nationalismus und Nation nur unter ganz bestimmten Bedingungen der Neuzeit, namentlich ab der Französischen Revolution sinnvoll ist. Im Gegensatz zu den zitierten Versen ist dem eigentlichen Stück weitaus weniger Aufmerksamkeit geschenkt werden. Daher soll die Handlung kurz zusammengefaßt werden (*Mam u Zin* ist 1992 in der Türkei in türkischer Sprache verfilmt und auf Kurdisch synchronisiert worden).

Die Geschichte trägt sich in Botan zu. Am Neujahrstag (kurd. *newroz*) haben sich die beiden jüngeren Schwestern des Herrschers (Emir), Zin und Siti, als Männer verkleidet. So können sie unerkannt in der Stadt herumspazieren und sich die Männer anschauen, die sie gerne heiraten würden. Sie treffen auf als Mädchen verkleidete Jünglinge, denen sie ihre Ringe schenken. Die jungen Herren sind Tadschin, der Sohn eines Ministers, und Mam, ein Schreiber am Hof. Als sie die Namen auf den Ringen der Mädchen sehen, bemerken sie, daß es sich um die Prinzessinnen handelt. Mam ist von Sehnsucht erfüllt nach Zin, deren Ring er trägt. Tadschin versucht ihn zu überzeugen, daß sie, die im Rufe der Stärke stehen, keine Schwäche zeigen dürfen. Aber Mam erklärt, daß er seine Stärke und Tapferkeit verloren hat und durch die Liebe zu Zin aufgezehrt wird. Inzwischen haben die Schwestern erfahren, daß die zwei Ringe nun Mam und Tadschin gehören.

Weil ihm Mam leid tut, vertraut sich Tadschin seinen Brüdern und einflußreichen Freunden an, die sogleich seine Heirat mit Siti arrangieren. Ihre Strategie baut darauf, daß Mam alsbald um die Hand von Zin anhalten kann. Nach der Hochzeit gibt Tadschin dem Emir den Rat, seinen Türhüter Bakr, den er für niederträchtig hält, zu entlassen. Dieser wiederum versucht sich an Tadschin zu rächen. Es gelingt ihm, den Emir zu überzeugen, daß Tadschin die Stellung des Emirs usurpieren wolle. Der Emir, der große Stücke auf Tadschin hält, zweifelt zunächst daran. Als Beweis für Tadschins Arroganz führt Bakr an, daß Tadschin die Schwester seiner frisch angetrauten Frau, Zin, Mam versprochen habe. Durch eine List erreicht Bakr, daß Mam seine Liebe für Zin gegenüber dem Emir preisgibt. Dies scheint Bakrs Verschwörungstheorie zu bestätigen. Der erzürnte Emir läßt Mam einkerkern und in Ketten legen. Das Leiden der beiden Liebenden beginnt. Erst kurz vor ihrem Tod werden sie sich wiedersehen.

Mam und Zin verzehren sich nacheinander. Ihr Leiden führt sie auf eine mystische Suche nach reiner, geistiger Liebe. Ihre Sehnsucht wird zu einem Streben nach dem Tod, um so eine Vereinigung mit Gott herbeizuführen. Unterdessen warten Mams Freunde und Zins Schwester hilflos auf den Emir, damit er seinen Fehler wiedergutmacht. Schließlich drängt Tadschins Bruder darauf, den Emir unter Gewaltanwendung zur Freilassung Mams zu zwingen: „Entweder befreien wir Mam mit Gewalt oder wir opfern unser Leben".[9] Sie bedrängen den Emir, Mam freizulassen, und drohen damit, ihn zu befreien. Der Emir fürchtet einen Aufstand und macht sie glauben, er gebe ihren Forderungen nach. In Wahrheit hat Bakr ihn schon überredet, Mam zu töten. Als der Emir seine Schwester besucht, um sie in seinen Plan gegen Mam einzubeziehen, findet er sie sterbenskrank vor. Er ist bestürzt, als er das Leiden erkennt, das er über die beiden gebracht hat, und ist voller Bedauern über seinen Betrug an seiner Schwester und Mam. Die Nachricht, daß Mam dem Tode nahe ist, gibt Zin neue Kraft. Sie versichert ihrem Bruder, daß sein Mitleid und seine Reue ihre Seele befreit hätten, so daß sie ihren Körper verlassen und zu Mams Seele fliegen könne. Sie bittet ihren Bruder, ihr Begräbnis mit einem Fest zu feiern, so prächtig wie die Hochzeit ihrer Schwester. Er möge auch Einsamen, Armen und Unterdrückten helfen sowie Dichtern und Künstlern, die „wie eine Kerze brennen", um ihre Mitmenschen zu erleuchten. Kurze Zeit später wird Mam aufgefordert, sich zum Emir zu begeben, weil er ihn freilassen wolle. Aber Mam weigert sich, „ein Diener, Sklave oder Gefangener von jemand anders außer Gott zu sein".[10] Im Tod sind die Liebenden vereint. Am Ende tötet Tadschin Bakr, um Mams Leiden zu rächen.

Mam ist eine heroische Gestalt, da er sein Leben für seine Liebe zu Zin und seine Ehre opfert. Er wird gewöhnlich als ein Symbol eines versklavten, unterworfenen Kurdistan angesehen; die Geschichte soll zeigen, wie die Nation gerettet werden kann. Sämtliche Personen in der Geschichte sind Kurden und symbolisieren Stärken und Schwächen des Volkes. Die Liebesgeschichte findet auf einer geistigen Ebene statt, sie stellt das Verlangen nach der Vereinigung mit Gott dar (*unio mystica*). Aber genauso wichtig sind Liebe, Loyalität und Verantwortung der Menschen untereinander. Tadschin und sein Bruder werden als tapfere und ehrenwerte Leute dargestellt, die bereit sind, ihr Leben für einen Freund zu opfern, aber auch als leichtgläubig, indem sie vom Emir Gerechtigkeit erwarten. Der Emir ist im Prinzip ein guter Mann, der aber zuläßt, daß Bakr einen Keil zwischen ihn und sein ihm ergebenes Volk treibt. Bakr mißbraucht das Vertrauen des Emirs. Er ist getrieben von kleinlicher Eifersucht, Rache und Rivalität, alles Eigenschaften, die Ahmed-i Chani an anderer Stelle des Werkes als Hindernisse für Eintracht und Glück unter den Kurden erwähnt. Sowohl durch Spiritualität als auch Weltlichkeit bietet das Stück nicht nur muslimischen, sondern auch säkular gesinnten Bestrebungen für ein Kurdistan einen Fundus idealer Typen: der Dichter als Patriot; Helden, die bereit sind, für hehre Ideale ihr Leben zu opfern; ein Herrscher, der nach anfänglicher Verblendung durch das Leiden von Mam und Zin erleuchtet wird. Bakr ist der innere Feind, der Verräter. Außer ihm werden die Gestalten im Epos als edle Charaktere dargestellt, die in einem Staat vereint leben, abhängig von der Loyalität und der Hingabe eines jeden, um das Wohl der Gemeinschaft zu erreichen. Gegen ein Kurdistan ohne Freiheit und Gerechtigkeit – verkörpert durch Mam bzw. sein Leiden – setzt der Autor ein Land, das sich vereint gegen die Übeltäter erheben muß: „Die Welt wird unterworfen für den Menschen durch Schwert und Tugend".[11]

4.

Religionen: Die Dominanz des Islams

In den von Kurden bewohnten Gebieten des Vorderen Orients sind durch die Jahrtausende hindurch Religionen entstanden und untergegangen. Fast alle dürften ihre Spuren in den heute noch unter Kurden anzutreffenden Glaubensanschauungen hinterlassen haben, auch wenn genaue Nachweise kaum zu führen sind. Die kulturellen Wurzeln der Vorfahren der Kurden liegen überwiegend in den altiranischen und altindischen Zivilisationen begründet. Ihre religiösen Anschauungen umfaßten die Verehrung von Naturelementen wie Wasser und Feuer und die Einteilung der Gesellschaft in eine Priesterkaste und Laien. Daraus entwickelte sich der Zoroastrismus, dessen Stifter der Prophet Zarathustra (griech. Zoroaster, lebte um 1000 v. Chr.) war und der bei den Iranern eine besondere Stellung einnahm (andere Namen für diesen Glauben sind Parsismus und Mazdaismus, letzterer ist abgeleitet von dem Namen des Gottes Ahura Mazda). Der Zoroastrismus ist wesentlich geprägt von dem dualistischen Gegensatz zwischen Gut und Böse. Vielleicht sind gewisse Elemente des Zoroastrismus in das Christentum und den Islam eingegangen. Nahm er schon unter den Achämeniden eine beherrschende Stellung ein, so wurde der Zoroastrismus in der Sassanidenzeit (226–642), der Periode, die der Ausbreitung des Islams in Persien vorausging, zur Staatsreligion. Auch der Manichäismus, dessen Stifter Mani (216–277) sich als der letzte in der Reihe der Propheten Buddha, Zarathustra und Christus verstand, gedieh in Kurdistan. Obwohl das Christentum unter den Kurden keine Anhänger gefunden hat, sind wahrscheinlich einige seiner Symbole und Rituale in die Gebräuche der Ahl-i Haqq und der Yeziden eingegangen.

Die überwiegende Mehrheit der Kurden bekennt sich heute zum sunnitischen Islam und unterscheidet sich in ihren Glaubensvorstellungen und -praktiken kaum von nicht-kurdischen Muslimen. Sunniten sind eine der beiden Glaubensgemeinschaften innerhalb des Islams. Sie sind Anhänger der vom Propheten Muhammad gelehrten und gelebten Glaubensvorstellungen (*sunna* bedeutet Brauch). Auch die andere Konfession des Islams, die Schia, folgt insoweit der *sunna*. Doch haben sich die beiden Konfessionen in den ersten zwei Jahrhunderten des Islams (also vom 7. bis 9. Jahrhundert) auseinanderentwickelt. Als Schiiten (der Name leitet sich her von dem Begriff *schiat Ali*, „Partei Alis") lassen sich ganz allgemein jene Muslime bezeichnen, die im Streit über die Leitung der muslimischen Gemeinde nach dem Tode Muhammads im Jahre 632 als Nachfolger allein seinen Schwiegersohn und Vetter Ali anerkennen wollten. Nachdem Ali der vierte (und letzte) der sog. rechtgeleiteten Kalifen geworden war, wurde er von seinen Gegnern (u. a. der Prophetenwitwe Aischa) bekämpft und – nicht von diesen, sondern von einem Anhänger einer Abspaltung seiner eigenen Gruppe – ermordet.

Im Unterschied zu ihren Nachbarn in der Türkei und im Irak, die beide der hanafitischen Rechtsschule (*madhhab*) angehören, folgen die Kurden fast ausschließlich dem schafiitischen *madhhab*. Die vier Rechtsschulen, in denen die traditionelle Auslegung islamischen Rechts von hervorragenden Gelehrten des 8. und 9. Jahrhunderts zusammengefaßt und die jeweils nach ihnen benannt worden sind, unterscheiden sich in Einzelheiten der theologischen Grundlage und in der Alltagspraxis voneinander. Ein kleines Beispiel aus der jüngeren Vergangenheit mag für die subtilen Unterschiede zwischen den Rechtsschulen stehen: Nach der schafiitischen Lehre kann das Freitagsgebet nur dann stattfinden, wenn mindestens vierzig Gläubige (Männer) anwesend sind. Dagegen reichen nach Ansicht des hanafitischen *madhhab* acht Männer aus. Die Gemeinde eines kurdischen Weilers mit nur wenigen Gläubigen entschied sich daher dafür, dem hanafitischen Ritus zu folgen, mußte dies aber jeweils durch die vorgeschriebene Absichtserklärung (*niya*) deutlich machen.[1]

Wohl eher auf die Schwierigkeiten, welche die arabische Sprache vielen Kurden bereitete, als auf die Intensität des Glaubens weist die Beobachtung Evliya Çelebis, des osmanischen Reisenden des 17. Jahrhunderts, hin: „In allen oben beschriebenen Moscheen gibt es einen Rezitator, damit man den Koran auswendig lernen kann. Aber da wir uns in Kurdistan befinden, gibt es nicht viele Leute, die den Koran auswendig können wie dies in Arabien der Fall ist. Das rührt daher, daß sie sich nicht sonderlich um die Wissenschaft des Memorierens bemühen. Die Leute hier meinen, daß ‚ein Mensch, der sich auf das Memorieren konzentriert, kein vollkommenes Verständnis erlangen kann'".[2] Dies deutet zugleich auf einen weiteren Umstand hin, nämlich die Existenz eines Volksislams, der sich im Gegensatz zum Hochislam oder offiziellen Islam wenig um die Vorschriften der Religionsgelehrten kümmert und offener für die Aufnahme von Bestandteilen anderer Religionen ist.

Der Volksislam (Volksfrömmigkeit) wiederum berührt sich mit Glaubensformen und -praktiken, wie sie im Sufismus, der islamischen Mystik, praktiziert werden. Mystische Erfahrung strebt nach einer Einheit mit Gott, zielt ab auf eine Verinnerlichung des Glaubens. Die Vereinigungen, in denen solch mystisches Gedankengut gepflegt und weitergegeben wird, heißen Derwisch- (pers., entsprechend dem arab. *faqir*) oder Sufi-Orden (arab. *tariqa*, „Weg", nämlich der Gotteserkenntnis). An der Spitze der hierarchisch organisierten Bruderschaften steht ein ‚Meister' (arab. *scheich*, *murschid*, pers. *pir*), der in den Versammlungsstätten (arab. *zawiya*, türk. *tekke*) seine Schüler (Adepten, *murid*) in der mystischen Tradition unterweist. Wesentliche Elemente ihrer Rituale, die häufig in klosterähnlichen Versammlungsstätten abgehalten werden, sind Rezitation, Musik und Tanz. Der in den Bruderschaften gepflegte Islam darf aber nicht als Gegensatz zur orthodoxen Tradition verstanden werden; vielmehr bemächtigte sich die *sunna* der Sufi-Orden, die sich überall in der islamischen Welt ab dem 12. Jahrhundert ausbreiteten. In Kurdistan war es Scheich Adi ibn Musafir, der im frühen 12. Jahrhundert als Sufi-Meister einen großen Einfluß errang (und merkwürdigerweise zum Gründer des Yezidismus werden sollte, s. u.). Die zwei Bruderschaften, die auch heute noch viele Anhänger unter Kurden haben, sind die Qadiriya und die Naqschbandiya. Die Qadiri-Derwische üben gewisse exzentrische Praktiken wie z. B. das Essen von Glas. Im Gegensatz dazu ist die Naqschbandiya in ihren Übungen eher zurückhaltend. Dieser Orden wurde im 14. Jahrhundert in Zentralasien gegründet und verbreitete sich spätestens seit Beginn des 19. Jahrhunderts in Kurdistan. Seine Rolle in der kurdischen Politik ist unübersehbar: Scheich Ubaidullah aus Nehri und Scheich Said sind Beispiele für zwei Naqschbandiya-Meister, die zugleich politische Führer kurdischer Bewegungen gewesen sind. Heute sind es die „Dynastien" der

Barzanis und Talabanis, die Verbindungen zur Naqschbandiya bzw. zur Qadiriya unterhalten.

Anders liegen die Dinge in Iran, wo die Zwölfer-Schia seit dem 16. Jahrhundert Staatsreligion ist. Der Name Zwölfer-Schia rührt von der Überzeugung her, daß der zwölfte in einer Reihe von religiösen Führern (sing. *imam*, der erste war Ali), Muhammad ibn Hasan al-Mahdi (9. Jahrhundert) mit Namen, nicht gestorben ist, sondern in der Verborgenheit (*ghaiba*) lebt, um dereinst das Reich Gottes auf Erden zu errichten. Unter den schiitischen Richtungen (andere sind die Ismailiten und Zaiditen) ist die Zwölfer-Schia zahlenmäßig die bedeutendste. Nur die im Südwesten des Landes, vor allem in der Provinz Kermanschah, siedelnden Kurden bekennen sich zur Zwölfer-Schia; die Mehrheit der Kurden in Iran sind hingegen Sunniten.

Eine besondere Ausprägung der Schia, die sich von den anderen schiitischen Richtungen sehr weit entfernt hat, ist der Alevismus. Der Name leitet sich von arab. *alawi*, d.i. Ali-Anhänger, her. Die Aleviten in der Türkei dürfen nicht mit den in Syrien lebenden Alawiten (auch Nusairier genannt) verwechselt werden. Aleviten stellen mindestens 15% der Bevölkerung in der Türkei und sind vor allem unter Türken, aber auch unter Kurden zu finden. Die Aleviten werden wegen ihrer Heterodoxie weder von den Sunniten noch von den Schiiten anerkannt; sie stehen ihrerseits deren orthodoxen Lehren sehr distanziert gegenüber. Das hat seinen Grund darin, daß die Aleviten synkretistischen und esoterischen Lehren folgen, in denen sich altiranische mit vorislamischen Vorstellungen verbinden. Das einzige, was Aleviten und Schiiten miteinander gemein haben, ist die Verehrung Alis. Ansonsten verzichten die Aleviten auf die Befolgung der Gebetsvorschriften und anderer Pflichten, legen keinen Wert auf das Fasten im Monat Ramadan, haben anstatt Moscheen spezifische Versammlungsstätten; der Genuß von Alkohol ist bei ihnen nicht verboten. Man könnte von einer Tendenz zur Verinnerlichung religiöser Erfahrungen sprechen im Gegensatz zu der eher auf Orthodoxie bzw. Orthopraxie angelegten Sunna oder Schia. All das hat die Aleviten schon in der Osmanenzeit (damals waren sie ob ihres charakteristischen Kopfputzes als *Qızılbasch*, d.h. Rotköpfe, bekannt) suspekt gemacht und zu Verfolgungen geführt. Noch in jüngster Zeit ist es zu gewaltsamen Übergriffen aufgehetzter, politisch rechtsstehender Sunniten auf Aleviten gekommen, die teils auf die überwiegend linke politische Orientierung der Alevi zurückzuführen sind. Die Alevi unterstützen den Laizismus (die gesetzlich verankerte Trennung von Staat und Religion in der Türkei) aktiv. Die meisten kurdischen Aleviten zählen zu den Zaza-Sprechern. Eine vielleicht den Alevi religiös verwandte Gruppe sind die Schabak, die im Norden Iraks, v.a. in der Gegend um Mosul, wohnen.

In Kurdistan sind nicht nur die beiden Konfessionen des Islams vertreten, wie wir sie auch unter Türken, Arabern und Iranern antreffen, sondern auch Sondergruppen und Glaubenslehren, die unter den Kurden spezifische Ausprägungen erhalten haben bzw. nur unter ihnen verbreitet sind. Dazu zählen die Ahl-i Haqq („Leute" bzw. „Anhänger der Wahrheit"), die im Irak Kakai genannt werden. Auch bei den Ahl-i Haqq (wie bei den Aleviten) findet sich synkretistisches Gedankengut. Im Zentrum steht die extreme Schia, als göttliche Manifestationen werden u. a. Ali und Sultan Sohak verehrt, dessen Worte im Dialekt Gorani überliefert sind und als heilig gelten. Ihr Glaube ist aber nicht allein auf Kurden beschränkt, vielmehr gehören auch Iraner und türkischstämmige Aserbaidschaner zu ihren Anhängern. Die Ahl-i Haqq sind in Iran, insbesondere um Kermanschah, und im Nordirak verbreitet. Bei ihnen besteht eine ähnliche Affinität zum Gorani-Dialekt wie bei den kurdischen Alevi zur Zaza-Sprache. Wie die Alevi glauben auch die Ahl-i Haqq an die Reinkarnation. Bei ihnen finden sich eine Reihe von gemeinschaftlichen Riten und Praktiken, die generell von islamischen Mystikern gepflegt werden. Die „Leute der Wahrheit" sind vor allem in den unteren sozialen Schichten vertreten, insbesondere bei Nomaden und Dorfbewohnern.

Eine ausschließlich auf Kurden, und zwar Kurmandschi-Sprecher, begrenzte, bemerkenswerte Sekte stellen die Yeziden dar. Die lange Zeit geheimnisumwitterte und pejorativ „Teufelsanbeter" genannte Gemeinschaft ist jüngst besser erforscht worden. In der Tat läßt sich der Glaube der Yeziden als eine Geheimreligion bezeichnen, weil zum einen die Vermischung mit Andersgläubigen den Ausschluß aus der Gemeinschaft nach sich zieht, zum anderen eine Trennung von Laien und Geistlichen das religiöse Wissen auf eine bestimmte Kaste beschränkt. Relativiert wird diese Trennung dadurch, daß Laien bestimmte Geistliche als ihre individuellen Scheichs haben, was die engen Bindungen unter den Yeziden unterstreicht. Yezidi wird man durch Geburt. Die Yeziden führen ihre Abstammung allein auf Adam zurück und beanspruchen somit eine Exklusivität, die sie vom Rest der Menschheit unterscheidet. Die bei schiitischen Gruppierungen übliche Tendenz zum Verbergen des eigenen Glaubens (*taqiya*) ist auch bei den Yeziden anzutreffen und gründet darin, daß sie von Andersgläubigen, z.B. von der osmanischen Obrigkeit, aber auch von kurdisch-sunnitischen Nachbarn, häufig verfolgt wurden. Übertritte zum Christentum und Islam sind vorgekommen. Auch im yezidischen Glauben finden sich Bestandteile anderer Religionen wie des Zoroastrismus, Judentums, Islams und Christentums. Religiöse Lehren sind in zwei heiligen Büchern und in mündlichen Traditionen festgehalten. Im Mittelpunkt steht ein Engel in Gestalt eines Pfaus (*malak ta'us*), der den göttlichen Willen verwirklicht. Dieser Engel ist durch eine Sünde zum Teufel geworden, aber durch Reue und die Gnade Gottes geläutert worden. Es ist eben diese Doppeldeutigkeit, die den Yeziden ihren Schmähnamen „Teufelsanbeter" eingetragen hat. Noch nicht befriedigend geklärt ist die Herleitung ihres Namens. Allgemein wird angenommen, daß er auf den Umayyaden-Kalifen Yazid (regierte 680–683) zurückgeht, der den Schiiten durch seinen Kampf gegen den Ali-Sohn Husain verhaßt ist.

Die Yeziden glauben weder an die Existenz eines Teufels noch gebrauchen sie das kurdische bzw. arabische Wort (*scheitan*) dafür. Gott hat die Welt aus einer Perle erschaffen (diese Kosmogonie findet sich auch bei den Ahl-i Haqq), sieben gottähnliche Engel haben das Schöpfungswerk fortgesetzt und die einzelnen Himmelskörper geschaffen. Die Eschatologie der Yeziden wird bestimmt von der Vorstellung, daß gute Seelen nach dem Tode anthropomorph sind, während schlechte in Tiere (die eigentlich sündige Menschen sind) verwandelt werden. Die Yeziden verehren Heilige, an erster Stelle Scheich Adi, dessen Grab in Scheichan nördlich von Mosul ihr wichtigster Wallfahrtsort ist. Scheich Adi war ein Sufi-Scheich des 12. Jahrhunderts und wurde zum Eponymus eines Derwischordens, der auch außerhalb Kurdistans Zulauf fand. Aber nur von seiten der Kurden wurde ihm eine geradezu gottähnliche Verehrung zuteil, was zusammen mit der Abweichung von islamischen Lehren und der Übernahme vorislamischer religiöser Elemente zur Entstehung des Yezidismus beitrug.

Die religiöse Hierarchie der Yeziden wird angeführt von einem obersten Scheich (dieses Amt ist erblich), dem mehrere Scheichs und *pire* unterstellt sind. Daneben gibt es ein weltliches Oberhaupt, das für die Beziehungen zu den staatlichen Autoritäten zuständig ist. Die Mitglieder der religiösen Hierarchie dürfen nur untereinander heiraten (Endogamie). Hauptsächliche Siedlungsgebiete sind die Sindschar-Berge (westlich von Mosul an der syrisch-irakischen Grenze gelegen) und der Bezirk Scheichan. Verfolgungen im 19. Jahrhundert haben eine Emigration von Yeziden in den Trans-Kaukasus ausgelöst. In der Südost-Türkei, entlang der Grenze zum Irak und zu Syrien sind mehrere Dutzend Yeziden-Dörfer lokalisiert worden. Aufgrund massiver Repressionen, denen sie ausgesetzt waren, haben viele Bewohner dieser Dörfer Asyl in Deutschland gefunden. Schätzungen über die Zahl der Yeziden schwanken zwischen 150 000 und 300 000.

Es gibt zwar Christen in Kurdistan, die aber ihrer Sprache und ihrem Selbstverständnis nach keine Kurden sind. Sie sprechen aramäische oder arabische Mundarten als Muttersprache; viele von ihnen beherrschen auch Kurdisch. Ihre Beziehungen zum kurdischen Milieu waren häufig getrübt; z. B. gab es im 19. Jahrhundert Massaker (muslimischer) Kurden an Christen, weil diese auf Kosten ihrer muslimischen Nachbarn von den europäischen Großmächten gefördert wurden. Es sind drei Gruppen von Christen zu unterscheiden:

Die Suryani (türk. *Süryani*) nennen sich selbst syrisch-orthodoxe Christen, sie werden auch Jakobiten genannt. Sie sind Monophysiten, d. h. sie erkennen das auf dem Konzil von Chalkedon (5. Jahrhundert) verkündete Dogma der zwei Naturen Christi (göttlich und menschlich) nicht an, sondern betonen die Einheit dieser beiden Naturen. Die meisten Suryani haben ihre angestammte Heimat, die Tur Abdin-Berge um Midyat in der Südost-Türkei, wegen der andauernden Repression durch kurdische Nachbarn und des mangelnden Schutzes der Regierung verlassen und sind nach Istanbul oder ins westliche Ausland abgewandert. Ihre Zahl wird auf 150 000 bis 300 000 geschätzt.

Die Nestorianer glauben nicht nur an die zwei Naturen Christi, sondern auch an zwei Personen, die Christus innewohnen. Unter dem Namen Assyrer leben bzw. lebten sie in Kurdistan hauptsächlich um Hakkari und den Urmiya-See, wobei auch hier eine starke Abwanderung zu verzeichnen ist; ihre Zahl beträgt schätzungsweise 75 000. Seit der Mitte des 16. Jahrhunderts hat sich ein Teil der Nestorianer der katholischen Kirche zugewandt, aber das Aramäische (Altsyrische) als liturgische Sprache beibehalten. Sie werden als Chaldäer bezeichnet und siedeln vor allem im Irak, wo ihr Patriarch residiert. Ihre Zahl beträgt deutlich unter 200 000.

Die größte und bedeutendste christliche Gruppe (wie die Suryani sind sie Monophysiten), die bis zum Beginn des 20. Jahrhunderts ihr Verbreitungsgebiet mit den Kurden teilte, sind die Armenier. Die Überlebenden der Vertreibungen und Massaker im Ersten Weltkrieg verließen Ost-Anatolien und gingen nach Istanbul bzw. ins nahöstliche oder europäische Ausland oder nach Armenien. Seit der Gründung des Staates Israel im Jahre 1948 haben fast alle in Kurdistan (Irak, Iran) lebenden Juden ihre Heimat verlassen.

5.

Die Kurden im Mittelalter: Integration in die islamische Völkergemeinschaft

Die Geschichte der Kurden gewinnt erst mit dem Aufstieg des Islams in der ersten Hälfte des 7. Jahrhunderts klarere Konturen. Ihre Eroberungszüge (*ghazwa*) führten die muslimischen Araber aus dem Südwesten (Hedschas) und dem Innern der Arabischen Halbinsel Richtung Norden (Ägypten, Syrien) und Nordosten (Irak, Persien). Zu diesem Zeitpunkt gehörte Kurdistan – freilich nicht unter diesem Namen – zur Einflußsphäre des Byzantinischen, vor allem aber des persischen Sassaniden-Reiches. Um die Mitte des Jahrhunderts wurden die Siedlungsgebiete der Kurden dem rasch expandierenden islamisch-arabischen Reich der „rechtgeleiteten Kalifen" (632–661) und der Umayyaden (661–749) einverleibt. Die Vorstöße wurden bis an den Kaukasus und nach Aserbaidschan getragen; die Niederlage des sassanidischen Heeres im Jahre 642 bei Nihawand im Zagros-Gebirge südlich von Hamadan sicherte den Muslimen die Kontrolle Persiens. Das heißt aber nicht, daß die Menschen in diesen Gebieten (Kurdistan, Armenien, Mesopotamien, Persien) wirklich „unterworfen" wurden und in näheren Kontakt zu den neuen Herren kamen. Die Angriffe der Muslime hatten vielmehr Expeditionscharakter. Sie verweilten nicht länger als irgend nötig in den für sie und ihre Tiere zu kalten Gebirgsregionen Irans. Die Bergwelt Kurdistans war für die beduinischen Araber und ihre Tiere (Dromedare) für einen längeren Aufenthalt nicht geeignet. Zudem hatten die Muslime weder die Mittel noch sahen sie die Notwendigkeit, das dünn besiedelte und schwer zugängliche Bergland dauerhaft in Besitz zu nehmen. Zur Errichtung einer direkten Herrschaft hätte es eines gewaltigen militärischen Aufgebots bedurft; darüber hinaus gab es hier – im Gegensatz zu den Städten – keine Reichtümer zu „erwerben". Das Beute-Machen, ein traditioneller Zug beduinischen Lebens, der nunmehr mit der islamischen Eroberungsideologie gepaart war, stellte einen bedeutsamen Anreiz bei der Eroberung und Unterwerfung weiter Teile des Vorderen Orients dar. Die Eroberer waren von den wohlhabenden, städtischen Zentren der Herrschaft, in denen oder in deren Nachbarschaft sie ihre Lagerstädte (*adschnad*, *amsar*) aufschlugen, fasziniert und nicht von den kargen, armen und z.T. menschenleeren Gebirgsregionen. Kurdistan blieb – wie auch in späteren Jahrhunderten – in einer Randlage, es bildete die Peripherie von Reichen, deren Zentren anderswo lagen. Die Verwaltungen der Umayyaden mit der Hauptstadt Damaskus und der sie ablösenden Dynastie der Abbasiden-Kalifen (749–1258) haben sich wohl damit zufriedengeben müssen, daß die Kurden die Grundsteuer bezahlten, für deren Einziehung die Führer der Nomadenstämme verantwortlich waren.

Wie reagierten die Bewohner Kurdistans, die – dies sollte man sich immer wieder ins Gedächtnis rufen – ja längst nicht alle Kurden waren, welche Folgen hatten die Einfälle der Araber? Es hat den Anschein, daß die Eindringlinge die wirtschaftlichen Strukturen, insbesondere die nomadische Lebensform, kaum beeinträchtigt haben. Vereinzelt verpflichteten sich die Muslime sogar vertraglich dazu, die Wanderungen nicht zu stören. Arabische Geographen, die ab dem 9./10. Jahrhundert schreiben und Informationen zu den Namen und Verbreitungsgebieten kurdischer

Stämme liefern, bezeichneten kurdische Nomaden und Halbnomaden als *al-Akrad* (Sing. *al-Kurd).* Ihren spärlichen Angaben zufolge waren die Kurden in großer Zahl in ganz Persien verbreitet. Freilich sind die erwähnten 500 000 Zelte wohl eine Übertreibung.[1] Diese Kurden waren mit ihren Schaf- und Ziegenherden „nach Art der Beduinen" beständig auf der Suche nach Weideland. Sie verfügten auch über Pferde, und zum Transport verwendete man vor allem Ochsen. Zu dieser Zeit war Seßhaftigkeit unter den Kurden kaum verbreitet, wir hören lediglich von einer kurdischen Stadtgründung (Uschnuije) im Südwesten des Urmiya-Sees. Die Autoren schweigen sich über soziale Verhältnisse weitgehend aus, offenbar gab es keine eklatanten sozialen Unterschiede und auch keine Armut. Ganz Städter und auf den Sitz der Kalifen in Bagdad fixiert, deren Loblied er singt, spricht al-Yaqubi (gest. 897) von den „unfruchtbaren, rauhen und verschneiten Gebieten, wo die hartherzigen Kurden wohnen ...".[2]

Wenn auch die Wirtschaftsformen der Kurden sich nicht änderten, so hatte das Eindringen der muslimischen Araber langfristig eine höchst bedeutsame Auswirkung, und zwar die Islamisierung der Kurden. Leider sind unsere Kenntnisse über diesen Prozeß äußerst dürftig. Wir wissen nicht, in welchem Ausmaß die Menschen in Kurdistan den jüdischen, zoroastrischen, christlichen und Natur-Religionen anhingen. Wir können höchstens vermuten, daß die Übernahme des Islams in erster Linie damit zu erklären ist, daß er den Mentalitäten und den Normen der Kurden entsprach. Vielleicht sind es in der islamischen Frühzeit zunächst nur einige kurdische Große gewesen, die in Beziehungen zu den Umayyaden-Kalifen in Damaskus, den nominellen Oberherren, getreten sind und den Islam angenommen haben. Daraus leitet sich wohl der Anspruch ab, von den Umayyaden abzustammen, den einige dieser Großen später als Legitimation benutzt haben.

Gewiß hat es eine Abwehr der Einheimischen gegen die Eroberer gegeben, die z. T. mit der einfachen Tatsache zu erklären ist, daß Kurden dem Heer der Sassaniden angehörten. Aber die mitunter vertretene These von der „gewaltsamen Islamisierung"[3] läßt sich nur mit der Einschränkung aufrechterhalten, daß die Ausbreitung des Islams allein unter Heiden zwingend vorgeschrieben war, also eine „Bekehrung" auf jeden Fall stattzufinden hatte (*dschihad).* Generell ist der Islam nicht mit „Feuer und Schwert" verbreitet worden, sondern, sofern die Annahme nicht freiwillig erfolgte, durch Arrangements und Verträge. Die heutige Existenz von Nichtmuslimen in Kurdistan deutet darauf hin, daß die Expansion des Islams zumal in abgeschlossenen Regionen begrenzt und das Beharrungsvermögen nichtmuslimischer Gruppen ausgeprägt war.

Von Bedeutung ist auch, daß die Bevölkerung mit der existierenden Herrschaft – Byzanz und Sassaniden – nicht zufrieden war, weil nestorianische Christen als Monophysiten von der byzantinischen Staatskirche verfolgt wurden. Unter der sassanidischen Staatsreligion, dem Zoroastrismus, erging es Christen nicht besser. Von den Muslimen hatten Andersgläubige eher eine Erleichterung zu erwarten: Sie mußten sich zwar unterwerfen, aber nicht konvertieren. Christen und Juden waren in den Augen der Muslime Anhänger anerkannter Religionen. Diesen sog. Schriftbesitzern (*ahl al-kitab*) war lediglich eine im Vergleich zu Muslimen höhere Abgabenlast auferlegt. Dafür wurde den Andersgläubigen der Status von „Schutzbefohlenen" (*dhimmi*) zuteil. Die Neigung der Muslime, möglichst auf Konfrontation zu verzichten, wurde auch darin deutlich, daß man die Zoroastrier als Schriftbesitzer anerkannte. Zur Durchsetzung des Islams mag ferner beigetragen haben, daß seine Annahme materielle Vorteile versprach. Die Steuerbelastung war unter islamischer Herrschaft, selbst für Nichtmuslime, geringer als in Byzanz und im sassanidischen Persien.

Insgesamt ergab sich aus den Kontakten der Kurden mit den Muslimen eine zunächst nur oberflächliche Islamisierung, die Möglichkeiten zur Mischung der neuen Religion mit bisherigen Glaubensinhalten und -formen offenließ. Solche Konversionen sind weder auf einen Schlag und massenhaft noch zwangsweise geschehen, sondern man muß sich darunter pragmatische und allmähliche Anpassungen an geänderte Verhältnisse vorstellen, Kompromisse zwischen bisherigen und neuen Glaubens- und Lebensformen. Die Kurden sind nicht das einzige Volk im Vorderen Orient gewesen, das sich dem Islam zuwandte. Die Iraner, die bis zur arabisch-islamischen Eroberung überwiegend dem Zoroastrismus anhingen, wurden ebenso Muslime wie die Türken, deren vorislamische Glaubensvorstellungen in erster Linie vom Schamanismus geprägt waren.

Kurdistan und die angrenzenden Regionen des Zweistromlandes waren ein Mosaik verschiedener ethnischer und sprachlicher Elemente. Hier siedelten Kurden, Araber, Perser und bald auch Türken, die seit dem 9. Jahrhundert in wachsender Zahl von den Kalifen als Söldner angeworben wurden. Obwohl die lokale Dominanz eines dieser Elemente bisweilen beträchtlich war, ist in dieser Gemengelage ihre gesonderte Erfassung kaum möglich. Wenn die Menschen überhaupt als Individuen wahrgenommen wurden (das betraf fast ausschließlich „große" Persönlichkeiten und Herrscher), dann in erster Linie als Muslime und nicht als Kurden, Perser und Araber. Streng genommen sind dem Islam ethnische Diskriminierungen fremd, was aber Gefühle ethnischer Zusammengehörigkeit, Partikularismen und ethnische Spannungen sowie Vorurteile (häufig resultierend aus dem Gegensatz nomadisch-seßhaft) nicht ausschloß. Wenn es in Iran sowohl unter den Kurden als auch unter anderen in Stammesverbänden lebenden Völkern Widerstand gegen die arabischen Eroberer gab, dann hatte dies nichts mit ethnischen Gegensätzen oder der Abwehr gegen „Fremdherrschaft" zu tun, sondern mit einer weitverbreiteten Abneigung nomadischer Stämme gegen jede Art von Beherrschung durch eine (ferne) Zentralregierung.

Seit der Mitte des 8. Jahrhunderts befand sich das politische Zentrum des Islams in Bagdad, im Irak, wo die Abbasiden-Kalifen residierten. Ihr Einfluß reichte nicht aus, um regelmäßig wiederkehrende Aufstände in der kurdischen Region zu verhindern, ob es sich nun um Weigerungen handelte, Steuern zu entrichten, um Räuberunwesen oder bestimmte Formen sozialen Protestes, die z.T. religiöse Motive gehabt haben mögen. Kurz vor der Mitte des 10. Jahrhunderts hören wir von dem Aufstand eines gewissen Daisam ibn Ibrahim, eines Kurden oder Halbkurden, der einige charidschitische Kurdenstämme um sich geschart hatte (die Charidschiten hatten sich bereits in der Mitte des 7. Jahrhunderts von den Schiiten abgespalten und bekämpften sowohl Sunniten als auch Schiiten, waren aber im 8. Jahrhundert nach der Machtübernahme der Abbasiden fast vollständig eliminiert worden). Auf diese Weise gelang es kurdischen Stämmen, mehr oder weniger kurzlebige und kleinräumige Herrschaften zu errichten. Zeitweise ging man Koalitionen mit gegnerischen Kräften ein; wer heute miteinander verbündet war, konnte schon bald gegeneinander antreten. Solche Bündnisse wurden auch über konfessionelle Grenzen hinweg geschlossen.

Zentrifugale Tendenzen schwächten die Zentralmacht und ermöglichten in der Mitte des 10. Jahrhunderts den Aufstieg der iranisch-schiitischen Dynastie der Buyiden (945–1055), die fortan die „starken Männer" in Bagdad waren. Ihnen gelang die „Befriedung" des nördlichen Mesopotamien, wo die zahlreich vertretenen Kurden immer wieder als aufständisches Element von sich reden machten. Die Buyiden griffen auch direkt in kurdische Belange ein. Im Süden, um Kermanschah, mußten sie sich allerdings mit Tributzahlungen einer dieser kurdischen Kleinherrschaften zufrieden geben. Hasanwaih aus dem Stamm der Barzikan hatte sich dem Buyiden Rukn ad-Daula nützlich gemacht, der dafür manche den Kurden angelastete Auswüchse mit den Worten tolerierte: „Auch die Kurden müssen leben"![4] Nach dem Tode dieses in den Quellen gepriesenen Führers intervenierten die Buyiden zugunsten eines seiner Söhne und erhoben Badr ibn Hasanwaih zum Fürsten. Dabei war Badr keineswegs eine Marionette der Buyiden, waren doch diese selbst gespalten. Er konnte durch eine „Schaukelpolitik" seine Macht ausbauen. Wie sein Vater genoß er hohes Ansehen, weil er die Interessen der Bauern gegen seine nomadische Gefolgschaft wahrte, und wurde vom Kalifen mit dem Ehrentitel „Schützer der Religion und des Staates" ausgezeichnet.

In Nord-Aserbaidschan schwang sich die kurdische Dynastie der Schaddadiden (951–1031) zu Herren über die Stadt Gandscha auf. In ihrem Bestreben, Sicherheit und Ordnung herzustellen, und in Ermangelung eigener Truppen wandten sich die Stadtbewohner an die in der Umgebung siedelnden wehrhaften Nomaden. Diese „Aufgabenverteilung" war für beide Seiten vorteilhaft: Die Nomaden profitierten finanziell, die Städter genossen Schutz und eine weitreichende Autonomie. Das oft als Gegensatz beschriebene Verhältnis Nomaden – Seßhafte kannte also durchaus Ausnahmen.

Zu einer Art kurdischer Vorzeigedynastie sind die Marwaniden avanciert, die ihr Zentrum im Gebiet von Diyarbakır hatten. Etwa zur gleichen Zeit wie Badr, also in einer Periode der Schwächung der Buyiden, gelang einem anderen Stammesführer der Kurden, einem gewissen Baz, der Aufstieg zu einem zeitweise gefährlichen Gegner der Buyiden. Er eroberte das Gebiet zwischen Mosul,

Diyarbakır und Nusaibin und legte damit den Grundstein für die etwa ein Jahrhundert währende Herrschaft der Marwaniden. Nach seinem Tod im Jahre 990 folgten ihm sukzessive drei Neffen, die zu den eigentlichen Begründern und Namensgebern der Dynastie wurden. Sie unterhielten gleichzeitig Beziehungen zum Kalifat in Bagdad, zu den schiitischen Gegenkalifen in Kairo, den Fatimiden, und zu Byzanz. Auf dem Höhepunkt ihrer Macht unter Abu Nasir, auch genannt Nasir ad-Daula, reichte ihr Einflußbereich von Urfa im Westen bis zum Van-See im Osten. Die Marwaniden herrschten nicht über einen wie auch immer gearteten „kurdischen" Staat. Zwar bestand das Militär im wesentlichen aus kurdischen Stammesangehörigen, aber die Bevölkerung, seien es Städter oder Bauern, setzte sich großenteils aus nichtkurdischen Muslimen, Christen und Juden zusammen. In kultureller Hinsicht arabisiert, errangen die Marwaniden Ruhm als Mäzene von Dichtern und Gelehrten. Die ungewöhnlich lange Herrschaftszeit Nasir ad-Daulas (1011–1061) bescherte der Region eine relative Stabilität. Diese Periode regionaler und gewiß bescheidener kurdischer Machtentfaltung wurde beendet durch das Auftauchen nomadischer Türken ab der Mitte des 11. Jahrhunderts. Diese stellten insofern eine Bedrohung für die Kurden dar, als die wirtschaftliche Grundlage für beide die gleiche war, nämlich Schafzucht, und beide um die selben Weidegebiete konkurrierten. 1054 war es mit der weitgehenden Unabhängigkeit der Marwaniden vorbei, als Nasir ad-Daula sich den Seldschuken unterwerfen mußte.

1071 fand auf marwanidischem Gebiet die Schlacht zwischen dem byzantinischen Kaiser Romanos Diogenes IV. und dem Seldschuken-Sultan Alp Arslan statt, die den langen Prozeß der Türkisierung und Islamisierung Anatoliens einleitete. Die Seldschuken, in deren Armee auch kurdische Söldner dienten, gründeten das Reich der Groß-Seldschuken (so genannt zur Unterscheidung von einigen kleineren Linien, z.B. den Rum-Seldschuken in Anatolien), das weite Teile Irans und Mesopotamiens umfaßte. Nach der Auflösung des Groß-Seldschukenreiches gegen Ende des 11. Jahrhunderts bildeten sich einige Teilstaaten heraus. Wohl der bedeutendste war derjenige von Chorasan (Ost-Persien) mit seinem Zentrum in Nischapur. Unter dem langjährigen Herrscher, Sultan Sandschar (1118–1157), begegnet uns zum ersten Mal der Name

Kurdistan, d.h. „Land der Kurden". Sandschar ernannte seinen Neffen Sulaiman Schah zum Gouverneur der Provinz, deren Verwaltung nicht in der bedeutendsten Stadt, Kermanschah, sondern in dem Ort Bahar angesiedelt war. Leider macht Qazwini keine Angaben darüber, warum die Provinz Kurdistan hieß. Eine einfache Erklärung dafür wäre, daß der kurdische Charakter dominant war, sei es aus Gründen des vorherrschenden Nomadismus oder aus ethnischen bzw. sprachlich-kulturellen Gründen. Tatsächlich hatte die erwähnte Dynastie der Hasanwaih in der zweiten Hälfte des 10. Jahrhunderts hier ihren Mittelpunkt und einige architektonische Spuren hinterlassen (Moscheen und Burgen). Vielleicht war es diese „Erinnerung", die Wahrnehmung eines kurdischen Kontinuums in der Region, die Qazwini zu seiner Stellungnahme bewegte. Ansonsten erfahren wir lediglich von wirtschaftlicher Prosperität der Provinz in der Seldschukenzeit und einem dramatischen Rückgang des Steueraufkommens unter den Mongolen im 14. Jahrhundert.

Die wohl bekannteste islamische Dynastie kurdischen Ursprungs ist die der Ayyubiden (Mitte des 12. bis Mitte des 13. Jahrhunderts). Ihre Herrschaft erstreckte sich über Ägypten, Syrien, Teile Mesopotamiens und Jemen, d.h. der Schwerpunkt lag nicht in Kurdistan. Der berühmteste Herrscher der Ayyubiden ist der auch im Westen zu Ruhm gelangte Saladin (in den muslimischen Quellen Salah ad-Din). Sein Vater Ayyub und sein Onkel Schirkuh stammten aus der Gegend von Eriwan in Armenien und hatten sich als Söldner in den Irak verdingt, wo Saladin in Takrit am Tigris, auf halbem Wege zwischen Bagdad und Mosul gelegen, geboren wurde. 1152 schlossen sie sich dem Zangiden Nur ad-Din an, dessen Ruf als Gegner der Kreuzfahrer auf Berufssoldaten anziehend gewirkt haben mag, weil man sich dadurch Beute versprach. Nach dem Tode Nur ad-Dins vermochte sich Saladin, der inzwischen zum Heerführer aufgestiegen war, gegen dessen Erben durchzusetzen. Daraufhin erhielt er vom Kalifen al-Mustadi die Bestätigung seiner Herrschaft über Ägypten, Palästina und Syrien. Saladin profilierte sich als muslimischer Vorkämpfer gegen die Kreuzfahrer, denen er 1187 bei Hittin in Palästina eine vernichtende Niederlage beibrachte und Jerusalem entriß.

Von kurdischen Nationalisten wird Saladin gern als Symbolfigur für einen kurdischen Staat ins Feld geführt. In Wirklichkeit unterschied sich der Ayyubiden-Staat nicht von anderen zeitgenössischen Herrschaftsgebilden. Seinem Charakter nach war der Staat ein Zusammenschluß von Mitgliedern der sehr weitläufigen Herrscherfamilie, die durchaus nicht immer gemeinsame Sache machten. Zwar waren zahlreiche Kurden in der Verwaltung und im Militär des Staates tätig, aber das Gros der Truppen stellten Türken. Als 1169, am Anfang seiner Karriere, die Wahl Saladins zum Nachfolger Schirkuhs als Oberbefehlshaber anstand, hatte er es mit einem kurdischen und einem türkischen Rivalen zu tun. Einer der ayyubidischen Führer appellierte an das Zusammengehörigkeitsgefühl der Kurden mit den Worten: „Wahrlich, jeder ist für Saladin, außer dir [gemeint ist der kurdische Herausforderer] und al-Yaruqi [der türkische Rivale]. Jetzt bedarf es einer Einigung zwischen dir und Saladin. Er ist kurdischer Herkunft, und die Herrschaft sollte daher nicht auf die Türken übergehen" – freilich wurde ihm sein Verzicht erleichtert durch finanzielle Versprechungen.[5] Die Episode zeigt, daß ein gemeinsames Handeln der Kurden nicht selbstverständlich war, aber als erstrebenswert angesehen wurde. Arabische Historiker scheinen den Ayyubiden eine Art „Kurdizität" zuzubilligen, denn sie bezeichneten die Herrschaft der Ayyubiden als jene der *al-Akrad* im Unterschied zu jener der *al-Atrak*, der Türken. Damit waren die Mamluken gemeint, also die Dynastie türkischstämmiger ehemaliger Militärsklaven, die als Nachfolger der Ayyubiden in Syrien und Ägypten von 1250 bis 1517 regierten.

Hierher waren Kurden vor den Mongolen Hülägüs geflohen, die vom Großchan der Mongolen, Möngke (dem Bruder Hülägüs), speziell mit der Unterwerfung der Ismailiten und Kurden beauftragt worden waren. Als Gegenspieler der Mongolen, die sie bei Ain Dschalut in Palästina im Jahr 1260 besiegten, zeigten die Mamluken ein Interesse an den Kurden, vielleicht weil man sie als potentielle Bundesgenossen einschätzte. Aus diesem Grund war man in Kairo gut informiert über die Kurden, was sich an den Nachrichten über Kurdistan und kurdische Stämme in Ibn Fadlallah al-Umaris geographischem Werk *Masalik al-absar fi mamalik al-amsar* („Die Wege der Wahrnehmung in den Herrschaftsbezirken der großen Städte") ablesen läßt.

Der Mongoleneinfall in Vorderasien zog auch die Kurden in Mitleidenschaft. Städte wie Diyarbakır und Mardin wurden ausgeplündert. Der Mongolensturm führte in Iran weniger zu einer Mongolisierung als vielmehr zu einer Turkisierung der Bevölkerung. Durch die einströmenden mongolischen und turkmenischen Nomadenstämme, die sich vor allem zwischen Van-See und Mosul „niederließen" (die Sommerweiden befanden sich um den Van-See herum, die Winterquartiere lagen in der Ebene von Mosul), wurden die viehzüchtenden Teile der Bevölkerung Kurdistans in Richtung Norden, d.h. nach Armenien, abgedrängt. Zur Zeit der Ilchane, wie die Mongolen in Iran im 13. und 14. Jahrhundert hießen, wurde es still um die Kurden. Schlimmere Folgen als der Mongoleneinfall zeitigte das Wüten der Heere Timurs, der die von ihm eroberten Städte regelrecht auslöschte.

In der zweiten Hälfte des 15. Jahrhunderts befand sich Kurdistan unter der Herrschaft der sunnitischen Aqqoyunlu („die mit dem weißen Hammel") und der schiitischen Qaraqoyunlu („die mit dem schwarzen Hammel"), zweier turkmenischer Dynastien, die an der Spitze von Stammeskonföderationen standen. Sie stießen in das Machtvakuum, das durch den Tod Timurs in Iran entstanden war. Während erstere sich nach Westen, d.h. Anatolien und Syrien, orientierten, konzentrierte sich der Herrschaftsbereich der Qaraqoyunlu eher auf den Osten, Aserbaidschan und Irak. Von dem Aufstieg und den Rivalitäten der beiden Dynastien wurden auch die Kurden berührt. Das Vordringen der Qaraqoyunlu nach Westen involvierte Kurden in politische und religiöse Streitigkeiten und löste Bevölkerungsbewegungen aus. Zu dieser Zeit nahmen die Mukri-Kurden die Gegend südlich des Urmiya-Sees in Besitz. 1467 besiegten die Aqqoyunlu ihre „schwarzen" Namensvettern und waren damit alleinige Herrscher über Kurdistan. Der Verfall der Macht der Aqqoyunlu gegen Ende des 15. Jahrhunderts brachte den Kurden vorübergehend eine gewisse Selbständigkeit, bis sie zu Beginn des 16. Jahrhunderts vom Safawiden-Herrscher Schah Ismail I. unterworfen wurden.

Die Bevölkerungsbewegungen in Iran vom 11. bis 15. Jahrhundert haben die ethnische Zusammensetzung Irans entscheidend geprägt. Davon blieben auch die Kurden nicht unberührt. Sie haben türkische und mongolische Gruppen assimiliert (es gibt viele mongolische Ortsnamen in Kurdistan), andererseits wurden Kurden, vor allem in Aserbaidschan, türkisiert. Die Bevölkerung Kurdistans stellte also ein ethnisches Mosaik dar, wenn auch die

Dominanz des kurdischen Elements unbezweifelbar ist. In diesen turbulenten Zeiten fand wohl auch der Rückzug der assyrischen Chaldäer in die Bergregionen zwischen Urmiya-See und Großen Zab statt. Auch in Anatolien waren die Kurden von den Invasionen der Türken und Mongolen betroffen, die Migrationen auslösten. So waren die Germiyan-Nomaden, die nach Westanatolien zogen und um Kütahya ein Fürstentum gründeten, kurdischer Herkunft. Eine sehr viel glänzendere Zukunft als den Germiyan sollte indes den Osmanen beschieden sein, die zu diesem Zeitpunkt noch über ein bescheidenes Fürstentum in Nordwest-Anatolien geboten.

6.
Kurden, Osmanen und Perser:
Kurdische Herrschaften zwischen zwei Großreichen

Die Geschichte Kurdistans vom ausgehenden Mittelalter bis zum Beginn des 20. Jahrhunderts ist ganz wesentlich geprägt durch das Osmanische Reich (ca. 1300–1922) und mehrere Staatsgründungen iranischer (oder teils türkischstämmiger, iranisierter) Dynastien, insbesondere diejenige der Safawiden (1501–1722). Zum besseren Verständnis sind einige Informationen zum Aufstieg der beiden Reiche und ihrer Organisationsstrukturen unerläßlich.

Im Gefolge der mongolischen Expansion von Zentralasien nach Westen gelangten türkische Völkerschaften, u. a. der Stamm der Ogusen, nach Vorderasien, teils auf der Flucht vor den Heeren der Mongolen, teils mit ihnen. Ogusen waren auch schon im 11. Jahrhundert nach Iran und Anatolien gekommen und hatten dort mehrere Staaten (u. a. das Reich der Seldschuken) gegründet. Diesen Türken und Turkmenen-Stämmen (muslimische Nomaden türkischer Ethnie) gelang in Kleinasien die Gründung von Klein-Herrschaften, nachdem der Staat der Rum-Seldschuken zusammengebrochen war. Das osmanische Fürstentum (Emirat) war keineswegs das größte unter diesen Herrschaften, aber es nahm durch die Nachbarschaft zu Byzanz geographisch und geopolitisch eine besonders günstige Lage ein, die seine spätere Expansion entscheidend begünstigte. Die Gründung des osmanischen Staates vollzog sich um die Wende vom 13. zum 14. Jahrhundert in Nordwest-Anatolien. Anfangs war der Anführer der Osmanen das Oberhaupt einer Reihe von Stämmen. Infolge des territorialen und demographischen Wachstums differenzierte sich die osmanische Gesellschaft allmählich. War bislang die gesamte Bevölkerung wehrhaft gewesen, so entstand unter Orhan (regierte 1324–1359) eine besondere Gruppe von Kriegern, die in Berittene und Fußsoldaten geschieden wurden. Nunmehr hatte das Fürstentum eine kritische Größe erreicht, die eine Professionalisierung in staatlichen und militärischen Belangen erforderlich machte. Unter den militärischen Anführern (Sing. *bey*) begann sich eine Hierarchie herauszubilden.

Mit der Ausweitung des Territoriums wurde die Verwaltung komplexer; neue Institutionen bildeten sich heraus, die zentralasiatisch-türkische, islamische und byzantinische Einflüsse aufwiesen. Die wichtigsten Einflüsse kamen aus dem islamischen Bereich: Steuererhebung und das Wesiramt wurden der klassischen islamischen Staatsordnung entnommen. Der Boden gehörte überwiegend dem Staat. Mit Ausnahme der Frommen Stiftungen (Sing. *vaqf*, Plur. *evqaf*) wurden alle bebauten Flächen und das Weideland als Eigentum des Herrschers (*sultan*) angesehen. Bestimmte Teile (*muqataa*) des Bodens wurden in Form von Pfründen (*timar*) an militärische Befehlshaber (*sipahi*) anstelle eines festen Soldes zur Nutznießung, d.h. zur Steuereintreibung, vergeben. Als Gegenleistung mußten die *timar*-Inhaber militärische und administrative Aufgaben erfüllen. Sie hatten Soldaten und Pferde zu stellen und dafür Sorge zu tragen, daß die Bauern das Land bearbeiteten und Kaufleute sowie Handwerker in ihren Sparten tätig wurden, so daß Steuern in die Staatskasse flossen. Die *sipahi* erfüllten eine Art politischer Mittlerfunktion zwischen Bauern und Staat.

Die grundlegende Verwaltungseinheit des Osmanischen Reiches war die Provinz (*sandschaq*, was soviel wie „Fahne" bedeutet). An der Spitze einer Provinz stand der *sandschaq beyi*, ein militärischer Befehlshaber, der zugleich *timar*-Inhaber war. Ein *sandschaq* bestand, je nach Größe, gewöhnlich aus mehreren Dutzend *timar*s, die terminologisch nach ihrem Wert, d.h. ihrem Steueraufkommen, unterschieden waren. Mehrere *sandschaq*s bildeten Großprovinzen (*vilayet, eyalet*), die dem Kommando von Gouverneuren (*beylerbeyi*) unterstellt waren. Die Zahl der Großprovinzen war im 16. Jahrhundert überschaubar: Rumelien (d. h. die europäischen Besitzungen auf dem Balkan), Anatolien, Karaman, Rum (die Region um Sivas), Arabien (hauptsächlich Syrien) und schließlich Diyarbakır, also eine Provinz mit einer beträchtlichen kurdischen Bevölkerung. Den *beylerbeyis* stand bei der Erfüllung ihrer zivilen und militärischen Aufgaben ein Stab von Beamten (z. B. der Finanzchef der Provinz, *defterdar*) und Soldaten zur Seite. Parallel dazu existierte ein reichsweit in Sprengel eingeteiltes Gerichtswesen. Richter (*qadi*) sprachen Recht und bildeten zugleich das Rückgrat der Bürokratie. Die Verwaltung der osmanischen Reichsteile war in Gesetzbüchern (*qanunname*) geregelt. Hierin wurden die steuerlichen, administrativen und strafrechtlichen Bestimmungen für eine bestimmte Provinz festgelegt; z. B. enthielten sie Angaben über die Steuern auf bestimmte Produkte. In Registern (*tahrir*) wurden Dörfer und Städte, Einwohnerzahlen und die steuerlichen Belastungen aufgeführt.

Ab der Mitte des 16. Jahrhunderts, nach der Regierungszeit Süleymans (1520–1566), kamen die Eroberungen zum Stillstand. Der wirtschaftliche Niedergang, u. a. hervorgerufen durch das Einströmen amerikanischen Silbers nach Europa und ins Osmanische Reich sowie die Verschiebung der Handelsrouten vom Mittelmeer zum Atlantik, und die zunehmende Schwäche der Zentralregierung verursachten Änderungen im „klassischen" osmanischen System. Der *timar* wurde von der Steuerpacht (*iltizam*) abgelöst mit der Folge, daß überhöhte Steuern gefordert wurden und Bauern in finanzielle Bedrängnis gerieten. Provinzgouverneure wurden selbst Steuerpächter bzw. es entstand eine Schicht von Großgrundbesitzern, denen häufig der Aufstieg zu lokalen Machthabern (*ayan*) gelang. Diese konnten sich zeitweise von der Hohen Pforte (*bab-i ali*, dem Sitz des Großwesirs und der osmanischen Regierung) de facto unabhängig machen und verbanden wirtschaftliche Verfügungsgewalt mit politischen Machtmitteln, indem sie Polizeigewalt und Gerichtsbarkeit usurpierten.

Im Osmanischen Reich war der Islam sunnitischer Observanz Staatsreligion, während unter den Turkmenen heterodox-mystische Glaubensanschauungen vorherrschten. Die Richtschnur des Handelns war das Religionsgesetz (*scharia*). Die muslimischen Be wohner des Osmanischen Reiches waren Türken, Araber, Bosnier, Albaner und Kurden. Christen (Griechen, Armenier) und Juden mußten über die auch von Muslimen zu zahlende Grundsteuer hinaus eine sog. Kopfsteuer (*dschizya*) entrichten, wofür sie den Status von Schutzbefohlenen (*dhimmi*) genossen, also die Protektion des Staates. Christen, Muslime und Juden waren jeweils in Religionsgemeinschaften (*millet*) organisiert, die ihre inneren Angelegenheiten weitgehend selbständig regelten; es gab also eine griechisch-orthodoxe, eine armenisch-gregorianische, eine jüdische und eine muslimische *millet*.

Die osmanische Expansion in Europa vollzog sich zum großen Teil durch militärische Unternehmungen und durch eine Landnahme bzw. den gelenkten Zuzug von Nomaden und Bauern. In Anatolien wurde das Territorium überwiegend auf friedlichem Wege, nämlich durch Kauf, verwandtschaftliche Beziehungen (z. B. Einheirat) oder friedliche Inkorporation anderer Fürstentümer vergrößert. Zu Beginn des 16. Jahrhunderts brachte die Ausdehnung ihrer Herrschaft nach Osten die Osmanen jedoch in Konflikt mit den Safawiden.

Diese führen sich zurück auf Safi ad-Din (1252–1334), einen (möglicherweise kurdischen) Scheich eines sunnitischen Sufi-Ordens im iranischen Teil Aserbaidschans mit Sitz in Ardabil, zwischen Tabriz und dem Kaspischen Meer gelegen. In der Mitte des 15. Jahrhunderts lassen sich politische Ambitionen des Ordens feststellen, die aus Rivalitäten unter seinen Scheichen resultierten. Scheich Dschunaid fand seine Gefolgschaft vor allem unter den Turkmenen Ostanatoliens, die sich von seinen heterodoxen Glaubensanschauungen, in deren Mittelpunkt die Verehrung des Kalifen Ali (also eines schiitischen Imams) stand, angezogen fühlten. Der Aqqoyunlu-Herrscher Uzun Hasan verbündete sich mit Dschunaid, dessen Sohn Haidar eine spezielle rote und mit zwölf Zwickeln versehene Kopfbedeckung (für die 12 schiitischen Imame) einführte, nach der die Anhänger nunmehr *Qızılbasch* („Rotköpfe") genannt wurden. Das Bündnis zerbrach bald; einer der Söhne Haidars, Ismail, schlug mit seinen *Qızılbasch* die Aqqoyunlu und wurde zum Begründer der Dynastie. Seine überwiegend turkmenischen Anhänger hielten Schah Ismail (regierte 1501–1524) für einen *mahdi*, d. h. einen „unter göttlicher Leitung stehenden" Retter. Nach seinem Einzug in die zukünftige

Hauptstadt Tabriz (die Stadt war auch das Zentrum der Aqqo-yunlu gewesen) erklärte er die unter seinen Anhängern noch kaum bekannte Zwölfer-Schia zur Staatsreligion. Dies markiert den Beginn der etwa ein Jahrhundert währenden Schiitisierung Persiens, das bis dahin ein überwiegend sunnitisches Land gewesen war. Damit hatte sich in unmittelbarer Nachbarschaft der sunnitischen Osmanen ein Staat etabliert, der politisch und religiös in deutlichem Gegensatz zu ihnen stand. Der Konflikt war nicht oder nur zu einem geringen Teil religiöser Natur, wurde aber religiös legitimiert. Osmanische Theologen wandten sich nicht gegen die Safawiden als Schiiten, vielmehr suchten sie nachzuweisen, daß die Safawiden überhaupt keine Muslime waren, also Ungläubige, gegen die man den Heiligen Krieg führen müsse.

Eine der Wurzeln des Konflikts war, daß viele turkmenische Anhänger der Safawiden in Ost-Anatolien siedelten und einen ständigen Unruheherd darstellten. Dies umso mehr, als die Osmanen mit der Einführung einer Sondersteuer (*avariz*) im Jahre 1501 und der von ihnen verfolgten restriktiven Nomaden-Politik die Turkmenen drangsalierten. Dagegen tolerierten die Safawiden zunächst die tribale Organisation ihrer Anhänger, beruhte ihre Organisation doch selbst – der Tradition der Mongolen bzw. Aqqoyunlu und Karaqoyunlu folgend – politisch und militärisch auf dem Tribalismus. Freilich profitierten die Kurden von dieser Politik nicht, zumal schon gegen Ende des 16. Jahrhunderts in Persien ein zentralisierter Staat geschaffen wurde, der sich in seiner Politik gegenüber Nomaden wenig vom Osmanischen Reich unterschied.

Wie die Osmanen, so befanden sich auch die Safawiden zu Beginn des 16. Jahrhunderts in einer Phase der Expansion. Einige lokale Kurdenherrscher, die sich nach dem Niedergang der Aqqoyunlu hatten etablieren können, suchten daraus Kapital zu schlagen. Sie baten Ismail um eine Bestätigung ihrer Herrschaften, holten sich aber eine Abfuhr; einige wurden ins Gefängnis geworfen und *Qızılbasch*-Führer an ihrer Stelle eingesetzt. Die kompromißlose Behandlung durch Ismail veranlaßte einige Kurdenfürsten, bei den Osmanen um Beistand nachzusuchen. Jene halfen bei der Vertreibung von *Qızılbasch*-Truppen der Safawiden aus Ost-Anatolien, wobei die kurdischen Herrscher ihre sonstigen Rivalitäten „vergaßen" und geschlossen kämpften. Diese seltene

Eintracht verdankten sie dem diplomatischen Geschick des kurdischen Gelehrten und ranghohen osmanischen Beamten Mevlana Hakim ad-Din Idris Bitlisi; einer seiner Schüler namens Mahmud Keletschiri aus dem Stamm der Ruzegi war als Sekretär Scharaf Beys in Bitlis in der ersten Hälfte des 16. Jahrhunderts tätig und stieg zum Chefberater Sultan Süleymans in Sachen Kurdistan auf. Idris hatte noch unter dem Aqqoyunlu Uzun Hasan in Tabriz Verwaltungserfahrung gesammelt und befand sich seit einigen Jahren in Diensten Selims I. (1512–1520). Die Kurden hatten vom Sultan gefordert, einer der Ihren möge zum *beylerbey* und damit Anführer des Widerstands gegen die Safawiden bestimmt werden. Ein solch hoher Posten war in der Regel Persönlichkeiten des Hofes vorbehalten, so daß Idris Selim den Rat gab: „Unter ihnen [den kurdischen Emiren] besteht eine Vielfalt an Einzelinteressen und keiner wird sich dem anderen unterwerfen. Wenn es das Ziel sein sollte, die Zersplitterung und den Zerfall der *Qızılbasch* zu erreichen, dann ist es erforderlich, einen Diener des Hofes mit dieser wichtigen Angelegenheit zu beauftragen, auf daß die kurdischen Emire ihm gehorchen und sich ihm fügen".[1]

Exkurs: Scharaf ad-Din Bitlisi und seine Chronik Scharafname

Scharaf ad-Din Chan al-Bitlisi, der Verfasser des *Scharafname*, wurde im Jahre 1543 in der Nähe von Qom in Persien geboren. Seine Vorfahren herrschten als Fürsten des Ruzegi-Stammes über die ostanatolische Stadt Bitlis (al-Bitlisi bedeutet „der aus Bitlis Stammende"). Widrige politische Verhältnisse zwangen seinen Vater, Emir Schams ad-Din ibn Scharaf ad-Din, nach Persien auszuwandern. Im Alter von neun Jahren kam Scharaf ad-Din zur Ausbildung an den Hof Schah Tahmasps. Zwanzig Jahre lang versah er in verschiedenen Provinzen des Safawiden-Reiches das Amt eines Statthalters. Im Jahre 1576 wurde er in die Zentrale zurückbeordert. Intrigen, die eine Strafversetzung in die Provinz zur Folge hatten, zermürbten ihn so sehr, daß er im Dezember 1578 mit sechshundert Familien- und Stammesangehörigen nach Van, in das Land seiner Vorväter, ging. Der dortige Gouverneur, Chüsrev Pascha, verwandte sich bei Sultan Murad III. (herrschte 1574–1595) für Scharaf ad-Din, worauf er mit der erblichen Herrschaft (*ocaklık*) über Bitlis und Muş betraut wurde. Als er im August 1597 sein *Scharafname* abschloß, verwaltete er seine Ländereien nur noch nominell, faktisch herrschte bereits sein Sohn Abu l-Maali Schams ad-Din. Scharaf ad-Din lebte mindestens noch bis 1599.

Der erste Teil des in persischer Sprache geschriebenen *Scharafname* besteht aus einem Vorwort, vier Büchern (eigtl. „Blätter", *sahife*) und einer Nachschrift, welche die Autobiographie Scharaf ad-Dins enthält. Im zweiten Teil wird die Geschichte der Osmanen und der Herrscher Persiens vom Ende des 13. bis zum Ende des 16. Jahrhunderts beschrieben. Die vier Bücher des ersten

Teils sind die wichtigste Quelle für die kurdische Geschichte. Das erste Buch handelt von „jenen Herrschern, die das Banner der Herrschaft aufgepflanzt hatten und welche die Historiker zu den selbständigen Herrschern zählten". Dazu gehören u. a. die bereits erwähnten Hasanwaih und die Ayyubiden. Im zweiten Buch führt der Verfasser die kurdischen Dynastien auf, die, ohne volle Unabhängigkeit erlangt zu haben, bisweilen auf ihren Namen Münzen schlagen und das Kanzelgebet (*chutba*) verrichten ließen (d. h. sie beanspruchten typische Merkmale eines islamischen Herrschers) wie z. B. die von Ardalan. Gegenstand des dritten Buches sind die Inhaber erblicher Herrschaften (*hakim*, Plur. *hukkam*) (insgesamt zwei Dutzend, u. a. Baban). Im vierten Buch beschreibt Scharaf ad-Din ausführlich die Geschichte der Fürsten von Bitlis und insbesondere seinen eigenen Stamm, die Ruzegi. Seine Quellen sind vor allem persische Chroniken, Inschriften, Informationen von Gewährsleuten und eigene Erlebnisse.

Das Vorgehen des Autors entbehrt nicht einer gewissen Systematik. Er macht Angaben zur Lage, zum Klima, zu den Bauten, Einwohnern und berühmten Persönlichkeiten (z. B. Gelehrten), zum religiösen Leben und zur Geschichte bestimmter Orte. Er beschreibt zunächst die Herrscher, die vor den Kurden eine Stadt oder Region innehatten, und dann die Abstammung kurdischer Dynastien und Stämme. Auch ihre Weidewanderungen und -plätze, ihre Auseinandersetzungen mit Nachbarstämmen sowie Beziehungen mit den Osmanen und Persern werden behandelt. Häufig schreibt er von den Frauen der Stammesfürsten, u. a. von der Gattin des Hadschi Chan aus dem Stamm der Dunbali, die sich von ihrem Mann beleidigt fühlte und ihren Bruder um Hilfe bat, worauf dieser mit seinem Stamm und osmanischer Unterstützung kurzerhand die Stadt Choi niederbrannte.

Bitlis und die Ruzegi liegen dem Autor besonders am Herzen. Er leitet ihre Herkunft von den Sassaniden ab, erwähnt – durchaus nicht ohne Sympathie – die christlich-armenischen Vorgänger in der Herrschaft und behauptet, daß die Fürsten von Bitlis bereits 450 Jahre über die Stadt herrschen. Er schreibt aber nicht nur Stadtgeschichte, sondern liefert auch eine genaue Beschreibung der Gegend, unterscheidet armenische und kurdische Dörfer und erklärt Landbebauung und Viehzucht.

Obwohl die Osmanen ihn wieder in seine angestammten Rechte einsetzten, macht er keinen Hehl aus seiner Sympathie für die Perser. Scharaf ad-Dins Haltung zu den Kurden ist ambivalent. Immer wieder beklagt er die Naivität der Kurden und die Anarchie unter ihnen: „Eine allgemeine Verwirrung riss unter den Ruzegi-Stämmen ein, und jedermann strebte nach eigenem Sinne nach der Fürstenmacht. Verse: Wenn ein Land ohne Herrscher bleibt, wirft sich in jedem Dorfe der Vorsteher zum Gebieter auf".[2] Andererseits ist er stolz auf seinen Stamm; er verweist z. B. darauf, daß die mächtige persische Armee es nicht wagte, von den armenischen Bauern gewaltsam Vorräte zu nehmen, weil sie Vergeltungsmaßnahmen der Ruzegi befürchtete. Seinen Stamm preist er in folgenden Worten: „Unter den Clanen und Stämmen Kurdistans ist der Ruzegi-Clan bekannt für Großzügigkeit und extreme Tapferkeit, Männlichkeit und Eifer, überaus große Bescheidenheit und Sinn für Ehre, Ehrlichkeit, Direktheit, Frömmigkeit und Treue. Wann immer Bestrafung und Schwierigkeiten über ihre Herrscher kamen, so ließen es die Ruzegi doch niemals an Diensteifrigkeit, Weggenossenschaft und Todesbereitschaft fehlen. Immer wenn die Provinz Bitlis ihrer Kontrolle entrissen und ihre Herrscher entmachtet wurden, vermochten es die Ruzegi, durch kluge Politik und ohne die Hilfe anderer sowie mit Gottes Beistand ihre Provinz wieder unter ihre Herrschaft zu bringen. Es ist unter den Kurden wohl bekannt, daß für jeden Mauerstein der Festung von Bitlis ein Ruzegi sein Leben verloren hat. Und immer wenn die mächtigen Herrscher beschlossen, Kurdistan zu unterwerfen, mußten sie erst einmal Krieg gegen die Fürsten von Bitlis und den Ruzegi-Clan führen. Denn solange sich der Ruzegi-Clan nicht unterwirft und Gehorsam leistet, tun dies auch die anderen Stämme Kurdistans nicht".[3]

Im Jahr 1514 wurde Ismail mit seinen Truppen nahe dem ostanatolischen Çaldıran dank der überlegenen Feuerkraft der osmanischen Artillerie geschlagen. Der territoriale Zugewinn war gering. Viel wichtiger war der psychologische Effekt der Niederlage Ismails, weil sein gottgleicher Nimbus, den er unter seinen Anhängern, besonders den *Qızılbasch*, genoß, beschädigt worden war. Gleichwohl konnte der osmanische Sieg die Ambitionen der Safawiden nicht dauerhaft beschränken. Selim ging nun daran, die neu eroberten Territorien in das osmanische Verwaltungssystem einzugliedern. Es wurden drei *eyalet* gebildet, die große Teile Kurdistans einschlossen: der nördliche Teil Kurdistans westlich des Van-Sees bildete die Provinz Diyar Bakr; Raqqa, das die Gegend zwischen Urfa und der Stadt am Euphrat umfaßte, und Mosul im nördlichen Mesopotamien. Die kurdischen Fürsten, die bisher unter safawidischer Oberhoheit gestanden hatten, wurden von Selim anerkannt, weil er einsehen mußte, daß seine Kräfte für ihre Unterwerfung nicht ausreichen. Im Gegenzug gelobten sie Selim Treue. Ein solcher Vasallenstatus, der die Erblichkeit ihrer Machtbezirke einschloß, war die Ausnahme in der Verwaltung des Reiches.

Der Architekt dieser Allianz zwischen Sultan und Kurdenherrschern, Idris, setzte also eine Regelung durch, die den Osmanen und den kurdischen Herrschern gleichermaßen zum Vorteil gereichte. Einigen kurdischen Herrscherfamilien wie z.B. jenen von Bohtan und Hakkari wurde ein Autonomie-Status verliehen. Wohl mußten sie einen Treueeid leisten, aber Pflichten wie die Gestellung von Soldaten oder die Zahlung von Steuern waren damit nicht verbunden. Dieser *Kürd hükumeti* („kurdische Herrschaft", die Bezeichnung setzte sich allerdings erst im 17. Jahrhundert durch) genannte Status war erblich.

Die zweite Variante dieser ausschließlich auf die kurdischen Gebiete des Osmanischen Reiches beschränkten Regelungen war das *Akrad beyliği*, was ebenfalls „kurdische Herrschaft" bedeutet, inhaltlich aber verschieden war von *Kürd hükumeti*; ersteres wurde auch *ocaklık* (türk. „Feuerstelle", im übertragenen Sinne: Land, das einer Familie vom Sultan verliehen wird) oder *yurtluk* (das Wort *yurt* „Zelt" stammt aus dem Mongolischen und wurde ins Persische und Türkische übernommen in der Bedeutung von „Lehen") genannt. Diese Herrschaften entsprachen der grundlegenden Verwaltungseinheit des Reiches, dem *sandschaq*. Der kurdische Herrscher nahm hier also die Stelle eines *sandschaq beyi* ein. Im Unterschied zu den „normalen" *sandschaq*s war hier das Amt des *bey* innerhalb der Familie erblich, wobei allerdings jeweils die Bestätigung des Provinzgouverneurs erforderlich war. Bei Unbotmäßigkeit solcher *Akrad beyi* gegen die Zentralregierung konnten sie abgesetzt und Familienangehörige zu Nachfolgern bestimmt werden. Anders als in den *Kürd hükumeti* mußten die Herrscher der *Akrad beyliği* militärische Dienste leisten und Steuern an den Fiskus abführen.

In einigen Fällen mögen die Regelungen abgeschafft worden sein. Wo infolge innerer Streitigkeiten in einem *Kürd hükumeti* die Zentralmacht intervenierte, wurde der Status dieser Herrschaft zu einem *Akrad beyliği* reduziert. Dies war aber die Ausnahme: In der Regel bewiesen die kurdischen Herrschaften eine bemerkenswerte Stabilität, ja, viele *Akrad beyliği* erlangten de facto eine Unabhängigkeit, wie sie die *Kürd hükumeti* von Rechts wegen hatten. Dies ist in erster Linie darauf zurückzuführen, daß Kurdistan ein Grenzland und Gegenstand konkurrierender osmanisch-safawidischer Herrschaftsansprüche blieb. Für beide Seiten war es günstiger, die Unabhängigkeit lokaler Fürsten in Kauf zu nehmen, als mit allen Mitteln eine kaum realisierbare Direktherrschaft zu erzwingen. Insgesamt hatte die osmanische Verwaltung in Kurdistan wenig Einfluß, obwohl es etliche Interventionen gegeben hat. Ein hoher osmanischer Beamter, der als Gouverneur nach Van gehen sollte, wehrte sich gegen seine Versetzung, weil er wußte, daß seine Autorität nur so weit reichte wie die Geschütze der Festung.[4]

Als Evliya Çelebi in der Mitte des 17. Jahrhunderts in Ostanatolien weilte, hatte sich an diesen Zuständen wenig geändert.

Unter Bezug auf vier solcher *Kürd hükumeti* (u.a. Hakkari und Bitlis) schreibt er: „Als diese *hükumet*s erobert wurden, bekamen sie ihre eigene Provinz gemäß dem Vertrag Sultan Süleymans. Sie haben den Status eines *sandschaq*, werden aber als erblicher Besitz (*yurtluk*, *ocaklık*) verwaltet. Im Gegensatz zu anderen Emiren unterliegen sie nicht Ernennung und Entlassung. Wenn einer dieser Herrscher stirbt, so tritt sein Sohn an seine Stelle oder ein angesehener Verwandter, sonst niemand. Trotzdem werden ihre Besitzungen steuerlich erfaßt, genauso wie die Besitzungen in den anderen *sandschaq*s. Ihre Einkommensquellen bestehen aus wohlhabenden Dörfern, die als *timar* und *zeamet* [„Großpfründe"] definiert sind".[5]

Diese Arrangements hatten zur Folge, daß die inneren Machtverhältnisse in den kurdischen Herrschaften, und zwar sowohl in den *Akrad beyliği* als auch in den *Kürd hükumeti*, wie sie zu Beginn des 16. Jahrhunderts herrschten, festgeschrieben wurden. Im 17. Jahrhundert hören wir von Klagen kurdischer Fürsten, daß die von der Zentrale entsandten Provinzgouverneure sich nicht mehr um deren Privilegien kümmerten. *Beylerbeyi*s setzten Emire ab, mischten sich in die Nachfolge ein und erzwangen Steuern, von denen sie ja ausgenommen waren. Diese Risse im Autonomie-Status wurden von der Hohen Pforte aufmerksam verfolgt und auch – teilweise erfolgreich – gekittet, hätte doch die Unzufriedenheit der lokalen Kurdenherrscher sie in ihrer Loyalität gegenüber den Osmanen wankelmütig werden lassen und dadurch zur Schwächung der Ostfront des Reiches führen können.

Mit all diesen Charakteristika nahm Kurdistan im 16. Jahrhundert die Situation vorweg, die in anderen Teilen des Osmanischen Reiches erst ab dem 17./18. Jahrhundert Einzug hielt, nämlich den Verfall der zentralisierten Ordnung und die Ausweitung der Macht der Gouverneure in den Provinzen. Mit anderen Worten: Die Ausnahme Kurdistan wurde zum Regelfall. Ab dem Ende des 16. Jahrhunderts wurde der Begriff *eyalet*, der bis dahin nur für halbautonome Gebiete, z.B. für die kurdischen *sandschaq*s verwendet worden war, generell zur Bezeichnung der Provinzen verwendet.

Wie hat man sich die Ausübung der Macht in den Emiraten vorzustellen? Der osmanische Hof war das Vorbild, dem man in den kurdischen Fürstentümern folgte. Die Emirate wiesen einige Ähnlichkeiten mit dem osmanischen Herrschaftssystem hinsichtlich ihrer Institutionen im Bereich von Verwaltung und Militär auf. Dabei war die Integration in das Reich nicht besonders ausgeprägt. Erstens war der Anteil der Einkünfte, die der Emir für sich behalten durfte, hoch; zweitens übertraf die militärische Stärke des Emirs die der osmanischen Truppen bei weitem; und drittens war der Emir in der Ernennung der Richter autonom.

Die Emirate waren im großen und ganzen politische Einheiten seßhafter kurdischer und christlicher Untertanen. In einigen Emiraten gab es auch eine nomadische Bevölkerung. Beim Herrscher von Bitlis hielten sich nicht weniger als siebzig Stammesführer gleichsam als Geiseln mit Vorzugsbehandlung auf. Ihre Anwesenheit bürgte für den Gehorsam ihrer Stämme. Dagegen gehörten die großen Stammeskonföderationen in der Provinz Diyarbakır zu keinem Emirat. Diese Konföderationen bestanden aus türkischen und kurdischen Stämmen, die ihre Winterquartiere am Rande der syrischen Wüste hatten und sich im Sommer auf den Almen zwischen Erzincan und Erzurum aufhielten. In der Mitte des 16. Jahrhunderts bestand eine solche Konföderation aus 7500 Haushalten mit ca. 2 Millionen Schafen. Kontakte zwischen Staat und Stammesverbänden beschränkten sich hier auf die Eintreibung von Steuern.

Die wirtschaftliche Bedeutung einer Region bzw. einer Stadt entsprach nicht unbedingt ihrem Herrschaftsstatus. So war Bitlis in Ost-Anatolien „nur" ein *Akrad beyliği*, während das Gebiet Hazo ein *Kürd hükumeti* war. Dank der Lage der Stadt Bitlis an einer wichtigen Handelsroute und den zahlreichen Kaufleuten und Handwerkern gab es ein großes Steueraufkommen. Kaufleute und Handwerker waren mehrheitlich Armenier und Araber; zusammen mit den christlichen Bauern, meistens Armenier, erwirtschafteten sie den größten Teil des Steueraufkommens. Der *sandschaq beyi* strich u. a. die Marktsteuern, die Erträge einiger Dörfer sowie die Hälfte der Kopfsteuer der nichtmuslimischen Einwohner ein – die andere Hälfte ging an den Gouverneur. Manchmal erhoben die Emire auch Abgaben auf die Herden der Stämme, was im Falle der Weigerung zu Strafexpeditionen und gewaltsamer Eintreibung der Steuern führte. Es gab noch weitere Einheiten der steuerlichen Ausbeutung des Landes, z. B. in der Form des *timar*. Sie waren in Bitlis in den Händen von Stammesangehörigen, die in der osmanischen Armee *sipahi*-Ränge bekleideten. Eine andere Einkommensquelle stellten Fromme Stiftungen dar, deren Einkünfte entsprechend dem festgelegten Stiftungszweck wohltätigen Zwecken zugute kamen, z.B. dem Unterhalt von Koranschulen, Volksküchen und Moscheen. Die Grundsteuer (*charadsch*) wurde von einem Beamten des *vali* eingetrieben und an den Staatsschatz abgeführt.

Was die Gesellschaftsstruktur im Emirat von Bitlis betrifft, so standen an ihrer Spitze der Emir und seine Familie. Eine führende Schicht von Stammesangehörigen (Agas) und Nichtstammesangehörigen (hohe Würdenträger, Scheichs) war darunter angesiedelt. Die nicht zu dieser Elite zählenden Stammesleute waren geschieden in Pferdebesitzer und solche, die keine Pferde hatten. Die städtische Bevölkerung setzte sich zusammen aus muslimischen Kurden und aus Christen, also Arabern und vorwiegend Armeniern.

Der kurdische Herrscher stützte sich auf eine kampfbereite militärische Gefolgschaft, die sogar uniformiert war. Im Kriegsfall konnte auf weitere, nach Tausenden zählende Reiter und Fußsoldaten aus den Stämmen zurückgegriffen werden. Darüber hinaus war ein Janitscharenregiment stationiert, das ein Untergebener des *vali* befehligte. *Qadi* (Richter), *mufti* (Rechtsgelehrter, der Rechtsgutachten erstellt) und kommunale Beamte wurden vom Emir ernannt, während normalerweise die osmanischen Richter vom *Scheich ül-Islam* (dem ranghöchsten Geistlichen im Reich, der zugleich *mufti* von Istanbul war) ernannt wurden. Die Besonderheit der Situation in Kurdistan wird dadurch unterstrichen, daß der *mufti* dem schafiitischen Ritus angehörte, der Rechtsschule, der die meisten Kurden anhingen – und nicht dem hanafitischen, welcher der osmanische Staats-Ritus war.

Auch im Emirat von Baban (Hauptort Sulaimaniya) existierte eine komplexe Verwaltungsorganisation, innerhalb derer eine ganze Reihe von Ämtern ihren osmanischen Vorbildern nachgebildet waren. Nominell gehörte es zum Osmanischen Reich; de facto versuchten die Emire auf dem schmalen Grat der Unabhängigkeit zwischen Osmanen und Persern zu wandeln. Weil die Osmanen Kurdistan, wenn überhaupt, nur um den Preis einer massiven dauerhaften Präsenz mit entsprechenden Kosten hätten halten können, nahmen sie die Quasi-Unabhängigkeit der Emirate in Kauf. Aus eigener Kraft wären diese Emirate nicht in der Lage gewesen, eine solche Machtstellung zu erreichen.

Es waren aber nicht nur erbliche Herrschaften wie jene von Baban, die aus den Rivalitäten der beiden Mächte Nutzen zogen. In der unmittelbaren Grenzregion mangelte es nicht an „Grenzgängern", d.h. an Stämmen und Herrschern, die, je nachdem, was die beiden Seiten zu bieten hatten, sich für die eine oder andere entschieden, diese Entscheidung aber schnell wieder umstießen, wenn die andere Seite mehr bot. Bezeichnend für diese geschmeidige Anpassung ist auch, daß ein Verwandter eines Stammesführers häufig auf der anderen Seite zu finden war. Im Bedarfsfall stand er bereit, um den Stamm zu führen, wenn man die Seite gewechselt hatte. Die Dynamik dieser rasch wechselnden Verhältnisse bot den beiden Großmächten reichlich Ansatzpunkte, um die Stämme und ihre Beziehungen untereinander für ihre eigenen Ziele einzusetzen.

Über die Lage im persischen Teil Kurdistans ist weitaus weniger bekannt als über jene im osmanischen Teil. Kurdische Herrscher fungierten als erbliche und quasi-autonome Statthalter der Zentralregierung. Der Grund für diese Regelung war derselbe wie auf der osmanischen Seite: Die randständige Lage Kurdistans sowie die nomadische Lebensweise der Bevölkerung ließen es ratsam erscheinen, sich der einheimischen Herrscher zu bedienen. Als Gegenleistung für die Entsendung von Soldaten ins Safawiden-Heer wurden die Vorrechte der Lokalherrscher anerkannt. So verlieh z.B. Schah Tahmasp (regierte 1524–1576) im Jahr 1553 an Chalil Chan, den Chef des Siyah Mansur-Stammes, große Gebiete um Zendschan und Sultaniye (zwischen Tabriz und Teheran gelegen) als „Lehen" (*yurt* bzw. *ocaklık*, s.o.).

In Iran der Safawiden ragte das Fürstentum Ardalan (Zentrum Senna, auch Sanandadsch genannt) unter den kurdischen Herrschaften hervor. Die Ausdehnung der Herrschaft über Ardalan fiel ungefähr zusammen mit den Grenzen der modernen iranischen Provinz Kurdistan. Noch bis weit in die zweite Hälfte des 16. Jahrhunderts stand Ardalan unter osmanischer Oberhoheit. Zu Beginn seiner Herrschaft unterwarf sich Holou Chan Sultan Murad (regierte 1574–1595); dies war wohl eine der unten erwähnten „Sünden des Ungehorsams". Holou Chan unterhielt aber auch gute Beziehungen zu den Safawiden, so daß das *Scha-rafname* ihm eine „unvergleichliche Selbständigkeit in der Herrschaft" attestiert.[6] Es waren aber nicht nur die Großmächte, welche die Ambitionen der Ardalan-Fürsten beschränkten. Diese Erfahrung mußte Timur Chan Sultan Ali Beg, der Bruder und Vorgänger Holou Chans, machen: „Er stand bald auf der Seite der Osmanen, bald auf jener der Khyzylbaschen [d.h. der Safawiden] und brachte fortwährend die benachbarten Fürsten ringsum gegen sich auf, indem er mit ihnen Fehden führte und die räuberische, plündernde Hand in ihre Lande ausstreckte".[7] Die Nachbarn taten sich gegen ihn zusammen, brachten ihm eine schwere Niederlage bei und nahmen ihn gefangen.

Die Ardalan waren ursprünglich wohl Sunniten. Tendenzen zur Schiitisierung waren politisch begründet, Übertritte rein äußerlicher Natur und offenbar auf die Führungsschicht beschränkt. Es scheint zwischen ihnen und den schiitischen Safawiden kaum Probleme gegeben zu haben, vielleicht mit Ausnahme des frühen 18. Jahrhunderts, als nunmehr vom Hof entsandte Statthalter sich zunehmend in die Belange des Herrscherhauses einmischten. Chan Ahmad Chan, einer der Großen von Ardalan, war ein enger Vertrauter des Safawiden-Schahs Abbas I. (1587–1629). Seine Geschichte, die das Verhältnis zwischen den Ardalan-Fürsten und dem Schah auf der einen und das Mißtrauen zwischen Vater und Sohn auf der anderen Seite (sowie den Brauch, daß kurdische Fürsten als „Pfand" bzw. Geiseln am Hof sich aufhalten mußten, um so bei Illoyalität ihrer Untertanen zur Rechenschaft gezogen werden zu können) veranschaulicht, erzählt der persische Historiker Iskandar Munschi (1560–1633):

„Weiterhin etablierte in diesem Jahr Chan Ahmad Chan, der Sohn von Holou Chan Ardalan, seine Herrschaft über seine ererbten Gebiete. Wie bereits erwähnt, war im Jahr zuvor Chan Ahmad Chan, der von Kindesbeinen an in der gnadenvollen Obhut des Palastes erzogen worden war, freigelassen und zu seinem Vater zurückgeschickt worden. Der Plan des Schahs war, Chan Ahmad Chan nach dem Tod seines Vaters, der bereits ein hohes Alter erreicht hatte, als Nachfolger einzusetzen. Aber wie alle Menschen klammerte sich auch Holou Chan, solange noch ein Funke Leben in ihm war, an seine irdischen Güter, inbesondere weil sie Herrschaft, Macht und Status umfaßten. Er hatte den Verdacht – Gott behüte –, daß sein Sohn ihm die Macht entreißen könne, und weigerte sich, ihn zu empfangen. Auf Anraten einiger seiner Kämpfer teilte er ihm Land im Gebiet von Schahrezor zu und die Burg von Zalm. Eine Anzahl von Angehörigen der Ardalan schlossen sich Chan Ahmad Chan an.

Unruhestifter bewirkten eine Verschlechterung der Beziehungen zwischen Vater und Sohn. Schließlich brachen Kämpfe zwischen beiden Seiten aus. Chan Ahmad Chan, der Angst vor seinem Vater hatte, zog sich zunächst zurück.

Im selben Jahr verließ Holou Chan seinen Herrschaftssitz in Hasanabad, um die Verstärkung einer seiner Festen zu beaufsichtigen. Chan Ahmad Chan nutzte seine Abwesenheit aus. Mit List und Tücke schlich er sich mit einigen Leuten nach Hasanabad, nahm die Festung ein und bemächtigte sich des Vermögens, das sein Vater jahrelang angehäuft hatte. Er versprach den Stämmen und Clanen der Ardalan Belohnungen und Vergünstigungen. Daraufhin schlossen sich viele ihrer Führer Chan Ahmad Chan an und erkannten ihn als ihren Herrscher an. Als Holou Chan der Lage gewahr wurde, blieb ihm nichts anderes übrig als sich zu beugen. Wegen seines hohen Alters und seiner Gebrechlichkeit erteilte sein Sohn ihm die Erlaubnis, sich zum Hof des Schahs zu begeben. Er bat den Schah um Verzeihung für die Sünden des Ungehorsams. Dieser verzieh sie ihm in Anbetracht der Tatsache, daß Holou Chan seinen Sohn an den Hof entsandt hatte, um dem Schah zu dienen – obwohl er dazu verpflichtet gewesen war ... Anschließend sandte ihn der Schah nach Isfahan, damit er dort den Rest seiner Tage verbringe".[8]

Unter Schah Abbas II. (1642–1666) wurde Sulaiman Chan Ardalan, der Nachfolger von Chan Ahmad Chan, des Verrats bezichtigt. Seine eigenen Leute verdächtigten ihn, daß er mit seinem Hab und Gut ins Osmanische Reich habe fliehen wollen (wie dies einige Jahrzehnte zuvor Scharaf ad-Din, der Verfasser des *Scharafname*, getan hatte). Daraufhin wurde seine Ablösung als Statthalter verfügt und sein ältester Sohn mit der Nachfolge betraut. Das heißt, die Illoyalität wurde nur ihm selbst angelastet und nicht auf alle Familienangehörigen übertragen. Trotz solcher periodisch auftretender Reibereien dauerte es bis 1682, als das Amt des Gouverneurs über das persische Kurdistan erstmals nicht von einem Ardalan ausgeübt wurde, was auch zu Beginn des 18. Jahrhunderts mehrmals der Fall war. Doch blieben dies Ausnahmen, denn erst in den sechziger Jahren des 19. Jahrhunderts wurde die Macht der Zentralregierung über die bis dahin von den Ardalan kontrollierten Gebiete ausgedehnt.

Die Beschränkung der relativen Selbständigkeit der Kurden in Iran fällt in die Zeit der Dynastie der Qadscharen (1796–1925) und ist in erster Linie auf sozioökonomische Veränderungen zurückzuführen. Die Qadscharen mußten sich einerseits mit kurdischen Stammeschefs arrangieren, die in ihrem Gebiet frei schalten und walten konnten; andererseits bedienten sie sich eben dieser Führer, um so ihre Herrschaft indirekt ausüben zu lassen; die Stammeschefs wurden mehr oder weniger in die Staatsverwaltung integriert. Den Stammesführern fiel die Aufgabe zu, Steuern (die minimal waren) einzutreiben, Truppen auszuheben und für Sicherheit und Ordnung zu sorgen. Eine auch nur annähernd der *Hamidiye* im Osmanischen Reich vergleichbare Truppe gab es in Persien nicht (s. S. 82 f.). Einer der Hauptgründe, diese indirekte Herrschaft anzuwenden, war der Umstand, daß die Qadscharen über kein stehendes Heer verfügten. Eine unvermeidliche Komponente der indirekten Herrschaft war die Politik des „Teile und herrsche". Die Erzeugung von Rivalitäten unter den von ihnen anerkannten Führern war geradezu eine Voraussetzung für ihre eigene Herrschaftssicherung, bewirkte zugleich aber eine andauernde Instabilität.

Sozioökonomische Veränderungen in den kurdischen Siedlungsgebieten Irans waren verbunden mit einem Rückgang tribaler Strukturen und der zunehmenden Beschäftigung ehemaliger Viehzüchter in der Landwirtschaft. Im Zusammenhang mit dem Anwachsen der Seßhaftigkeit ihrer Stammesangehörigen erwarben Agas Landtitel und ließen sich z.T. in den Städten nieder, was zu einer Schwächung der Stammesbeziehungen führte. Eine gewisse Differenzierung der kurdischen Gesellschaft machte sich bemerkbar in unterschiedlichen Haltungen zur Verfassungsrevolution im Jahre 1906. Während die Stammesführer die Monarchie unterstützten, die ihnen immer noch einen gewissen Platz in der Verwaltungshierarchie sicherte, begrüßten städtische Kurden, beispielsweise in Senna, Saqqez, Urmiya und Kermanschah, die Verfassungsbewegung.

Mehr als drei Jahrhunderte, von der Mitte des 16. bis zum Beginn des 20. Jahrhunderts, bildeten die Fürstentümer in Kurdistan die Grenze zwischen Osmanen und Persern. Diese Kontinuität läßt die häufig gebrauchte Bezeichnung „Zankapfel" für Kurdistan als etwas übertrieben erscheinen, zumal der Vertrag von Qasr-i Schirin (auch Zuhab genannt, unweit der iranisch-irakischen Grenze an der Straße von Bagdad nach Teheran gelegen) im Jahre 1639 eine hundert Jahre währende Periode des Friedens zwischen beiden Reichen einleitete. Auch die immer wieder behauptete „Teilung" Kurdistans durch den Vertrag wird den Tatsachen nicht gerecht. Erstens existierte vorher kein „ungeteiltes" Kurdistan; zweitens wurden die angeblichen „Teile" Kurdistans nicht hermetisch voneinander abgeriegelt. Denn nach wie vor überquerten Nomaden auf ihren Wanderungen diese „Grenze". Man muß sich vor Augen halten, daß es damals aus Mangel an Überwachung fest umrissene Grenzen nicht geben konnte. Weder Grenzposten noch Grenzpfähle existierten, und in der Tat besteht der Vertrag aus nicht mehr als Bestimmungen darüber, welche Orte osmanisch oder persisch sein sollten. Daher gab es auch keine Beschränkungen für die Weidewanderungen der Kurden. Man könnte höchstens davon sprechen, daß mit dem Vertrag die Interessensphären beider Reiche abgegrenzt wurden. Erst zu Beginn des 20. Jahrhunderts (Istanbul 1913) wurde von einer britisch-persisch-russisch-türkischen Kommission eine genaue Grenzziehung festgelegt.

7.
Das 19. Jahrhundert: Osmanische Reformen, ausländische Einflüsse und kurdische Reaktionen

Die Machtverteilung in Kurdistan, bestimmt durch eine schwache osmanische Kontrolle und weitgehende Unabhängigkeit kurdischer Herrscher, währte im großen und ganzen drei Jahrhunderte. Indessen gab es noch zu Beginn des 19. Jahrhunderts erfolgreiche Versuche kurdischer Fürsten, sich auf Kosten der Zentralgewalt zu profilieren. Dem Expansionsdrang des Emirs von Soran (Hauptstadt Rawanduz), Muhammad Pascha, der wegen Erblindung eines Auges *Mîr-i kora* („blinder Fürst") genannt wurde, fielen die Nachbaremirate im Norden (Bahdinan, Hauptstadt Amadiya) und im Süden (Baban, Zentrum Sulaimaniya), die durch innere Fehden stark geschwächt waren, zum Opfer. Allein das Fürstentum Botan hielt stand. Verantwortlich dafür, daß nicht nur *Mîr-i koras* Expansion 1836 zum Stillstand gebracht wurde (der Emir wurde exiliert und später ermordet), sondern auch die übrigen Emirate im Lauf der Zeit eliminiert wurden, waren vornehmlich drei Faktoren: das Anwachsen ausländischer Einflüsse, die Zentralisierungsbemühungen der Hohen Pforte und die Konfrontation mit dem von der Pforte abgefallenen „Vizekönig" von Ägypten, Muhammad Ali.

In der Mitte des 19. Jahrhunderts war Kurdistan kein abgeschlossenes Gebiet ohne Verbindung zur Außenwelt mehr. Westliche Staaten verstärkten ihren Einfluß durch die Einrichtung von Schulen, Missionsstationen, Krankenhäusern und Konsulaten. Mehr und mehr mischten sich fremde Mächte in die inneren Angelegenheiten des Reiches ein, indem sie als Schutzherren der christlichen Minderheiten auftraten. Am bedrohlichsten waren die Expansionsgelüste Rußlands. Nach den Gebietsverlusten auf dem Balkan bemühte sich die osmanische Regierung, wenigstens im Osten ihre Macht zu stabilisieren. Anatolien erhielt nicht nur territorial-militärisch, sondern auch ideologisch einen höheren Stellenwert. In Anlehnung an westliche Modelle versuchte das Reich, die Verwaltung zu reformieren. Unter Sultan Mahmud II. (regierte 1808–1839) wurden Maßnahmen ergriffen, um die Autorität der Zentralregierung durchzusetzen. Durch den Versuch der Pforte, Steuern und andere Leistungen einzutreiben, sahen kurdische Emire ihre Macht und Privilegien gefährdet und leisteten Widerstand, der aber langfristig erfolglos war. In einem mehrere Jahrzehnte währenden Prozeß wurden die Emire ausgeschaltet. Was den Staat im Unterschied zu vergangenen Jahrhunderten befähigte, die Kurden an die Kandare zu nehmen, war die kurz zuvor mit ausländischer Hilfe reorganisierte Armee. Die Feuertaufe der Truppen der „neuen Ordnung" (*yeni nizam*) fand in Kurdistan statt. Nach der Niederschlagung eines der vielen Aufstände wurde eigens eine „Medaille des Sieges über Kurdistan" geprägt. Dies zeigt, daß die Osmanen – im Unterschied zur Haltung der republikanischen Türkei gegenüber den Kurden – den überwiegend kurdischen Charakter Ostanatoliens nicht leugneten. Seit 1831 befand sich das Osmanische Reich in kriegerischen Auseinandersetzungen mit seinem abgefallenen „Vasallen" Muhammad Ali, der sich de facto zum unabhängigen Herrscher (1805–1849) über Ägypten aufgeschwungen und das Land zu einer bedeutenden Regionalmacht gemacht hatte. Der Schauplatz der Konfrontation war vor allem Syrien, wo beider Grenzen aneinanderstießen. Eine mehrjährige Phase des Stillstands in den Auseinandersetzungen Mitte der dreißiger Jahre machte die Versorgung der osmanischen Truppen – etwa 50 000 an der Zahl – aus der Region erforderlich. Die zu diesem Zweck veranstalteten Feldzüge waren der Auftakt zur Unterwerfung Kurdistans, die sich mithin keinem zielgerichteten Vorgehen verdankte, sondern eher der Konfrontation mit Muhammad Ali. Der Prozeß der Eingliederung Kurdistans in die osmanische Verwaltungsstruktur zog sich über mehrere Jahrzehnte hin. Einer Periode der Intensivierung osmanischer Kontrolle folgte eine Zeit der Lockerung, bis dann gegen Mitte des Jahrhunderts die Zentralregierung endgültig die Oberhand gewann.

Der Verlauf der Rebellion des Emirs von Botan, Bedir Chan, veranschaulicht die Strategien des Widerstands kurdischer Fürsten. Dieser festigte seine Herrschaft durch die Bildung von Allianzen mit muslimischen und nestorianischen Stammesführern und die Gewährleistung von Ordnung und Sicherheit. Im Bemühen, seine Macht gegenüber der Hohen Pforte zu demonstrieren, überzog er allerdings, als er sich weigerte, Soldaten für den osmanischen Feldzug gegen Rußland zu stellen. Die fällige Strafaktion der Osmanen ließ nicht lange auf sich warten. 1838 wurde die Hauptstadt Botans, Cizre, belagert. Bedir Chan mußte kapitulieren, verlor aber nicht sein Amt. Als im Jahr darauf die osmanisch-ägyptischen Kampfhandlungen wieder aufgenommen wurden und der Kernraum des Reiches, Anatolien, bedroht war, stürzte sich Bedir Chan an der Spitze seiner Leute für die Osmanen in die Schlacht. Aber die Begeisterung der Kurden für die osmanische Sache dürfte nicht sehr ausgeprägt gewesen sein. Die Niederlage in der Schlacht von Nisib/Nusaibin im Jahre 1839 war dem Ruf des osmanischen Staates in Kurdistan nicht förderlich. Bedir Chan wurde dadurch zu dem Versuch ermuntert, die gerade erst angezogenen Fesseln der osmanischen Verwaltung wieder zu lockern. Es gelang ihm, große Teile Kurdistans erneut unter seine Kontrolle zu bringen. Der damalige osmanische Militärberater und spätere preußische Generalfeldmarschall Helmuth von Moltke (1800 bis 1891), der die Feldzüge gegen die kurdischen Emirate aus allernächster Nähe miterlebte, schreibt: „Mit dem Tage von Nisib hatte die Herrschaft des Padischahs [des osmanischen Sultans] über das kaum erst besiegte, aber nie wirklich unterworfene Kurdenvolk faktisch aufgehört. Man hatte keine Macht mehr über die Gebirgsbewohner, und so ließ man sie eben zufrieden. Jetzt, wo englische und österreichische Kanonen der Pforte freie Hand in Asien geschafft, fordert die Regierung, wie früher, Abgaben und Fronen, Geld und Rekruten, und sofort ist der Aufruhr da, oder, wenn er es noch nicht ist, so wird er in nächster Zukunft unausbleiblich eintreten".[1]

Was letztendlich Bedir Chans Sturz und die Exilierung seiner „Dynastie" herbeiführte, hatte mit den weitreichenden Veränderungen der Machtverhältnisse in Kurdistan zu tun. Das Bemühen christlicher Missionare um die Nestorianer nährte bei diesen die Hoffnung, die von ihnen als Joch empfundene muslimische Herrschaft abzuschütteln. Im Jahre 1843 weigerte sich eine Konföderation nestorianischer Stämme, dem Emir von Hakkari Tributzahlungen zu leisten. Dieser wandte sich an Bedir Chan um Unterstützung. Dem Massaker, das an den Nestorianern verübt wurde, wurde im Westen große Aufmerksamkeit zuteil. Großbritannien und Frankreich führten Beschwerde und verlangten Strafmaßnahmen. Dies zwang die Hohe Pforte, Emir Bedir Chan 1847 ins Exil zu schicken. Der Mangel an Recht und Ordnung, der durch den Weggang des Emirs hervorgerufen wurde, wurde sowohl als gestiegener christlicher Einfluß als auch als Wille der osmanischen Regierung verstanden, die Macht der Kurden zu beschneiden. Die anschließende Machtzersplitterung führte zu einem Anwachsen von Konflikten unter den Stämmen.

Nach der Niederlage im Krieg mit Rußland (1878), den Verlusten auf dem Balkan und dem daraus resultierenden Prestigeverlust des Reiches kehrten zwei Söhne Bedir Chans, die kurdische Regimenter in der osmanischen Armee geführt hatten, nach Botan zurück. Als sich der Ältere, Osman, zum Herrscher erklärte, unterstützte ihn die Mehrheit der Stämme. Er nahm die Prärogativen seines Vaters wie die Namensnennung in der Freitagspredigt (*chutba*) für sich in Anspruch und brachte so seine Autorität zum Ausdruck. Aber seine Herrschaft hatte kaum ein Jahr Bestand. Die Nachkommen Bedir Chans suchten ihren Ahnherrn zum ersten nationalistischen Führer der Kurden zu stilisieren und die Ausdehnung seines Emirats, das sich von Mosul bis zum Van-See und von Diyarbakır bis zur persischen Grenze erstreckte, als Bemühung um ein vereintes Kurdistan darzustellen. Dies läßt sich nicht bestätigen, denn die Rebellion Bedir Chans wie auch die anderer kurdischer Emire im 19. Jahrhundert unterschied sich kaum von traditionellen Versuchen, die Herrschaft der Zentralregierung abzuschütteln und dadurch den eigenen Machtbereich zu vergrößern. Die Erhebungen scheiterten, weil die militärischen Strategien, Ausrüstung und Ausbildung der Emirate denen der Osmanen unterlegen waren. Die Fürsten handelten unabhängig voneinander; sie waren nicht von einer übergreifenden kurdischen „Idee" motiviert, ihr „Kurdentum" gegen die „Türken" zu verteidigen. Letztlich waren die Kurdenherrscher dem Versuch, sich zugunsten größerer Erfolgsaussichten mit anderen Führern zusammenzutun, ebenso wenig zugetan wie einer Unterwerfung unter die Zentralmacht.

Die Aufstände richteten sich nicht gegen die osmanischen Sultane selbst. Insbesondere in ihrer Rolle als Kalifen, als geistige Führer aller Muslime (der islamischen Gemeinschaft, *umma*), wurden sie von den Kurden anerkannt. Dies umso mehr, als im Zusammenhang mit der Öffnung der Kurdengebiete nach außen die Spannungen zwischen Christen (Armenier, Nestorianer) und Muslimen zunahmen. Der bislang die Kurden begünstigende status quo – sie hatten gewohnheitsrechtlich den Anspruch, sich selbst und ihre Tiere in den Wintermonaten in armenischen Dörfern einzuquartieren (*qıschlaq*) – änderte sich, nachdem die Christen durch Förderung von Missionaren ihre Lage verbesserten und selbstbewußter gegenüber ihren muslimischen Nachbarn auftraten. Zusätzlich wurden sie ermuntert durch Forderungen europäischer Mächte nach mehr Rechten für die christlichen Untertanen des Osmanischen Reiches. Christliche Bauern fühlten sich ermutigt, kurdischen Landbesitzern Pachtzahlungen zu verweigern. Wenn die Kurden in solchen Fällen (oder auch im Falle des Baus von Kirchen und Krankenhäusern durch Missionare) Widerstand leisteten, veranlaßten die Vertreter der Großmächte bei der Hohen Pforte Strafmaßnahmen gegen Stammesführer. Die Kurden empfanden daher die osmanischen Verwaltungsreformen und das gestiegene Selbstbewußtsein der Christen als zwei Seiten ein und derselben Medaille, nämlich als Versuch der Unterwerfung der Muslime. Sogar der Mesopotamien-Archäologe und Landeskenner Austen Layard, der den kurdischen Stammesführern und ihrer Behandlung der Christen kritisch gegenüberstand, äußerte Verständnis für die Ängste der Kurden.

In den Augen der Kurden offenbarte sich die Schwäche der Regierung nicht nur in Nachgiebigkeit gegenüber westlichen Staaten, sondern auch in der Unfähigkeit, Alternativen zu den bisherigen Machtstrukturen aufzubauen. Der Staat war weit davon entfernt, seine Vorrechte, z.B. hinsichtlich Steuereinziehung und Konskription, durchsetzen zu können. Die direkte Kontrolle beschränkte sich auf einige Zentren wie Cizre, Sulaimaniya und Bitlis, wo Garnisonen stationiert waren. Der Staat vermochte nicht, öffentliche Sicherheit herzustellen, weil die häufig wechselnden Statthalter über keinerlei Autorität bei den Stämmen verfügten. Jetzt hatten nicht mehr die Emire, sondern osmanische Provinzgouverneure (*valis*) und kurdische Stammeschefs das Sagen. Die *valis* waren angewiesen auf die Agas, um vor Ort einigermaßen präsent zu sein. Das führte zu einer Verschlechterung der Lage der Bevölkerung in Kurdistan. Durch die gewissermaßen doppelte Herrschaft wurden die Untertanen zweimal zur Kasse gebeten: von der Pforte, die jährlich Truppen zur Steuereinziehung entsandte, und von den Agas.

Eng verbunden mit dem Untergang der Emirate war das Wachstum religiöser Bruderschaften. Die Naqschbandiya und Qadiriya hatten sich zu Beginn des 19. Jahrhunderts rasch in Kurdistan ausgebreitet, obwohl ihre Wurzeln in dem Gebiet weiter zurückreichen. Die Osmanen hatten die Naqschbandiya wegen ihrer sunnitisch-orthodoxen Haltung seit jeher begünstigt. Das Gefühl der Unsicherheit in der Bevölkerung Kurdistans steigerte die Popularität der Bruderschaften. In den ersten Jahrzehnten des 19. Jahrhunderts hatte die Naqschbandiya ein Programm zur Stärkung des Islams und zur Abwehr europäischer Expansion entwickelt. Die Mehrzahl der Stammesführer waren Mitglieder solcher Bruderschaften. Die Bevölkerung übertrug ihre Loyalität auf die Scheichs dieser Orden. Die Zugehörigkeit zu den Bruderschaften war nicht identisch mit dem Gebiet, das ein Stamm beherrschte. Sie überstieg also Stammesgrenzen, so daß Scheichs in der Lage waren, bei Streitigkeiten unter den Stämmen zu vermitteln. Die Stellung der Scheichs wurde dadurch gestärkt, daß sie nach Verlust der überkommenen Machtstrukturen die einzig verbleibende Autorität darstellten, welche über die einzelnen Stämme hinausging. Die Scheichs übernahmen also eine Funktion, die bislang Emire innegehabt hatten.

Die Scheichs waren unterschiedlicher Herkunft. Einige stammten aus Aga-Familien, andere aus bäuerlichen Verhältnissen. Die Autorität eines Scheichs hing ab von seinem Talent, Allianzen zu schmieden, und von seinem Charisma, das wesentlich auf magischen und medizinischen Fähigkeiten beruhte; ferner von seiner Abkunft vom Propheten und schließlich von seiner wirtschaftlichen Macht. Etliche Scheichs konnten aufgrund der genannten Positionen und Fähigkeiten ein ansehnliches Vermögen anhäufen. Man darf die Scheichs in der kurdischen Gesellschaft nicht verwechseln mit Asketen und Mystikern vergangener Jahrhunderte, die sich für ein Leben in Armut und Bescheidenheit entschieden und jegliche Nähe zu „weltlichen" Instanzen und Machthabern zu vermeiden trachteten. Es war nur folgerichtig, daß Stämme und Klane sich um starke spirituelle Führer scharten, um die Bedrohungen abzuwehren, die als gegen den Islam gerichtet empfunden wurden. Die Mitgliedschaft in den Orden brachte die Erfahrung mit sich, einer den Stamm transzendierenden Gruppe anzugehören. Weil die Konflikte zwischen Anhängern verschiedener Religionen entstanden waren, wurden sie in religiöse Gegensätze „übersetzt".

Unter diesen Voraussetzungen verwundert es nicht, daß an der Spitze der bedeutsamsten und am meisten diskutierten Revolte des 19. Jahrhunderts kein Emir, sondern ein Scheich stand. Der Naqschbandiya-Scheich Ubaidullah war der erste kurdische Führer, der eine große Anzahl von Stämmen gegen die Hohe Pforte mobilisierte. Er begründete sein Ziel der Etablierung eines unabhängigen Kurdistan mit der schlechten sozialen Lage und der Korruption sowie dem Amtsmißbrauch von Beamten. Ubaidullah und seine Anhänger, die im türkisch-russischen Krieg in der osmanischen Armee gekämpft hatten, befürchteten offenbar, daß nach dem Berliner Kongreß (1878) unter dem Druck der Großmächte die Pforte den Armeniern einen unabhängigen Staat in Ost-Anatolien zugestehen könne. Der Scheich erklärte seine Ergebenheit gegenüber dem Sultan und zog mit seinen Leuten auf persisches Territorium, um dort ein Gebiet für seine Aspirationen zu finden. Der iranischen Regierung gelang es aber, ihn über die Grenze nach Anatolien zu vertreiben. Auf ihren Druck hin wurde Ubaidullah von der Pforte exiliert.

In einem Brief an einen amerikanischen Missionar betonte Ubaidullah, daß die Kurden ein „eigenständiges Volk" seien und ihre Angelegenheiten selbständig regeln wollten. Auf den ersten Blick scheint es sich um eine Manifestation kurdischen Nationalgefühls zu handeln, finden sich doch die Konturen nationaler

Identität, nämlich der Wunsch nach Selbstbestimmung einer ethnischen Gruppe. Aber es ist bezeichnend, daß diese Worte in einem Brief an einen Ausländer gebraucht wurden. Als Zeugen entsprechender armenischer Strategien hatten kurdische Führer die Vorteile gesehen, welche die Anerkennung als „Nation" mit sich brachten, um Unterstützung außerhalb des Osmanischen Reiches zu erlangen. Es muß bezweifelt werden, daß Ubaidullahs „nationalistische" Aussagen ein neues kurdisches Selbstverständnis bedeuteten oder seine Anhänger motivierten. Es war weniger der Ruf nach Unabhängigkeit, der Ubaidullahs Leute zu den Waffen greifen ließ. Wichtiger waren die persönliche Loyalität gegenüber dem Scheich und soziale Beweggründe. Zwar verübelte Ubaidullah dem Sultan, daß er sich der Kurden gegen die armenische Bedrohung bediente. Aber er stellte seine Autorität nicht in Frage. Die Kurden scheinen ein gespaltenes Verhältnis zum Sultan gehabt zu haben. Insofern er mit der Regierung identifiziert wurde, wurde er als schwach empfunden. Als Kalif hingegen besaß er ungebrochene Popularität unter den Kurden und wurde von ihnen als „Beschützer" bezeichnet.

In der Tat propagierte Sultan Abdülhamid (regierte 1876–1909) eine andere Politik gegenüber den Kurden als Sultan Mahmud, der versucht hatte, sie sich mit Feuer und Schwert gefügig zu machen. Ersterer sah die Kurden als Verbündete im Kampf gegen das Vordringen der Großmächte und den von ihnen geschürten Nationalismus unter den nicht-muslimischen Minderheiten, insbesondere den Armeniern. Abdülhamid ließ irreguläre Kavallerieeinheiten (*Hamidiye*) aufstellen, die aus kurdischen Stämmen rekrutiert wurden. Die ab 1890 eingerichteten *Hamidiye*-Regimenter umfaßten gut 50 000 Mann. Attraktiv war das *Hamidiye*-Modell für die Kurden dadurch, daß die Stämme, die solche Regimenter stellten, von Steuern und der regulären Wehrpflicht befreit waren. Die Einheiten waren durch ihren speziellen Status der Jurisdiktion der Provinzbürokratie entzogen und nur der Militärführung verantwortlich. Selbst gegen die schlimmsten Vergehen schritt man nicht ein, so daß die *Hamidiye* den Eindruck gewannen, daß ihre Verfehlungen staatlich sanktioniert waren. Wenn ein Provinzgouverneur Truppen zur Eindämmung von Konflikten zwischen *Hamidiye*-Stämmen und Nicht-*Hamidiye*-Stämmen bzw. Armeniern anforderte, mußte er sich an den

Oberkommandierenden der Vierten Armee, Zeki Pascha, einen Schwager Abdülhamids, wenden. Dieser hatte kein Interesse daran, die Chefs der *Hamidiye* für Missetaten ihrer Leute zur Rechenschaft zu ziehen. Ihm war an einer kampfesbereiten *Hamidiye* gelegen, die im Kriegsfall Truppen stellen mußte.

Die Führer der *Hamidiye* wurden an einer eigens gegründeten Schule (*Aschiret Mektebi*) ausgebildet, einer Spezialschule für Sprößlinge kurdischer und arabischer Stämme. Diese Erziehung und die Erfahrung des Dienstes in einem ausschließlich kurdischen Regiment mögen zwar einige positive Auswirkungen im Hinblick auf die Stiftung von Solidarität unter den Kurden gehabt haben. Aber letzten Endes war die *Hamidiye* doch nur die Fortsetzung eines alten Spiels mit neuen Karten, nämlich die Kurden gegeneinander auszuspielen. Die Gründung der *Hamidiye* schuf eine neue Machtverteilung zwischen den verschiedenen Gruppen in Ost-Anatolien. Gewinner war nicht unbedingt der Staat, sondern waren die mächtigsten *Hamidiye*-Chefs, die, wie z. B. Ibrahim Pascha aus Viranşehir, nunmehr quasi offiziell legitimierte Kurden-Führer waren.

Eindeutige Verlierer waren die Armenier. Sie waren der *Hamidiye* mit ihren häufigen Überfällen ausgeliefert; d. h. mit offizieller Legitimation und in Uniformen des Osmanischen Reiches konnten kurdische Stämme Armenier drangsalieren, die sich zum Zweck nationalistischer Bestrebungen in Parteien und Komitees organisiert hatten. Im Ausland verstärkte die Unterdrückung der Armenier das Bild der Kurden als primitiv, unkontrollierbar und brutal. Die Folge war, daß die Spannungen zwischen Kurden und Armeniern stiegen, und genau dies war das Kalkül der Politik Abdülhamids. Aber auch unter den Kurden selbst häuften sich Konflikte. Die Stämme nämlich, aus denen die Regimenter rekrutiert wurden, konnten sich leicht über ihre Nachbarn erheben. Ein weiterer Aspekt dieses innerkurdischen Konflikts war, daß *Hamidiye*-Regimenter ausschließlich aus sunnitischen Stämmen gebildet wurden. Das führte zu einer Benachteiligung oder sogar Unterdrückung alevitischer Stämme, die sich später nicht am Scheich Said-Aufstand beteiligten bzw. ihn sogar aktiv auf seiten der Republik bekämpften.

Gegen Ende des 19. Jahrhunderts bot Kurdistan ein Bild der Auflösung, Fraktionierung und tribaler Konflikte. Spannungen zwischen den Stämmen wurden nur noch übertroffen von den sich verschärfenden Gegensätzen zu den Christen. Das Erstarken der christlichen Minderheiten und die Überlegenheit westlicher Staaten wurden als Bedrohung empfunden. Abdülhamid gelang es, die daraus resultierenden Gefühle von Frustration, Angst und Aggression in eine Feindschaft gegen die Armenier zu verwandeln und dadurch muslimische Identität zu stärken. Auf diese Weise blieben die Kurden im osmanischen Lager verankert.

8.
Der Beginn des 20. Jahrhunderts:
Das Aufkommen des Nationalismus unter den Kurden
und das Ende des Osmanischen Reiches

Im letzten Viertel des 19. Jahrhunderts entstanden im Osmanischen Reich im Rahmen der Modernisierung zahlreiche Schulen und Hochschulen. Kurdische Absolventen dieser Schulen und der *Aschiret Mektebi* bildeten eine dünne Schicht von Beamten, Offizieren und Ärzten, die ein Interesse an Sprache, Geschichte und Kultur ihres Volkes entfalteten. Wesentliche Impulse für ihre geistige und politische Bewußtseinsbildung empfingen sie im europäischen Exil. Dorthin flohen sie, als Sultan Abdülhamid die Verfassung aussssetzte (1878) und begann, Regimegegner, die sich vor allem aus den Kreisen der Jungosmanen und späteren Jungtürken rekrutierten, unnachsichtig zu verfolgen. Die kurdischen Intellektuellen waren von separatistischen oder nationalistischen Anliegen weit entfernt. Als Teil der jungtürkischen Opposition galt ihr Augenmerk hauptsächlich der Beseitigung der Autokratie des Sultans und der Verbesserung des Verhältnisses zwischen Armeniern und Kurden. Die Erfahrung des gemeinsamen Feindes und des Exils stiftete ein gewisses Zusammengehörigkeitsgefühl unter türkischen und kurdischen Oppositionellen, das erst nach der Jungtürkischen Revolution (1908) einer Distanzierung voneinander wich.

Um 1900 gründeten kurdische Intellektuelle, die z.T. Abkömmlinge der Emire waren wie die Bedir Chans und Babans, in einer

Zeit strenger Zensur die ersten kurdischen Zeitungen (*Kürdistan* 1898) im Ausland (Ägypten, England, Schweiz). In diesen Publikationen wurde Kurdisch (Kurmandschi) zum ersten Mal in gedruckter Form als Prosa verwendet; bislang war Kurdisch ganz überwiegend eine Sprache der Poesie gewesen, und die meisten Zeugnisse waren handschriftlich überliefert worden. Die Zeitungen entwickelten sich zu Foren für die Artikulierung kurdischer Belange und initiierten eine intensivere Kommunikation unter ihren Lesern. Natürlich verfolgten die Herausgeber und Gründer der Zeitungen auch das Ziel, Führungsansprüche anzumelden.

Exkurs: Die erste kurdische Zeitung: Kürdistan

Die Nachkommen kurdischer Fürsten, die nach den gescheiterten Aufständen seit der Mitte des 19. Jahrhunderts Kurdistan bzw. das Osmanische Reich verlassen mußten, spielten eine wichtige Rolle in der Entwicklung des kurdischen Nationalismus. Einer von ihnen, Miqdad Midhat Bedir Chan, gründete die erste kurdische Zeitung namens *Kürdistan* 1898 in Kairo. Der Untertitel lautete: „Zeitung in kurdischer Sprache ... zur Erweckung der Kurden und zur Förderung des Studiums der Künste".[1] Recht bald erschienen auch Artikel in türkischer Sprache. Gleichwohl ist die Charakterisierung der Zeitung als „kurdisch" gerechtfertigt, weil diese und andere kurdische Zeitungen, die in den folgenden zwei Jahrzehnten im Osmanischen Reich erschienen, speziell die Kurden ansprachen. In *Kürdistan* wurden zum ersten Mal Prosa-Texte in kurdischer Sprache gedruckt, und zwar im Kurmandschi-Dialekt von Botan/ Cizre.

Die Herausgeber und Autoren, die zur jungtürkischen Opposition gehörten, wandten sich vor allem gegen die Autokratie Sultan Abdülhamids. Sie beschuldigten ihn, durch die Einrichtung der *Hamidiye*-Regimenter Zwietracht unter den Kurden gesät und sie gegen die Armenier aufgehetzt zu haben. Die in den Spalten der Zeitung beklagte Rückständigkeit Kurdistans wollte man vor allem durch Bildung bekämpfen. Dazu gehörte das Wissen um kurdische Geschichte und Kultur, das der Herausbildung eines Patriotismus „unter dem tapfersten und klügsten der orientalischen Völker"[2] dienen sollte. Das Epos *Mam u Zin*, das mit der Zeit als einer der wichtigsten Bausteine nationaler Bewußtseinswerdung Berühmtheit erlangte, wurde in Fortsetzungen abgedruckt. Religion, das soziale und moralische Bezugssystem der breiten Masse, spielte eher eine untergeordnete Rolle in den Artikeln. Das zeigt, wie groß die Kluft zwischen denjenigen war, die in *Kürdistan* schrieben, und den Kurden, die in Kurdistan lebten.

Die Bestimmung kurdischer Identität und das Verhältnis zu den anderen Völkern im Reich waren herausragende Themen des kurdischen Diskurses. Für die meisten Kurden stand außer Frage, daß sie in erster Linie Muslime, dann Osmanen und erst an dritter

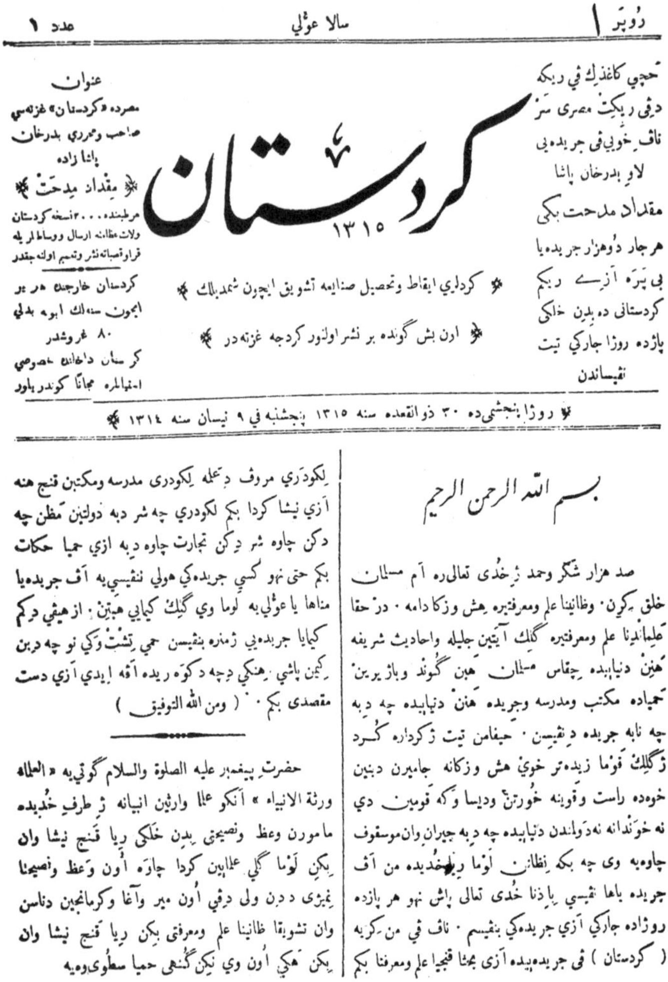

دووبَر ١ سالا عوّلي عدد ١

حجي كاغذك في ريكه
دڤي ريكِت مصري سَر
ناف خويي في جريده‌يي
لاو بدرخان پاشا
مقداد مدحت بكي
هر جار دُو هزار جريده‌يا
بي پره آزيے ريكم
كردستاني ده بدن خاكي
پاژده روژا جاركي تيت
نفيساندن

كردستان
١٣١٥

عنوان
مصرده «كردستان» غزته‌سي
صاحب ومحرري بدرخان
پاشا زاده
مقداد مدحت
مرطبنده... ٢٠٠٠ نسخه كردستان
ولات عظاني‌نه ارسال ووسائط ايله
قرا وقصباته نشر وتعميم اوله‌جقدر
كردستان خارجنده هر يرِ
ايچون سنه‌لك ابونه بدلي
٨٠ غروشدر
كردستان داخلنده خصوصي
امنيالمره مجاناً گوندريلور

كردلري ايقاظ وتحصيل صنايعه تشويق ايچون شمدلك
اون بش گونده بر نشر اولنور كردجه غزته‌در

روژا پنجشي ده ٣٠ ذوالقعده سنه ١٣١٥ پنجشنبه في ٩ نيسان سنه ١٣١٤

بسم الله الرحمن الرحيم

صد هزار شكر وحمد ژ خُدي تعالىره آم مسلمان
خلق بكرن. وظائينا علم ومعرفتيره هش وزكا دامه. درحقا
علمانِدِنا علم ومعرفتيره گلك آيتين جليله واحاديث شريفه
هنن. دنيايده چقاس مسلمان هبن گوند وبازيرين
تمياده مكتب ومدرسه وجريده هنن دنيايده چه دبه
چه نابه جريده دنفيسن. حيفامن تيت ژ كرداره كُرد
ژگلك قوما زيده‌تر خويي هش وزكانه جامبرن دبنين
خوده راست وقويه خورتن ودبسا وكه قومين دي
نه خوندانه نه‌دولندن دنيايده چه دبه جيران وان موسقوف
چاوه وي چه بكه نظانن. لوما ربخديده من آف
جريده پاها نفيسي پاذنا خدي تعالى پاش نهو هر پاژده
روژاده جاركي آزي جريده‌كي بنفيسم. ناف في من كريه
(كردستان) في جريده‌يده آزي بحثا فنجيا علم ومعرفتا بكم

لكودري مروف دعلمه لكودري مدرسه ومكتبن فنج هنه
آزي نيشا كردا بكم لكودري چه شر دبه دولتين معظم چه
دكن چاوه شر دكن تجارت چاوه دبه ازي حميا حكات
بكم حتى نهو كسي جريده‌كي هولي نفيسيبه آف جريده‌يا
مناها يا عوّلي‌يه لوما وي گلك كيمايي هبتن. ازهيڤي دكم
كيمايا جريده‌يي ژمنره بنفيسن حمي تشتَوكي نو چه دبن
ژكين پاشي رهنكي دچه دكوه ريده آفه ايدي آزي دست
مقصدي بكم. (ومن الله التوفيق)

حضرت پيغمبر عليه الصلوة والسلام گوتي‌يه «العلماء
ورثة الانبياء» آنكو علما وارثين انبيانه ژ طرف خدي‌يده
مامورن وعظ ونصيحتي بدن خلكي ريا فنج نيشا وان
بكن لوما گلي علماين كردا چاوه اون وعظ ونصيحتا
نغيزي ددن ولي دڤي اون ميرو آغا وكرمانجين دناسن
وان تشويقا ظانينا علم ومعرفتي بكن ريا فنج نيشا وان
بكن هكي اون وي نكن گنهي حميا سطوي‌وه‌يه

Abb. 1: Die erste Nummer der ersten kurdischen Zeitung Kürdistan

Stelle Kurden waren. Kurdische Loyalität stellte die Bindungen an Kalifat und Sultanat nicht in Frage. Eine Trennung von den Türken konnten sich diese Kurden nicht vorstellen. Es war bestimmten Zirkeln wie der Studentenvereinigung *Hivi* („Hoffnung") vorbehalten, ein ausgeprägteres Bekenntnis zur eigenen ethnischen Identität zu propagieren. *Hivi* rief nicht nur zur Wiedererweckung der Kurden, sondern auch – in bemerkenswerter Übereinstimmung mit der Terminologie heutiger Nationalismusforscher – zur „Erschaffung der kurdischen Nation" auf. Der kurdische Arzt und Mitbegründer des Komitees für Einheit und Fortschritt (die Geheimorganisation, aus der die gleichnamige Partei der Jungtürken hervorging), Abdullah Cevdet (1869–1932), führte in seinen Artikeln das Dilemma kurdischer Intellektueller eindringlich vor Augen: Kurden wollten sie sein, aber auch loyale Osmanen; für sich wollten sie sein, aber mit den Türken auch.

Ein romantischer, zunächst fast ausschließlich kulturell ausgerichteter Nationalismus trat zutage. Im Mittelpunkt der Aufmerksamkeit standen die als Blütezeiten des Volkes empfundenen Perioden kurdischer Machtentfaltung wie unter Sultan Saladin. Freilich stießen die kurdischen Nationalisten der ersten Generation auf Schwierigkeiten, mußten sie doch feststellen, daß Chroniken und Dokumente in kurdischer Sprache fehlten, die Zeugnis über diese Perioden ablegen. Umso wichtiger war die „Entdeckung" Ahmad-i Chanis als Nationaldichter, weil sein *Mam u Zin* die kulturelle Leistungsfähigkeit der Kurden unter Beweis stellt. Allerdings waren der Verbreitung dieser Ansichten und der Herstellung einer kurdischen Öffentlichkeit allein schon aufgrund der hohen Analphabetenrate Grenzen gesetzt. So rief man die kurdischen Hochschulabsolventen in Istanbul zur Rückkehr in den ‚Schoß der Nation' auf: „Wenn wir Fortschritt für unser Volk wollen, dann dürfen wir nicht weiter auf den gepflasterten Straßen Istanbuls promenieren. Vielmehr müssen wir in die entlegensten Ecken Kurdistans gehen und dort Druckereien gründen".[3]

Nach der Jungtürkischen Revolution und der Rückkehr der kurdischen Exilanten bot sich die Möglichkeit zur Gründung mehrerer kurdischer Gesellschaften, welche zunächst noch die Koexistenz mit den Türken betonten. Doch die Solidarisierung der Nationalitäten des Reiches unter dem aus der Französischen Revolution entlehnten Motto „Freiheit, Gleichheit, Brüderlichkeit" war nur ein Strohfeuer. Tendenzen einer Distanzierung von den Türken machten sich bemerkbar. Unwissenheit und Mangel an Bildung wurden dafür verantwortlich gemacht, daß die Kurden „den Fremden dienen" (d.h. den Türken). In dem Maße, in dem die Türkisierungspolitik des „Komitees für Einheit und Fortschritt" (*Ittihad ve Teraqqi Cemiyeti*) zunahm (von der nicht nur die Kurden, sondern auch und vor allem die Araber betroffen waren), wurden die Ansichten einiger Kurden radikaler, insbesondere im Studentenbund *Hivi*. Dies führte zu Spannungen zwischen den verschiedenen Gruppen. Kurdische Notabeln waren vielfältig mit den türkischen Führungsschichten verbunden. Sayyid Abdülqadir, Sohn des oben erwähnten Aufstandsführers Scheich Ubaidullah, war zugleich Vorsitzender der „Kurdischen Gesellschaft für gegenseitige Hilfe und Fortschritt" (*Kürd Teavün ve Teraqqi Cemiyeti*) und Präsident des Oberhauses des osmanischen Parlaments. Zweifellos verbreiterte sich die Basis der kurdischen Bewegung bis zum Beginn des Ersten Weltkriegs. Selbst unter den gebildeten Schichten bestand aber wenig Aufnahmebereitschaft für eine „nationale", d.h. auf kurdische Interessen konzentrierte Politik. Letzten Endes blieb die Zahl kurdischer Nationalisten außerordentlich gering, und sie stießen mit ihren Ansichten auf wenig Resonanz. Mit Enttäuschung verzeichnete ein kurdischer Nationalist, wie im Ersten Weltkrieg seine Agitation unter kurdischen Offizieren kein Gehör fand. Ihre Loyalität gehörte dem Kalifen und ihrem Stamm und nicht abstrakten Idealen wie Patriotismus und Nation.

Der Erste Weltkrieg endete mit der vernichtenden Niederlage des Osmanischen Reiches. Das Triumvirat Enver, Cemal und Talat entzog sich durch Flucht der Verantwortung, während Griechen und Alliierte Teile Anatoliens und Istanbul besetzten. In der wirren innenpolitischen Situation entstand ein Freiraum, in dem die Kurden Vereinigungen gründeten, Veranstaltungen abhielten und Zeitungen herausgaben. Diese Phase markierte den vorläufigen Höhepunkt nationaler Bewußtseinsbildung unter den Kurden. Es schien sich eine aussichtsreiche Gelegenheit für einen eigenen Staat zu bieten. Der „Vierzehn Punkte-Plan für den Weltfrieden" (8. 1. 1918) des amerikanischen Präsidenten Woodrow Wilson räumte den nichttürkischen Minderheiten des Osmanischen Reiches eine „autonome Entwicklung" ein. Die im Dezember 1918 gegründete „Gesellschaft für den Aufstieg Kurdistans" (*Kürd Teali Cemiyeti*) hat allem Anschein nach einen höheren Grad an Inklusion erreicht als frühere Vereinigungen. Im Unterschied zu deren Zielen fehlte nun jeglicher Hinweis auf eine Zusammenarbeit mit den Türken, was einer Entfremdung zwischen Kurden und Türken gleichkam. Aber die Übereinstimmung unter den Mitgliedern der kurdischen Gruppierungen, zu denen Aristokraten, Offiziere, Akademiker und religiöse Würdenträger gehörten, war eher gering. 1920 spaltete sich die Gesellschaft über die Frage, ob man Autonomie oder Unabhängigkeit den Vorzug geben solle.

Inzwischen hatte sich eine Bewegung formiert, an deren Spitze der erfolgreiche Armeegeneral Mustafa Kemal, der spätere Atatürk (so lautete seit 1934 sein Familienname), stand. Der türkische Befreiungskrieg, das Werk dieser Bewegung, richtete sich gegen die Besetzung Anatoliens und Thrakiens sowie den Versuch der Griechen im Westen und der Armenier im Osten, sich ein Stück aus der Konkursmasse des Osmanischen Reiches herauszuschneiden. Mustafa Kemal war von Sultan Mehmed VI. Vahdettin (regierte 1918–1922) im Mai 1919 beauftragt worden, die nach dem Zusammenbruch der staatlichen Ordnung herrschende Anarchie in Anatolien zu beseitigen. Im Gegensatz zu diesem Auftrag machte sich Mustafa Kemal daran, das mit den Alliierten kooperierende (und daher von seinen Gegnern der Kollaboration geziehene) Ancien régime zu entmachten und das Land von den Okkupanten zu befreien. Damit existierten zwei Machtpole, nämlich die Sultansregierung, die mehr oder weniger unter Kuratel der Alliierten stand und deren Macht auf Istanbul und seine Umgebung beschränkt war, und die Widerstandsbewegung (u.a. unter dem Namen *Anadolu ve Rumeli Müdafaai Hukuk Cemiyeti*, „Gesellschaft für die Verteidigung der nationalen Rechte Anatoliens und Thrakiens"), die einen wachsenden Zulauf verzeichnete.

Der von der Sultansregierung unterzeichnete Diktatfrieden von Sèvres (10. 8. 1920) verlangte den Türken umfangreiche Zugeständnisse ab, u.a. die Abtretung Ost-Thrakiens und İzmirs (Smyrna) mit seinem Hinterland an Griechenland, Syriens und Kilikiens an Frankreich, Iraks und Palästinas an England. In Artikel 64 des Vertrages von Sèvres wurde den Kurden unter vielen Wenns und Abers ein unabhängiger Staat in Aussicht gestellt. Das südliche Kurdistan sollte in einem von England zu gründenden Staat aufgehen, während Zentralkurdistan, d.h. ein Teil Ost-Anatoliens, Mittelpunkt eines kurdischen Staates werden sollte, der aber nur ein Drittel der von Kurden in größerer Zahl bewohnten Gebiete im Osmanischen Reich ausgemacht hätte. Diese Bestimmungen waren das Ergebnis von Verhandlungen, die eine kurdische Delegation unter Führung des ehemaligen osmanischen Diplomaten Scherif Pascha bei den Friedensverhandlungen erzielt hatte (März 1919). Bedenken der Siegermächte wegen der Überschneidung mit armenischen Gebietsansprüchen konnten durch die Übereinkunft Scherifs mit dem armenischen Delegierten Boghos Nubar Pascha zerstreut werden. Die Teilung der Ostprovinzen des Osmanischen Reiches in ein armenisches und ein kurdisches Gebiet bildete dann die Grundlage für die entsprechende Klausel im Vertrag von Sèvres.

In einer Denkschrift, die in Sèvres vorgelegt wurde, forderte Scherif Pascha für die Kurden Unabhängigkeit und bekundete zugleich Loyalität gegenüber dem Reich. Diese widersprüchliche Haltung spiegelte sich auch wider in den Meinungsverschiedenheiten, welche die Ergebnisse von Sèvres auslösten. Scherif Pascha, der sich gewissermaßen selbst zum Verhandlungsführer ernannt hatte, besaß wenig Rückhalt unter den Kurden. Als er dann der Teilung Kurdistans zustimmte, war die Empörung groß, weil viele Kurden den Verlust der Heimat befürchteten und wenig geneigt waren, in einem armenischen Staat zu leben. Hinzu kam, daß die große Mehrheit der Kurden sich dem Kalifat verbunden fühlte. Eine Fraktion radikalerer Nationalisten, die dem Kalifat keine Bedeutung einräumten, spaltete sich von der „Gesellschaft für den Aufstieg Kurdistans" ab und bildete eine eigene Gruppe namens „Sozialorganisation" (*Teşkilat-i içtimaiye*). Sie schickte eine Delegation zum amerikanischen Kommissar in Istanbul, um den Wunsch der Kurden nach Unabhängigkeit zu artikulieren. Dieser entließ die Kurden mit den Worten: „Hilf dir selbst, dann hilft dir Gott!"[4] Offenbar waren die Amerikaner trotz der hehren Absichtserklärungen, wie sie die Wilson-Prinzipien darstellten, keineswegs gewillt, den Kurden aktiv zur Seite zu stehen.

Inzwischen hatte sich nämlich das Blatt gewendet. Die Amerikaner und Briten waren schon bald an einem kurdischen Staat nicht mehr interessiert, weil die Kurden uneins und gelähmt waren. Im Dezember 1920 war der Traum von einem armenischen Staat ausgeträumt, nachdem große Teile dieses Gebietes von Truppen Kemals besetzt worden waren. Die Kemalisten hatten an Popularität gewonnen, eine Regierung in Ankara etabliert (Türkische Große Nationalversammlung, 1920) und durch den Sieg über die Griechen die Kontrolle über große Teile Anatoliens gewonnen. Die Alliierten waren beeindruckt von den militärischen Erfolgen und der Person Mustafa Kemals. Der notorische „kranke Mann am Bosporus" befand sich im Jahre 1922 auf dem Wege der Genesung.

Die Perspektiven von Türken und Kurden waren zu Ende des Weltkrieges sehr verschieden. Es schien, als würden die Kurden die Gewinner und die Türken die Verlierer sein. Wie ist angesichts dessen zu erklären, daß die Kurden sich auf seiten der Türken am Widerstand gegen die Bestimmungen von Sèvres beteiligten? Es gab mehrere Gründe für diese Haltung. Die wenigen Nationalisten mit ihrem Zentrum in Istanbul hatten es trotz langjähriger Agitation nicht vermocht, eine größere Zahl von Kurden hinter sich zu bringen. Schon im Sommer 1919 gelang es Mustafa Kemal, sich der Unterstützung einflußreicher Kurdenführer zu versichern. Daß sie ihm diese nicht versagten, war aus ihrer Sicht klar: Kemal war der Kopf der Bewegung, welche die Macht in Anatolien innehatte und diese auf Stammesführer und Scheichs übertrug. In das Parlament der Nationalisten in Ankara zogen denn auch zahlreiche kurdische Notabeln ein.

In der Rhetorik der Kemalisten wurde der Befreiungskrieg zur Verteidigung des Kalifats geführt. Diese Institution war ein Bindeglied zwischen Türken und Kurden, das sie einte gegen die Aspirationen der „christlichen" Staaten. Ganz bewußt setzten die türkischen Nationalisten die Religion im Kampf gegen die Okkupation, insbesondere der Griechen in West-Anatolien, und zur Erlangung der Solidarität der islamischen Welt ein. Angesichts der Priorität muslimischer Identität und Loyalität der Kurden zum Osmanischen Reich war es verständlich, daß diese sich auf die Seite der Kemalisten schlugen. Es war eben nicht möglich, fein säuberlich zwischen Kurden und Türken zu unterscheiden; beide waren ja Angehörige der muslimischen Religionsgemeinschaft (*millet*) im Osmanischen Reich gewesen. Die Gemeinsamkeiten in Religion und Kultur ließen sich nicht von heute auf morgen eliminieren, zumal selbst in radikaleren kurdischen Zirkeln ein eigener Staat kaum ernsthaft erwogen wurde.

Darüber hinaus waren die Vorteile, die ihnen die Kemalisten in Aussicht stellten, konkreter als die äußerst vagen Versprechungen der Großmächte, die in den Augen der Kurden die Verantwortung für die Verschlechterung ihres Status im 19. Jahrhundert trugen. Zu Recht gingen die Kurden davon aus, daß für die Alliierten die von ihnen diktierten Bedingungen von Sèvres kein Glaubensgrundsatz waren. Es gab Zusicherungen der Kemalisten, die auf eine Dezentralisierung und kulturelle Autonomie der Kurdengebiete hinausliefen.

Der Vertrag von Lausanne (24. 7. 1923) hob die Bestimmungen von Sèvres implizit auf. Damit wurde die Konsequenz gezogen aus dem erfolgreichen Widerstand der türkischen Nationalbewegung gegen die Aufteilung Kleinasiens unter die Alliierten und die von ihnen zunächst protegierten Griechen und Armenier. Während diese beiden Gruppen mit Minderheitenrechten ausgestattet wurden, fanden die Kurden keine Erwähnung, weil sie als Teil der muslimischen Mehrheitsbevölkerung angesehen wurden. Die Kurden, die in den Kriegswirren nach West-Anatolien geflohen waren, durften nicht in ihre Heimat zurückkehren. Von den Autonomie-Versprechungen war keine Rede mehr. Die kurdischen Vereinigungen lösten sich auf, außerdem waren etliche ihrer Mitglieder gezwungen, ins Ausland zu fliehen, weil ihnen durch ihre Kontakte zu den Alliierten die Verhaftung als Kollaborateure drohte.

9.
Die Kurden in der Republik Türkei:
Rebellion, Repression, Assimilation und Integration

Nach der Gründung der Türkischen Republik schwanden die Solidarität und die Loyalität, welche die Kurden im Befreiungskrieg (*milli mücadele*) mit der kemalistischen Bewegung gezeigt hatten. Dies war im wesentlichen das Ergebnis von Maßnahmen zur Säkularisierung und Türkisierung, welche nach dem Konzept der Staatsführung Modernisierung (der meist gebrauchte Slogan lautete: Anschluß an die „zeitgenössische Zivilisation", womit die europäische gemeint war) und nationale Homogenisierung bewirken sollten. Insbesondere die forcierte Säkularisierung und die massive Zurückdrängung des institutionalisierten Islams stießen keineswegs nur unter Kurden, sondern auch unter Türken auf Widerstand, weil sie ihre religiösen Gefühle verletzt sahen.

Das wichtigste Bindeglied zwischen Türken und Kurden, das Kalifat, wurde abgeschafft. In den Wahlen zur Großen Nationalversammlung der Türkei (*Türkiye Büyük Millet Meclisi*) im August 1923 waren nur handverlesene Kandidaten der Volkspartei (*Halk Fırkası*, die nach Gründung der Republik in *Cumhuriyet Halk Fırkası*, Republikanische Volkspartei, umbenannt wurde) erfolgreich. Die Kurden, die ins Parlament einzogen und, wie z.B. Feyzi Pirinççizade aus Diyarbakır, Ministerämter übernahmen, waren nationalistischer Neigungen unverdächtig. Bei der Vergabe höherer Beamtenstellen wurden die Kurden übergangen, die keine Gewähr für eine loyale Haltung gegenüber der Regierung boten.

Gemäß Artikel 39 des Lausanner Vertrages sollten der öffentliche (z.B. in der Presse) und private Gebrauch aller von türkischen Staatsbürgern gesprochenen Sprachen zulässig sein (Schulen waren in diesem Artikel nicht ausdrücklich erwähnt). Kurdisch, das als Sprache in den staatlichen Schulen – streng genommen war Unterrichtssprache immer Türkisch gewesen – mehr oder weniger geduldet worden war, wurde nicht explizit verboten, sondern indirekt abgeschafft, indem im März 1924 die gerade in Kurdistan zahlreichen religiösen Bildungseinrichtungen (Sing. *medrese*) geschlossen wurden. Gleichermaßen wurde in Artikel 39 den „türkischen Staatsbürgern nicht-türkischer Sprache" die Möglichkeit des mündlichen Gebrauchs ihrer Muttersprache vor Gericht eingeräumt. Zwar bestand man auf dem vorrangigen Gebrauch des Türkischen, aber de facto konnten Kurden, die des Türkischen nicht mächtig waren, mit Dolmetschern vor Gericht erscheinen – eine Praxis, die nach wie vor geübt wird.

Exkurs: Minderheiten in der türkischen Rechtsordnung

Ausgangspunkt für das Verständnis des Begriffes Minderheit ist der Vertrag von Lausanne (24. 7. 1923; Art. 37–44). Danach genießen allein – die namentlich nicht genannten – Griechen, Armenier und Juden auf der Basis ihrer Religionszugehörigkeit Minderheitenrechte. Die Vorschriften des Lausanner Vertrages sind eine Folge des osmanischen *millet*-Systems. Die Siegermächte, die zunächst auf einer alle Ethnien umfassenden Minderheitenregelung bestanden hatten, mußten sich mit der Erwähnung der nichtmuslimischen Minderheiten begnügen. Nichttürkischen muslimischen Minderheiten wie Kurden, Arabern und Tscherkessen ist dieser Minoritätenstatus nicht zugestanden worden; ihnen wurde aber der mündliche Gebrauch ihrer Sprachen vor Gericht zugesichert. Allerdings wurde dieser Passus – im Gegensatz zu jenen, welche die nichtmuslimischen Minderheiten betreffen – nicht unter die Garantie des Völkerbundes gestellt.

Das Prinzip des Nationalismus durchzieht die Verfassung, in welcher der Begriff „Minderheit" nicht vorkommt, wie ein roter Faden und findet u. a. im Grundsatz der unteilbaren Einheit von Staatsgebiet und Staatsvolk seinen Ausdruck. Ein weiterer Aspekt des Minderheitenverständnisses kommt mit dem Prinzip der Gleichheit ins Spiel. Laut Verfassung – die derzeit gültige stammt aus dem Jahre 1982 – darf niemand nach Sprache, Rasse, Geschlecht, Weltanschauung und Religion unterschiedlich behandelt werden. Dieser Grundsatz wird in der Türkei als Auftrag des Staates verstanden, vorhandene ethnische und religiöse Ungleichheiten abzubauen bzw. die Schaffung einer ethnischen Gruppe zu verhindern.[1]

In Artikel 125 des Strafgesetzbuches ist der Tatbestand des Separatismus („Vergehen gegen die internationale Persönlichkeit des Staates") geregelt. Danach wird mit dem Tode bestraft, wer versucht, Teile des Staatsgebiets vom Staatswesen abzutrennen oder unter die Herrschaft eines ausländischen Staates zu bringen. Der Tatbestand ist nur dann erfüllt, wenn eine Gefahr für das Rechtsgut vorliegt, d. h. die Tat mit „geeigneten Mitteln" begangen wird. Das Abfassen von Artikeln mit entsprechendem Inhalt ist noch kein Separatismus; dazu bedarf es eines organisierten und umfassenden Ansatzes. Der Führer der PKK, Abdullah Öcalan, wurde am 29. 6. 1999 wegen Hochverrats gemäß Art. 125 zum Tode durch Erhängen verurteilt. 2002 wurde das Todesurteil in eine lebenslange Freiheitsstrafe umgewandelt.

Indessen wurden die kurdischen Gebiete nicht sofort von einer Säkularisierungs- und Türkisierungswelle erfaßt, und die Auswirkungen der kemalistischen Reformen wurden auch nicht von allen Kurden gleich empfunden. Die Durchsetzung der Reformen und die Präsenz des Staates in der ländlichen Türkei, nicht nur in Ost-Anatolien, ließen noch lange auf sich warten. Die kurdischen Offiziere, Stammesführer, Scheichs und städtischen Notabeln, welche die Kemalisten unterstützt hatten, waren enttäuscht. Selbst unter Kurden, die für nationalistische Ideen nicht viel übrig hatten, machte sich Verbitterung über das janusgesichtige Verhalten Mustafa Kemals breit. Ein alter kurdischer Bauer brachte dies Jahrzehnte nach den Ereignissen gegenüber dem Soziologen İsmail Beşikçi auf den Punkt: „Nach welchem von beiden fragst du, denn es gibt zwei Mustafa Kemal. Einen, der während des Feldzuges [gemeint ist der Unabhängigkeitskrieg] einen Stammesführer nach dem anderen besuchte, Kalifat, Sultanat, den Padischah und Religion wie Glauben schützen sowie gegen die Ungläubigen kämpfen wollte und dafür von den Stammesführern Hilfe erbat. Oder den anderen, der nach dem Feldzug den Padischah verjagte, die religiösen Schulen schloß, dem Koran und unserer Religion keine Beachtung mehr schenkte? Nach welchem von beiden fragst du?"[2]

Etliche Kurden, die sich in der Nationalbewegung engagiert hatten, waren gezwungen, die Türkei zu verlassen, wollten sie sich nicht wegen ihrer als Landesverrat eingestuften Kontakte zu den Alliierten einer Strafverfolgung aussetzen. Sie gingen nach Europa, Syrien und in den Irak. Einen Einblick in die Gemütsverfassung kurdischer Nationalisten gewährt der offene Brief, den ein langjähriges prominentes Mitglied der Bewegung, Şükrü Mehmed Sekban (1881–1960), wenige Tage nach Lausanne – also noch vor der Ausrufung der Republik – an den oben erwähnten Pirinççizade schrieb. Darin schlug Sekban eine Selbstverwaltung für die von Kurden bewohnten Gebiete Ost-Anatoliens und den Gebrauch des Kurdischen als Verwaltungs- und Unterrichtssprache vor. Im Zentrum seiner – mitunter widersprüchlichen – Argumentation stand indes die nachdrückliche Beteuerung kurdischer Loyalität gegenüber den Türken. Mit seinem Hinweis auf kurdische Loyalität hoffte Sekban wohl, die Regierung von ihrer bereits in Umrissen erkennbaren Assimilationspolitik abzubringen. Er betonte, daß die Kurden zwar von den Türken sprachlich-kulturell verschieden, aber beide Völker durch die gemeinsame Geschichte verbunden seien. Sekbans Ausführungen gipfeln in dem Satz: „Kurden und Türken sind eins. Kurde bedeutet dasselbe wie Türke".[3] Damit vollzog er den türkischen Standpunkt nach, freilich mit dem gravierenden Unterschied, daß gerade die Übereinstimmung zwischen Kurden und Türken ersteren einen legitimen Anspruch auf Autonomie begründe. Es ist nicht unwahrscheinlich, daß Sekban aussprach bzw. schrieb, was viele Mitglieder der kurdischen Bewegung dachten. Im übrigen wiederholte er damit die Formulierungen, die Kemal bis Anfang 1923 in seinen Avancen gegenüber den Kurden gebraucht hatte.

Obwohl die kurdische Bewegung einige ihrer führenden Köpfe durch Flucht verloren hatte, konnte spätestens 1923 eine Geheimorganisation namens *Azadi* („Freiheit") gegründet werden, deren Schwerpunkt in Ost-Anatolien, vor allem um Erzurum lag. Unter den prominenten *Azadi*-Mitgliedern waren sowohl Stammesführer als auch Offiziere wie İhsan Nuri und Halid Cibran, die in der osmanischen Armee gedient und im Befreiungskrieg auf seiten der

Kemalisten gekämpft hatten. Diese Militärs waren nicht kompromittiert durch Kontakte zu den Alliierten, wie dies bei den nun im Exil befindlichen Nationalisten der Fall war. Es ist bezeichnend, daß die Etablierung von *Azadi* bereits vor Erlaß der Säkularismus-Gesetze von 1924/25 stattfand, d.h. kurdischer Widerstand gegen die Regierung in Ankara nicht allein – und vielleicht auch nicht in erster Linie – als ein Kampf gegen eine „Atheismus-Politik" bzw. als Antiklerikalismus zu verstehen war.

Azadi hatte maßgeblichen Anteil am Zustandekommen einer Koalition verschiedener Kräfte, deren Führung der prominente Naqschbandi-Scheich Said aus Palu übernahm – wir erinnern uns, daß Scheichs bereits im 19. Jahrhundert eine wichtige integrierende Funktion in der kurdischen Gesellschaft ausgeübt hatten. Said war Nationalist und religiöser Führer; der Aufstand, den er leitete, war ein nationalistischer Aufstand in religiösem Gewand. Der Aufruf zur Revolte, der Said zugeschrieben wird, gebrauchte zunächst eher eine nationalistische Terminologie als religiöse Appelle. Erst in der Massenmobilisierung setzte Said seine religiöse Autorität ein. Er erließ religiöse Gutachten (Sing. *fetva*), in denen die Regierung in Ankara als Feind der Religion gebrandmarkt wurde. Einer der Söhne Abdülhamids, der im Beiruter Exil lebte, sollte nach den Vorstellungen Saids die Kalifenwürde übernehmen. Dieser Wandel in der Diktion ist wohl so zu erklären, daß Said mit dem Aufruf vor allem seine Führungsrolle unter der großenteils militärisch und säkular erzogenen Gruppe von *Azadi*-Mitgliedern sichern wollte, ansonsten aber die religiöse Identität der kurdischen Bevölkerung ansprach.

Der Aufstand wurde im Februar 1925 vorzeitig durch einen bewaffneten Zwischenfall ausgelöst, an dem türkische Gendarmen und Kurden beteiligt waren. Obwohl die Vorbereitungen noch nicht abgeschlossen waren, griffen die Rebellen zu den Waffen. Said blieb nichts anderes übrig, als den Befehl zum Aufstand zu erteilen (Februar 1925). Die Kurden hatten anfangs durchaus Erfolge zu verzeichnen. In einer Art dezentraler Strategie bestand das Ziel zunächst darin, die Regierungstruppen aus einzelnen Bezirken zu vertreiben, die unter dem Kommando von lokalen Militärführern standen. Dann sollten sich diese Gruppen vereinigen und die Eroberung der wichtigsten Städte in Angriff nehmen. Etwa 10000 bis 15000 kurdischen Bewaffneten gelang es, innerhalb weniger Wochen kleinere Orte wie Lice, Maden, Palu und Bingöl einzunehmen. Die zahlenmäßig überlegenen Regierungssoldaten mußten sich bald in die großen Garnisonen in Diyarbakır und Erzurum zurückziehen, um auf Verstärkungen zu warten. In der Zwischenzeit wurden Angriffe auf die Rebellen aus der Luft vorgetragen. Die staatliche Verwaltung war nicht mehr Herr der Lage, weil die Beamten aus dem Kampfgebiet geflohen waren.

Es war nicht in erster Linie das türkische Militär, das die Aufständischen bekämpfte, sondern vor allem einige Zaza-sprachige (Said war ebenfalls ein Zaza-Sprecher, wenn auch Sunnit) Aleviten-Stämme, insbesondere jener der Hormek. Der Grund dafür war wohl weniger ideologischer Natur als vielmehr der, daß die Hormek noch Rechnungen mit den benachbarten Cibran offen hatten, die der wichtigste Stamm unter den Rebellen waren. Die sunnitischen Cibran hatten nämlich unter Sultan Abdülhamid ein *Hamidiye*-Regiment gestellt und die dadurch gewonnene Position dazu genutzt, auf Kosten ihrer Nachbarn zu expandieren. Die Hormek und andere Stammesgruppen verhinderten die Eroberung Erzincans und Erzurums durch die Aufständischen. Diese stießen auch von seiten der städtischen kurdischen Bevölkerung auf Widerstand, z. B. in Elazığ, weil sie Plünderungen veranstalteten.

Ihr wichtigstes Ziel, die Eroberung Diyarbakırs, erreichten die Aufständischen nicht. Der Angriff auf die Stadt, den Scheich Said persönlich anführte, wurde zurückgeschlagen. Mittels der Bagdad-Bahn nach Ost-Anatolien verlegte Truppen verstärkten die bereits im Gebiet aufmarschierte Streitmacht. Ein Teil der Rebellen wurde zwischen Bingöl und Lice eingekesselt und vernichtend geschlagen. Scheich Said wurde Mitte April in seinem Hauptquartier in Genc gefangengenommen, was gleichbedeutend mit dem Ende des Aufstands war. Zwar verwickelten Rebellen Regierungstruppen an verschiedenen Orten in einen Guerillakrieg, aber ohne Führungsfigur und ausreichende Kommandostrukturen war dies zum Scheitern verurteilt. Bemerkenswert ist, daß nunmehr andernorts, wo der Aufstand bislang kein Echo gefunden hatte, gegen das Militär Widerstand geleistet wurde. Der Grund dafür war, daß das Militär in seinem Vorgehen offenbar alle Kurden über einen Kamm schor und nicht zwischen neutralen oder sogar regierungstreuen und aufständischen Kurden unterschied. Dies löste selbst unter Kurden, die nicht an der Rebellion teilgenommen hatten, Verbitterung aus.

Nach dem Ende des Aufstands machte man sich an die Ausschaltung der – so die Sehweise der Regierung – „religiös-reaktionären" Basis, d.h. der Macht der Scheichs und Stammesführer. Trotz der Bedeutung von Waffen im traditionellen Stammesmilieu, in dem der Staat herkömmlicherweise kaum Autorität hatte und Konflikte unter den Stämmen – eben auch mit Waffengewalt – und ohne Intervention des Staates geregelt wurden, entwaffnete das Militär kurdische Stämme. Stämme oder ganze Dörfer wurden in den Westen des Landes deportiert; ihre Herden wurden beschlagnahmt. Solche Maßnahmen veranlaßten nicht nur geschlagene Rebellen, sondern auch Stammesgruppen, die mit dem Aufstand nichts zu tun hatten, in den Irak zu fliehen.

Die Verantwortlichen des Aufstandes, darunter Scheich Said und Dutzende seiner Mitstreiter, außerdem Seyyid Abdülqadir – der moderate Kurdenführer in Istanbul, der in den vergangenen zwei Jahrzehnten hohe Staatsämter innegehabt hatte und dessen Beteiligung am Aufstand nicht erwiesen war –, wurden vor ein sog. Unabhängigkeitsgericht (*İstiklal Mahkemesi*) in Diyarbakır gestellt und im Juni 1925 zum Tode verurteilt. Aus den Verhandlungsprotokollen scheint hervorzugehen, daß Scheich Said vor allem aus religiösen Motiven handelte. Er begründete den Aufstand mit der Pflicht der Muslime, bei Zuwiderhandlung gegen die Vorschriften der *scharia* durch die Machthaber (d.h. in diesem Fall die Kemalisten) sich gegen diese zu erheben. Dieser „Schauprozeß"[4] war der Auftakt zu einer Reihe von radikalen Maßnahmen, welche die angestrebte Säkularisierung und Verwestlichung vorantreiben sollten. Im Herbst 1925 wurde das Tragen des Fez verboten; Demonstrationen, die sich dagegen richteten, fanden vor allem in Ost-Anatolien statt; (vermeintliche) Rädelsführer wurden von den Unabhängigkeitsgerichten in einigen Fällen zum Tode verurteilt.

Der Scheich-Said-Aufstand lieferte den Vorwand für den Erlaß des Gesetzes Nr. 578 zur „Aufrechterhaltung von Ruhe und Ordnung" (*Takrir-i sükun kanunu*), das der Regierung für zwei Jahre außerordentliche Vollmachten sichern sollte, in Wirklichkeit aber weit darüber hinaus eine bis zum Ende des Zweiten Weltkrieges andauernde autoritäre Phase einleitete. In Ankara nutzte Mustafa

Kemal die Gelegenheit, um seine ohnehin schon starke Machtstellung weiter auszubauen, indem er – nach dem Intermezzo der Fortschrittlichen Republikanischen Partei unter Fethi Okyar (gewissermaßen die loyale Opposition, die Partei wurde im Juni 1925 aufgelöst) – seinen Mitstreiter İsmet İnönü wieder als Ministerpräsidenten einsetzte. Die Presse wurde an die Kandare genommen, und die erwähnten Unabhängigkeitsgerichte wurden eingesetzt, die – besetzt mit Parlamentsabgeordneten – eine „politische Justiz" ausübten. Die Summe und Umsetzung dieser Maßnahmen können so interpretiert werden, daß die Staatsführung in dem Aufstand eine ernsthafte Bedrohung für die junge Republik erblickte.

Der islamische Anstrich der Revolte – die religiöse Rhetorik, Scheichs als Führer und die Erklärung des „Heiligen Krieges" (dschihad) – kam der Regierung in Ankara gelegen, welche in ihrer Propaganda die Revolte zu einem Aufbäumen religiösreaktionärer Kräfte gegen Fortschritt und Modernisierung verzerren konnte. Dies scheint auch kurdischen Exilpolitikern bewußt gewesen zu sein. In einem offenen Brief an İnönü warfen sie im Jahr 1926 der türkischen Regierung einerseits die brutale Unterdrückung des Aufstands vor. Andererseits distanzierten sie sich von dessen religiösen Attributen und bezeichneten sich als „Anhänger der Republik und des Modernismus" und „Gegner des Klerikalismus".[5]

Die Mitglieder der kurdischen Nationalbewegung, die nach Gründung der Republik ins Ausland geflohen waren, trafen sich 1927 in der Nähe von Beirut, um eine Allianz namens Choibun („Unabhängigkeit") zu bilden. Choibun vereinte Mitglieder verschiedener kurdischer Gesellschaften aus Istanbul, die sich gegen Ende des Weltkrieges zerstritten hatten. Die Allianz umfaßte aber nicht nur Mitglieder aus der Türkei, sondern auch aus den britischen und französischen Mandatsgebieten und Iran. Choibun hatte enge Kontakte zu der armenischen Nationalistenorganisation Daschnaktsutiun („Unionisten"), mit deren Hilfe sie die kurdische Frage vor den Völkerbund zu bringen hoffte. Die Armenier ihrerseits unterstützten die Kurden, um so die internationale Aufmerksamkeit auf den – wie sie es sahen – heroischen Kampf beider Völker gegen türkische Unterdrückung zu lenken. Trotz Rivalitäten und ideologischer Differenzen war Choibun der erste

Versuch intellektueller, militärischer, religiöser und tribaler Führer, ihren Widerstand zu koordinieren.

Choibun war verantwortlich für die Durchführung des Aufstandes am Ararat im Jahre 1930. Die Region um den Ararat, so lautete das Ziel der Erhebung unter der Führung İhsan Nuris, sollte „befreit" und es sollte dort eine kurdische Regierung eingesetzt werden. *Choibun* fiel die Aufgabe zu, den Aufstand propagandistisch zu verkaufen und die türkische Regierung auf die Anklagebank zu setzen. Der Aufstand mißlang. Erstens war es ein militärisch-taktischer Fehler, die kurdischen Kräfte nur an einer Front angreifen zu lassen, weil sie dies verletzlich machte für Attacken der überlegenen türkischen Militärmacht. Zweitens hatten die Kurden fälschlicherweise kalkuliert, daß Iran Grenzüberquerungen von kurdischen Aufständischen dulden, den türkischen Soldaten aber gleiches verwehren würde. Tatsächlich schloß Iran aber mit der Türkei ein Abkommen, in dem die Grenzen zwischen beiden Ländern geschlossen und dadurch kurdische Flucht- und Versorgungswege abgeschnitten wurden. Die Rebellen wurden zerstreut, İhsan Nuri floh nach Iran.

Erfolgreich gestalteten sich dagegen zu Beginn der dreißiger Jahre die Aktivitäten von *Choibun*, insbesondere der Brüder Kamuran Ali und Celadet Bedir Chan, auf kulturellem Gebiet. Letzterer erteilte Atatürk in einem offenen Brief eine Lektion über die Ähnlichkeiten zwischen dem Kurdischen und indoeuropäischen Sprachen und die Unterschiede zum Türkischen. Damit reagierte er offenbar auf die nationalistischen Sprach- und Geschichtstheorien, denen zufolge das Türkische die Ursprache der Menschheit war und die Türken bereits seit grauer Vorzeit Anatolien besiedelten. Aber er beließ es nicht dabei: Für den Fall, daß die Kurdenfrage nicht durch die Gewährung einer Autonomie gelöst werde, drohte er mit dem bewaffneten Kampf.[6]

Die türkische Regierung ließ sich indes nicht von ihrer Politik der Assimilation (die natürlich nicht so hieß, sondern in der offiziellen Sprachregelung *temdin* genannt wurde, d.h. „Zivilisierung") abbringen, die mit äußerster Härte durchgeführt wurde. Es gab Stimmen im Kabinett, die von einer „Nichtintegrierbarkeit" der Kurden sprachen. Britische Diplomaten registrierten besorgt Auswüchse gegen die Bevölkerung.[7] Bereits nach dem Ende des Scheich-Said-Aufstands hatte es Deportationen gegeben, die wiederum Anlaß waren für lokale Scharmützel zwischen Kurden und dem türkischen Militär. 1934 trat ein Gesetz in Kraft, das, ohne sie beim Namen zu nennen, in erster Linie auf die Kurden abzielte. Teile der Bevölkerung, insbesondere „Personen ohne Verbundenheit mit türkischer Kultur" (Art. 4) sollten umgesiedelt und zerstreut werden; das zahlenmäßige Verhältnis von Türken und Nicht-Türken (d.h. türkischen Staatsbürgern, die kein Türkisch sprachen) sollte so gestaltet werden, daß die Türken überall die Bevölkerungsmehrheit bildeten. Stammesführer und Scheichs sollten von ihren Gefolgschaften getrennt, die Funktionen von Scheichs und Agas überhaupt abgeschafft werden – in der Realität war man auf sie angewiesen, so daß der von der Regierung angekündigte Kampf gegen Ausbeutung durch feudale Großgrundbesitzer nicht stattfand.[8] Wenn auch die Ausführung dieses Gesetzes weit hinter seinen Absichten zurückblieb, so zeigt es doch den repressiven Charakter der Politik gegenüber den Kurden. Der Ausbau des Schulwesens verfolgte primär das Ziel, Kurden die türkische Sprache und Kultur ‚einzuimpfen'; ernsthafte Ansätze zu einer wirtschaftlichen Entwicklung Ost-Anatoliens gab es damals noch nicht.

Der für lange Zeit letzte Kurdenaufstand fand 1937/38 in der Region Tunceli statt, die wenige Jahre zuvor noch Dersim hieß. Dersim war seit langem eine unruhige Region, wo gegen die repressive Politik des letzten Jahrzehnts Widerstand geleistet wurde. Die Forderungen der Dersim-Kurden, die ausschließlich Aleviten waren und an deren Spitze ein Geistlicher namens Seyyid Rıza stand, liefen auf eine Art lokaler Selbstverwaltung hinaus. Über die Provinz wurde der Ausnahmezustand verhängt, und es wurden große Truppenkontingente zusammengezogen, die auf dem Höhepunkt der Kampagne drei Armeekorps, ca. 50 000 Mann, umfaßten. Zahlenmäßig und von ihrer Ausrüstung her waren die Kurden der überlegenen Militärmacht nicht gewachsen. Im Verlauf der Kämpfe waren viele Kurden gezwungen, ihre Dörfer zu verlassen, die dann dem Erdboden gleichgemacht wurden. Aufrufe von seiten der Kurden um Hilfe aus dem Ausland verhallten ungehört. Das Scheitern des Dersim-Aufstands markierte den Beginn einer ca. zwanzig Jahre währenden Phase, in der kurdische Stimmen zum Schweigen verurteilt waren, ja das Wort Kurde geriet in Acht und Bann. Obwohl mitunter der Begriff

„Bergtürke" (*dağlı Türkler*) verwendet wurde, hatte er nie offiziellen Charakter.

Bis 1945 kannte die Türkei strenggenommen keine Demokratie; die Alleinherrschaft der Republikanischen Volkspartei (*Cumhuriyet Halk Partisi*, CHP) ließ keinen offenen politischen Wettstreit zu. Die freiwillige Aufgabe ihres Machtmonopols und der Übergang zum Mehrparteiensystem ab dem Jahr 1946 brachten frischen Wind in die politische Arena. Oppositionelle Einstellungen fanden ihren Weg in die neuen Parteien (v.a. die Demokratische Partei, *Demokrat Partisi*, DP) und konnten durch breite politische Mobilisierung zum Ausdruck gebracht werden. Die CHP hatte bis in die vierziger Jahre hinein in Südost-Anatolien auf die Mobilisierung der überwiegend kurdischen Bevölkerung verzichtet, weil sie sich als Repräsentantin des türkischen Nationalismus verstand,[9] und das bedeutete die Leugnung oder Ignorierung anderer Identitäten als der türkischen. Als die DP begann, Parteiorganisationen im Osten zu gründen und die Bevölkerung politisch zu mobilisieren, waren andere Parteien gezwungen, diesem Beispiel zu folgen, wollten sie nicht ins Abseits geraten. Diese Jahre sind gekennzeichnet durch das Auftreten mehrerer kurdischer Politiker aus dem konservativ-liberalen Lager – Agas und Scheichs waren trotz der Gesetze und Maßnahmen keineswegs aus der kurdischen Gesellschaft verschwunden – sowie die Teilnahme der kurdischen Bevölkerung an und ihre Identifikation mit Parteipolitik. Die besonders in Kurdistan vorherrschenden klientelistischen Strukturen begünstigten dies.

Die Meinungen zur Eingliederung der Kurdengebiete in die nationale Politik sind geteilt. In der Sicht linker Theoretiker zielte diese Politik darauf ab, durch Ausnutzung ausgewählter Stammesführer, Agas und Scheichs, die Kurden zu kontrollieren. In diesem Zusammenhang war die Rede davon, daß die traditionellen kurdischen Eliten sich und das Volk um des eigenen Profits willen verkauft hätten. Andererseits behaupteten dieselben Beobachter, daß die kurdischen Eliten wenig von dem Wirtschaftsaufschwung, den die Türkei in den fünfziger Jahren erlebte, profitierten. In anderen Erklärungsmodellen wird eher eine Politik von Zuckerbrot und Peitsche gegenüber der kurdischen Führungsschicht konstatiert, die nur teilweise durch wirtschaftliche Begünstigung zur Kooperation bewegt werden konnte und immer der heimlichen Unterstützung der kurdischen Sache verdächtigt wurde.

Die fünfziger Jahre brachten Verbesserungen und Erleichterungen für die kurdische Bevölkerung, insbesondere eine Verminderung militärischer Kontrollen. Führende kurdische Familien, die in den dreißiger Jahren zumeist in den Westen der Türkei umgesiedelt worden waren, konnten nun in ihre Heimat zurückkehren. Der Ausbau der Infrastruktur in Kurdistan wurde gefördert, auch wenn diese im Vergleich zum Westen des Landes deutlich unterentwickelt blieb. Die langsame Öffnung der Region ermöglichte es auch anderen Schichten der kurdischen Bevölkerung, an der wirtschaftlichen Entwicklung teilzuhaben, wodurch die alten gesellschaftlichen Hierarchien sich wandelten. Die kurdischen Führungsschichten erwarteten von ihrer Mitarbeit in Parteien und von der Beteiligung an Wahlen zuallererst eine Bewahrung bzw. Stärkung ihres Einflusses. Konservative Stammesführer, Großgrundbesitzer und Scheichs schlossen sich insbesondere der DP an, die eine Zurückdrängung der säkularen Reformen begonnen hatte und der Religion wieder mehr Gewicht verschaffen wollte.

Am 27. Mai 1960 putschte das Militär, um der sich zunehmend undemokratisch gebärdenden Regierung der DP unter der Führung von Adnan Menderes ein Ende zu setzen. Einer der Beweggründe für die Intervention war, daß die Partei durch die kurdischen Stammesführer und Scheichs in ihren Reihen einem Regionalismus (*doğuculuk*) Vorschub geleistet habe; allerdings gab es auch in anderen Parteien führende Mitglieder, denen ihr Engagement für ostanatolische Wahlbezirke als *doğuculuk* ausgelegt wurde. Zu den Maßnahmen, die zur Unterbindung von Aktivitäten unter den Kurden ergriffen wurden, gehörten u. a. erneute Deportationen von Stammesführern und Scheichs, obwohl diese nach kurzer Zeit wieder rückgängig gemacht wurden. Gleichzeitig wurde eine Kampagne entfacht, durch die man die Bemühungen kurdischer Kreise auf kulturellem und sprachlichem Gebiet bekämpfen wollte. Internatsschulen, an denen kurdische Schüler in türkischer Sprache und Kultur unterrichtet wurden, wurden schwerpunktmäßig in Ost-Anatolien eröffnet. 1962 verbot das staatliche Unternehmen Sümerbank den Gebrauch des Kurdischen in ihren Betrieben in Diyarbakır. Dies zeigt, daß die Maßnahmen gegen die kurdische Sprache in der Öffentlichkeit nicht sehr streng bzw. willkürlich gehandhabt wurden.

Publikationen, in denen kurdischstämmige Autoren den türkischen Ursprung der Kurden nachzuweisen suchten, waren Bestandteil der Kampagne. In seinem Vorwort für eine derartige Publikation machte Staatspräsident Cemal Gürsel (1960–1966) klar, daß die Existenz einer kurdischen Ethnie als Bedrohung für den türkischen Staat verstanden wird:

„Zu keinem Zeitpunkt in der Geschichte ist es zu einer Einwanderung eines fremden Volkes in unsere Ostprovinzen gekommen, dessen Erben die heutigen Einwohner wären. Nirgendwo auf der Welt gibt es eine Rasse mit einer eigenen Identität, die ‚kurdisch' genannt werden kann. Die Kurden sind nicht nur unsere Bürger, sondern auch unsere Volksgenossen … Jahrhundertelange Mißwirtschaft und Vernachlässigung durch den Staat und die abgeschlossene Lebensweise der Kurden haben leider diese Folge gehabt [d. h. daß die Kurden sich als ein eigenständiges Volk vorzustellen begannen]. Diejenigen, die danach trachten, Nation und Vaterland der Türken zu teilen und zu zerschlagen, wollen daraus Nutzen ziehen. Allen türkischen Intellektuellen muß klar sein, daß das Kurdentum von feindlichen Mächten aufgehetzt wird mit dem Ziel, die nationale Einheit zu erschüttern und uns so zu Fall zu bringen. Wir können dies selbstverständlich nicht zulassen, da die östlichen Provinzen Tor und Festung unseres Landes sind. Wenn wir diese unsere wahrhaften Brüder vernachlässigen und nicht aufklären, dann werden sie der Propaganda des Feindes ohne Waffen und schutzlos ausgeliefert sein. Am Ende werden wir dann wegen dieser niederträchtigen Propaganda in zwei geteilt sein. Falls wir die östlichen Provinzen verlieren, können wir uns auch in den zentralen und westlichen Provinzen schlecht halten. In diesem Kampf geht es um die Zukunft des türkischen Vaterlands und der türkischen Nation, und dies ist eine äußerst ernste Angelegenheit".[10]

Die neue Verfassung von 1961 und das sich daraus entwickelnde relativ liberale Klima trugen zur Entstehung einer linken Bewegung bei. Von besonderer Bedeutung war die 1961 gegründete Türkische Arbeiterpartei (*Türkiye İşçi Partisi*, TİP). Innerhalb dieser Bewegung bildeten sich einige Gruppierungen heraus, die spezifisch kurdische Anliegen vertraten. Obwohl nur von geringer Zahl, waren es insbesondere kurdische Studenten an den Universitäten in Istanbul und Ankara, die kommunistische und sozialistische Ideen als Vehikel für kurdische nationalistische Bestrebungen übernahmen. Zusätzlichen Auftrieb gewann die kurdische Bewegung durch die Entwicklungen im Irak. Als Barzani aus seinem Exil in Moskau zurückkehrte und Autonomie für die Kurden im Irak forderte, war dies Wasser auf die Mühlen kurdischer Studenten und Intellektueller in der Türkei.

Ein Teil des linken Spektrums wollte die kurdische Frage der national-antiimperialistischen unterordnen und begriff sie primär als ein Beispiel für wirtschaftliche Unterentwicklung; andere betonten eher den ethnischen bzw. sogar nationalen Charakter des Problems. Solche Diskussionen fanden u. a. in der Zeitschrift *Barış Dünyası* statt. Die Unterentwicklung der Ostregion wurde als Hindernis für die Entwicklung der Türkei insgesamt betrachtet. Für die Autoren von *Barış Dünyası* war klar, daß das „Ostproblem" (*doğu davası*) nicht mit Verboten oder mit Gewalt gelöst werden könnte. Ihre Forderung nach einem „modernen Staat" bedeutete, daß alle Staatsbürger gleichen Anteil an sozialen und politischen Fortschritten haben sollten. Die Abschaffung traditioneller Führungsrollen wie jener der Agas wurde vorerst abgelehnt, weil diese noch eine soziale Bedeutung und Funktion besäßen und erst durch den modernen Staat ersetzt werden müßten.[11]

Themen wie die angebliche türkische Herkunft der Kurden oder der Entwicklungsstand der kurdischen Sprache wurden heftig diskutiert. Die kontroverse Debatte über Ethnizität führte zu einer Entfremdung von kurdischen und türkischen Intellektuellen. Den Herausgebern von *Barış Dünyası* wurde Separatismus und Befürwortung der sowjetischen Vielvölkerstaatskonzeption vorgeworfen. Anders als *Barış Dünyası* hatte die Zeitung *Dicle-Fırat*, die in Diyarbakır erschien, eine ausgeprägtere kurdische Note, obwohl *Dicle-Fırat* sich der Objektivität und der staatlichen Einheit verschrieben hatte. Auch wenn das Wort Kurdistan nicht unbedingt verwendet wurde, so konnte doch unter dem Synonym *„Doğu"* die Lage im „Osten" erörtert werden. In jeder Nummer der Zeitung fanden sich ein oder zwei Gedichte in kurdischer Sprache und Artikel zur Geschichte und Kultur der Kurden. Ebenfalls in Diyarbakır erschien eine Zeitung namens *İleri Yurt*, in welcher der Schriftsteller Musa Anter kurdische Gedichte publizierte und dadurch eine Diskussion über die Präsenz der kurdischen Sprache in der Öffentlichkeit auslöste.

Während unter der DP-Herrschaft die traditionellen kurdischen Eliten in das politische System integriert wurden, fand ab Mitte der sechziger Jahre eine Mobilisierung größerer Teile der

Abb. 2: Anläßlich der Eröffnung einer neuen Straße durch Ministerpräsident Bülent Ecevit protestieren Kurden gegen „nationale Unterdrückung", Şemdinli, 1977

Bevölkerung in kurdischen Städten statt. Auf mehreren „Ost-Versammlungen" (*Doğu mitingleri*) im Jahre 1967 wurden Forderungen laut nach mehr Schulen, wirtschaftlicher Entwicklung und Beendigung der Repression durch den Staatsapparat: „Der Osten ist eine Schande für die Türkei des 20. Jahrhunderts".[12] Diese Versammlungen, von denen die anderen Parteien sich distanzierten und gegen die die Regierung vorging, wurden u. a. von der TİP organisiert; kurdische Intellektuelle und Studentenführer hielten Ansprachen auf Kurdisch.

Einige von ihnen fanden sich in den „Revolutionären Ost-Kulturklubs" (*Devrimci Doğu Kültür Ocakları*, DDKO) zusammen. Diese Gruppe wandte sich gegen die als chauvinistisch empfundene Staatsideologie und betonte die Gleichberechtigung aller Völker in der Türkei. Die DDKO verlangten ein Ende der Politik, die auf der Assimilation der Kurden beruhte. Der Herrschaft durch Agas und Scheichs und dem Tribalismus wollten sie mit einer revolutionären Politik begegnen. Die DDKO konnten ihre Auffassungen in einigen Gewerkschaften und der TİP durchsetzen, was einer der Gründe für die Schließung der TİP im Jahr 1970 war.

Die „Kulturklubs" sind insofern bemerkenswert, als sie die erste legale Organisation mit einem klaren Bekenntnis zur kurdischen Identität waren. Nach der Militärintervention vom März 1971 wurden sie geschlossen. Mitte der sechziger Jahre wurde die „Demokratische Partei Türkisch-Kurdistans" (*Türkiye Kürdistan Demokrat Partisi*, TKDP) – der Name wurde in bewußter Anlehnung an die irakische DPK formuliert – unter der Führung des Juristen Faik Bucak gegründet. In der Folge war diese illegale Partei von Spaltungen betroffen; Auseinandersetzungen in der Führung, in die sich Barzani einmischte, gipfelten in Hinrichtungen von Parteikadern im Nord-Irak.

Seit den fünfziger Jahren machte sich eine Rückkehr des Islams in das öffentliche und politische Leben der Türkei bemerkbar. Die DP begann die Säkularismus-Reformen rückgängig zu machen, z. B. im Bereich der religiösen Erziehung. Unter diesen Voraussetzungen fanden zwei Entwicklungen statt, die für die kurdische Gesellschaft von Bedeutung waren, nämlich die illegale Wiederbelebung der *medrese*n und der Aufschwung der religiösen Orden. Die *medrese*n waren ein Kristallisationspunkt kurdischer Sprache und Identität im Osmanischen Reich gewesen. Durch die Zweisprachigkeit der *medrese*n in kurdischen Gebieten boten sich Möglichkeiten zur Pflege kurdischer Sprache, Literatur und Kultur. Die religiöse Elite war von entscheidender Bedeutung für die Integration der kurdischen Unterschicht in die türkische Politik. So wurde der Enkel von Scheich Said, A. Melik Fırat, als Abgeordneter der DP ins Parlament gewählt.

Scheichs und *mela*s gewannen wieder Einfluß, indem sie in klandestinen *medrese*n Unterricht erteilten und religiöse Dienste anboten. Diese *mela*s wurden von ihren Gemeinden mit Geld bzw. religiösen Almosen entlohnt. Die *medrese*n waren unterschiedlichen Charakters: Im einen Typ standen kurdische Sprache und Identität im Vordergrund, wodurch politische Aspekte ins Spiel kamen. Bei dem anderen Typ spielten der Sufismus und die spirituelle Macht der Scheichs eine wichtige, aber eher apolitische Rolle.[13] Auch wenn die Scheichs Kurden waren und mit ihren Schülern und Anhängern Kurdisch sprachen, so war ihre ethnische Zugehörigkeit für sie sekundär. Die Religionsschüler (kurd. *feqi*) und die *mürid*s waren Kurden, Türken, Perser und Araber. Für Dorfgemeinden und Stammesführer, die für die finanzielle

Unterstützung dieser Schüler und Anhänger Verantwortung trugen, war es ebenfalls irrelevant, welcher Ethnie diese angehörten. Man unterhielt sie aus religiöser Überzeugung und aus Verpflichtung zur Almosengabe.

Said-i Nursi (auch Kurdi genannt, 1876–1960) war einer dieser Scheichs; sein Einfluß ging weit über ethnische Grenzen hinaus. Er gehörte sowohl dem Naqschbandiya- als auch dem Qadiriya-Orden an. Said-i Nursi gilt als Gründer der *Nurculuk*-Bewegung und war politischer Aktivist und Theologe in der Zeit des ausgehenden Osmanischen Reiches und der jungen Türkischen Republik. Die Bewegung fand ein reiches Betätigungsfeld in mehreren konservativ ausgerichteten Parteien. Ähnlich wie Said-i Nursi errangen mehrere kurdische Scheichs verschiedener Orden offen oder heimlich Einfluß, den sie für politische Ambitionen, sei es protürkisch oder prokurdisch, ausnutzten. Ihre Machtposition beruhte nicht nur auf religiöser Autorität, sondern auch auf Landbesitz und Reichtum. Dies stieß auf Kritik unter laizistisch gesonnenen Kräften in der türkischen Politik.

Nach der Auflösung der TIP kam es zu einer Zersplitterung und Radikalisierung der linken Bewegung. Es entstanden zahlreiche extremistische und terroristische Organisationen, von denen einige den Guerillakampf propagierten. Nach der Militär-Intervention vom März 1971 wurden politische Aktivitäten eingeschränkt und radikale und bewaffnete Gruppen im Lande aufgelöst. Die CHP unter Bülent Ecevit, die sich in den Jahren zuvor nach links orientiert hatte (*ortanın solu*, „linke Mitte"), übte eine starke Anziehungskraft in Kurdistan aus. Die CHP dominierte in den Städten Ost-Anatoliens, während auf dem Lande die Agas und Scheichs dafür sorgten, daß „ihre Leute" die Gerechtigkeitspartei (*Adalet Partisi*, AP) bzw. die Nationale Heilspartei (*Milli Selamet Partisi*, MSP) wählten.

Seit Mitte der siebziger Jahre gab es häufige Regierungswechsel, was darauf zurückzuführen ist, daß zu keinem Zeitpunkt – u.a. bedingt durch das Mehrheitswahlrecht – eine Partei in der Lage war, allein eine Regierung zu bilden. In diesen zerbrechlichen Koalitionsregierungen gelang es besonders der Partei der Nationalistischen Bewegung (*Milliyetçi Hareket Partisi*, MHP), eine ihren Wahlergebnissen völlig unangemessene Machtstellung zu erlangen und ihrer ideologischen Linie – Chauvinismus und

Faschismus – Geltung zu verschaffen. Erneut traten bewaffnete linksradikale Gruppen auf, die sich mit den faschistischen Kräften (u. a. den berüchtigten Grauen Wölfen) Auseinandersetzungen lieferten. Die Eskalation zu einem bürgerkriegsähnlichen Konflikt wurde erst durch den Militärputsch vom September 1980 gestoppt. Parteien und Vereine wurden verboten, Politiker verbannt, die politischen Freiheiten eingeschränkt und Oppositionelle verhaftet. Die Rückkehr zur Normalisierung des politischen Lebens schloß die Annahme einer neuen Verfassung (1982) und die Gründung neuer Parteien ein. Unter den nach 1980 zerschlagenen radikalen Gruppierungen wurde allein die PKK relativ schnell wieder aktiv. Der Grund dafür war, daß die Parteikader nach dem Putsch ins benachbarte Syrien geflohen waren und von hier aus den bewaffneten Kampf aufnahmen.

Bis zu seiner Inhaftierung war die PKK ganz auf die Person ihres Vorsitzenden Abdullah Öcalan zugeschnitten, der in den Publikationen der Partei sogar als ‚die Führung‘ bezeichnet wurde. In ihrer Ideologie folgte sie marxistisch-leninistischen Prinzipien und begriff Kurdistan als eine türkische Kolonie, die durch den bewaffneten Kampf befreit und revolutioniert werden müsse. Von der Forderung nach einem unabhängigen kurdischen Staat ist die PKK abgerückt und spricht nun von einem ‚demokratischen Konföderalismus‘, auch wenn ihre Guerilla in den Bergen Nordiraks und Irans und teilweise auch in der Türkei weiter kämpft. Die Organisation der PKK war aufgeteilt in einen militärischen Flügel, die Volksbefreiungsarmee Kurdistans (*Arteşa Rizgariya Gele Kurdistan*, ARGK), und einen politischen, die Nationale Befreiungsfront Kurdistans (*Eniya Rizgariya Netewa Kurdistan*, ERNK). Seit 2007 nennt sich die Organisation ‚Gemeinschaft der Gesellschaften Kurdistans‘ (*Koma Civaken Kurdistan*, KCK) und hat weitere Flügel- bzw. Jugend-, Frauen-, Auslands- und parlamentarische Organisationen. Die PKK finanziert bis heute den Krieg gegen die türkische Armee und rivalisierende Parteien wie Barzanis DPK und Talabanis PUK aus einer Mischung von freiwilligen Abgaben, erpressten Schutzgeldern in der Türkei und Europa, Drogen- und Waffenhandel sowie Menschenschmuggel.

In einer ersten Aktion im August 1984 griff die PKK zwei Kleinstädte im Südosten an, brachte sie zeitweilig unter ihre Kontrolle und verbreitete ihre Propaganda. Bevorzugte Angriffsziele waren militärische und staatliche Einrichtungen; das Vorgehen der PKK forderte aber auch zahlreiche Opfer unter der Zivilbevölkerung. 1985 modifizierte die Regierung ein Dorfwächtergesetz, gemäß dem in den kurdischen Dörfern eine Miliz gegen die PKK-Angriffe gebildet wurde. Die Zahl dieser Dorfwächter (*korucu*) wuchs in den letzten 15 Jahren von knapp 20000 auf 60000. Zunächst hatten sie die Aufgabe, die Armee zu unterstützen, weil sie mit den örtlichen Verhältnissen vertraut waren; die *korucu* wohnten weiter im Dorf. Das System funktionierte nicht einheitlich: Während in einigen Gegenden die Dorfwächter relativ selbständig und unter der Führung eines Aga ihren Aufgaben nachgingen, wurden sie anderswo weitgehend von der Armee instruiert. Die Bezahlung erfolgte aus der Staatskasse. Dieses System erinnert an die spätosmanischen *Hamidiye*-Regimente und zeigt die Kontinuität des Umgangs mit dem Kurdenproblem. Dadurch wurde die Spaltung in der Bevölkerung vertieft, und die Einstellung zur PKK komplizierte sich. Mitunter sympathisieren Dorfschützer mit der PKK und unterstützen sie sogar insgeheim.

Die Jahre 1991 und 1992 standen im Zeichen einer Aufweichung der Fronten und verhärteten Positionen in der Kurdenfrage. Gewisse Entwicklungen und Statements von Politikern gaben Anlaß zur Hoffnung auf eine größere Offenheit im Umgang mit den Kurden. Zu diesen bald enttäuschten Hoffnungen zählte die Äußerung des damaligen Ministerpräsidenten Demirel, wonach „die kurdische Realität" in der Türkei anerkannt werden müsse.[14] Prononcierter und konkreter ließ sich der türkische Staatspräsident Özal vernehmen. Seiner Initiative war es zu verdanken, daß das Sprachenverbotsgesetz von 1983 im Jahr 1991 aufgehoben und der mündliche Gebrauch des Kurdischen legalisiert wurde. Özal erkannte auch, daß weniger Beschränkungen für die kurdische Minderheit der Türkei mehr außenpolitische Bewegungsfreiheit bescheren könnten. Er hielt es für an der Zeit, die Tür für einen Dialog zwischen Regierung und Kurden mindestens einen Spalt zu öffnen; sogar das Wort „Föderation" gebrauchte er. Özal sah die Kurdenfrage im Zusammenhang mit einer neuen Standortbestimmung türkischer Politik im Nahen Osten und Zentralasien. Durch die strategische Unterstützung für die Amerikaner im Golfkrieg, für die sich Özal stark gemacht hatte, kann die Türkei seither auf die Rückendeckung der USA in der Kurdenfrage zählen.

Die stärkere Internationalisierung des Kurdenkonfliktes beruhte auf mehreren Faktoren. Erstens hat es die PKK vermocht, in Europa Interesse und Sympathie zu wecken, nicht nur unter ihren Anhängern, sondern auch generell unter Kurden und unter einem gewissen Teil der westeuropäischen Öffentlichkeit. Aktionen von militanten Kurden wie Selbstverbrennungsversuche, Autobahnblockaden und Konsulatsbesetzungen haben jedoch nicht nur Aufmerksamkeit auf sich gezogen, sondern auch Ablehnung hervorgerufen. Zweitens war der Golfkrieg 1991 mit seinen Folgen ein Katalysator für neue Entwicklungen in der Kurdenfrage. Der mit Fehleinschätzungen verbundene und bestenfalls halbherzige Versuch der USA, oppositionelle Kräfte im Irak, insbesondere die Kurden, zum Aufstand gegen das Regime Saddam Husains aufzustacheln, schlug fehl. Dies führte zu einer Massenflucht irakischer Kurden in die Türkei. In den Augen der erstaunten Weltöffentlichkeit präsentierte sich die Türkei als Zufluchtsort und Schutzpatron für verfolgte Kurden.

Anzeichen für eine Entspannung gab es in den türkischen Parlamentswahlen von 1991. Ihr gutes Wahlergebnis verdankte die Sozialdemokratisch-Populistische Partei (*Sosyal Demokrat Halkçı Parti*, SHP) allein der Aufstellung ehemaliger Mitglieder der Arbeitspartei des Volkes (*Halkın Emek Partisi*, HEP), einer Partei, die sich für die friedliche Lösung der Kurdenfrage unter Wahrung der territorialen Integrität der Türkei zum Ziel gesetzt hatte. Dieses „Huckepack-Verfahren" bescherte der SHP zwar einen kurzfristigen Erfolg, brachte ihr aber den Vorwurf ein, „die PKK ins Parlament katapultiert" zu haben. 1992 sah sich die SHP gezwungen, diese Abgeordneten, die sich als Vermittler zwischen der PKK und dem politischen Establishment verstanden, aus der Parlamentsfraktion auszuschließen. Nachdem sie bereits durch prokurdische Aktionen aufgefallen waren, brachte ihr Besuch bei Öcalan das Faß zum Überlaufen. Ein Verfahren wegen Separatismus, das gegen die Abgeordneten eingeleitet wurde, endete mit dem Verbot der HEP. In Vorwegnahme dieses Verbots gründeten sie flugs eine neue Partei namens Partei der Demokratie (*Demokrasi Partisi*, DEP). Als die DEP versuchte, die PKK hoffähig zu machen, traf sie das gleiche Schicksal wie ihre Vorgängerin HEP; 1994 wurde sie durch Verfassungsgerichtsbeschluß aufgelöst. Sieben DEP-Parlamentarier, darunter Leyla Zana, wurden zu Haftstrafen zwischen dreieinhalb und fünfzehn Jahren verurteilt. Die Partei der Demokratie des Volkes (*Halkın Demokrasi Partisi,* HADEP) ist eine Nachfolgepartei von HEP und DEP, die zum ersten Mal mit dem Anspruch, kurdenspezifische Interessen zu vertreten, bei den Parlamentswahlen von 1995 antrat. Sie scheiterte jedoch mit ihrem landesweiten Anteil von 4,2% an der 10%-Hürde. In ihrem Programm warb die HADEP für die friedliche Koexistenz von Türken und Kurden und für eine gerechte und demokratische Lösung der Kurdenfrage.[15]

Die sich nach 1990 abzeichnende größere Offenheit in der Kurdenfrage führte gleichzeitig zu einer größeren Unübersichtlichkeit der Mitspieler in dem Konflikt. Konnte schon immer nicht von einem alleinigen Konflikt türkischer Staat versus Kurden die Rede sein, so galt dies umso mehr seit Beginn der neunziger Jahre: Militär, Sicherheitsapparate, terroristische Organisationen, die gegen prokurdische Gruppen, kurdische Politiker und die PKK vorgingen, „kurdische Parteien" wie HEP, DEP und HADEP, die einen Spagat übten zwischen nationalistischen Interessen und den ihnen vom System gesetzten Grenzen; die PKK, die versuchte, eine Massenbewegung zu initiieren bzw. eine solche zu werden, wobei sie einerseits die kurdischen Parteien als Mittel benutzte, andererseits ihre militärischen Aktionen intensivierte; das politische Establishment, das sehr unterschiedliche Einstellungen zur Kurdenfrage hatte; nichtstaatliche Organisationen wie Menschenrechtsvereine, die sich für mehr Demokratie und gegen Repression einsetzten, und zwar nicht nur für die Kurden.

Darüber hinaus bildete die Auseinandersetzung den Nährboden für die Entstehung mafiöser Strukturen. Die Interessen aller Akteure haben sich zu einem schier unentwirrbaren Knäuel zusammengeballt. Zu dieser Unübersichtlichkeit trägt ein Chaos von Informationen und Desinformationen bei. Hinzu kommt, daß seit einem Vierteljahrhundert die türkischen Regierungen in der Regel schwach und nur von kurzer Dauer waren. In den letzten Jahren wurde die Instabilität noch gesteigert durch den letztlich erfolgreichen Versuch des Militärs, die islamischen Kräfte in die Schranken zu weisen, d.h. insbesondere die Wohlfahrtspartei (*Refah Partisi,* RP) unter Necmeddin Erbakan von der Macht zu entfernen. Es war nämlich die RP, die bei den Kommunalwahlen 1994 einen großen Zulauf unter der kurdischen Bevölkerung in

Südostanatolien erreichte. Diese fühlte sich angezogen von dem Programm der RP, das so gut wie keine türkisch-nationalistischen Inhalte hatte, sondern die Wähler eher als Muslime und ohne Rücksicht auf ihre ethnische Herkunft ansprach. Der Erfolg hatte allerdings auch mit dem Rückzug der DEP kurz vor der Kommunalwahl von 1994 zu tun. Ein Beweis dafür waren die Ergebnisse der Parlamentswahlen von 1995, als die RP einen Teil ihrer „kurdischen" Stimmen an die HADEP abgeben mußte.[16] Im Unterschied zur RP, deren Kandidaten im Südosten nur gelegentlich spezifisch kurdische Anliegen vertraten, scheint ihre Nachfolgerin und gegenwärtige oppositionelle Partei der Tugend (*Fazilet Partisi*, FP) sich eher mit kurdischen Forderungen identifizieren zu können. Aufgrund der Zersplitterung der verschiedenen Interessengruppen stieß das Waffenstillstandsangebot Öcalans vom März 1993 auf keine Reaktion. Im Gegenteil kam es zu einer Eskalation des Krieges, die zusammenfiel mit dem Tode Özals, der Wahl Demirels zu seinem Nachfolger und der Übernahme des Ministerpräsidentenamtes durch Tansu Çiller.

Zweifellos hat das Engagement der Bevölkerung für die kurdische Sache, aber auch ihr Leiden zugenommen. Es ist ein Anzeichen für die Stärkung des Selbstbewußtseins und den Erfolg der Propaganda der PKK unter der Bevölkerung, daß sich seit 1991 die Familien gefallener PKK-Kämpfer zu ihren „Märtyrern" bekannten, indem sie die Herausgabe der Leichname forderten und die Beerdigungen in politische Demonstrationen umfunktionierten. Dies führte zu einer größeren Bereitschaft des Militärs und der zur Bekämpfung des Terrorismus eingesetzten Spezialeinheiten, mit Waffengewalt gegen die Bevölkerung vorzugehen.

Zu Beginn des Kampfes der PKK war sowohl auf Seiten des Militärs als auch der Regierung die Einstellung verbreitet, daß man mit der PKK schnell fertig werden könne. Diese Erwartung ist nicht eingetroffen. Obwohl der PKK immer wieder ein rasches Ende vorausgesagt wurde, hat sie militärische Erfolge erringen und zeitweise eine Mobilisierung der Bevölkerung erreichen können. Erst in den letzten Jahren ist die PKK in Bedrängnis geraten und schließlich weitgehend zerschlagen worden. In Militärkreisen wird die Ansicht vertreten, daß die PKK nur deshalb so erfolgreich war, weil sie internationale Unterstützung erfuhr, insbesondere in den Nachbarstaaten Griechenland und Syrien, und nicht

Provinzratswahlen vom 29.3.2009, Stimmenanteile der DTP (Partei der demokratischen Gesellschaft)

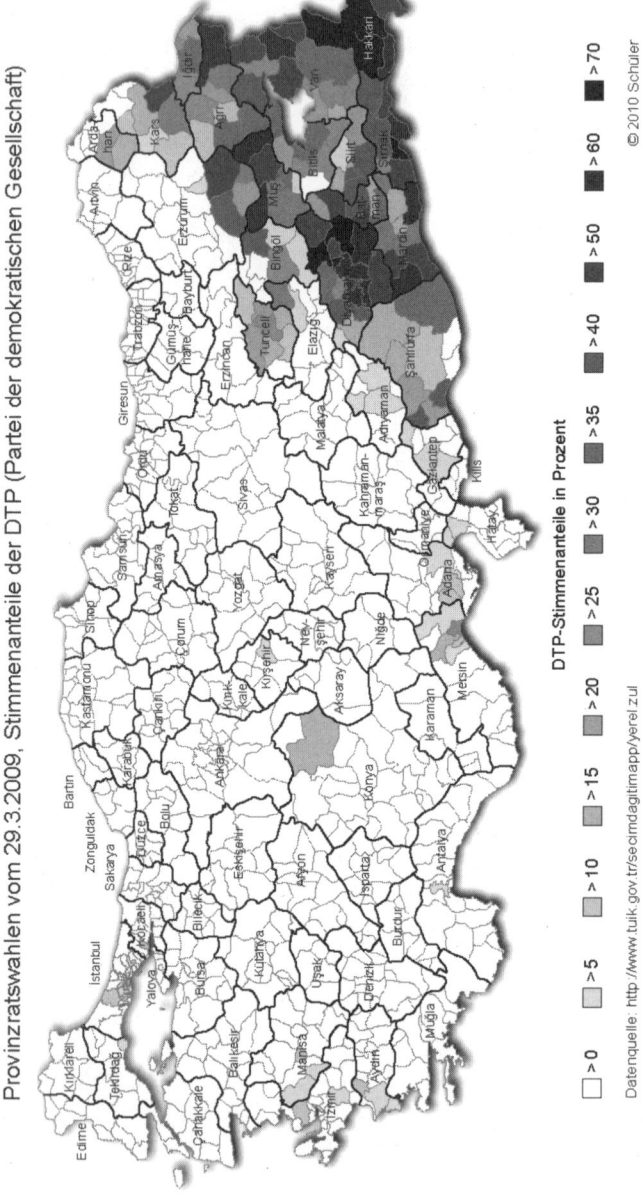

DTP-Stimmenanteile in Prozent

> 0	> 5	> 10	> 15	> 20	> 25	> 30	> 35	> 40	> 50	> 60	> 70

Datenquelle: http://www.tuik.gov.tr/secimdagitimapp/yerel.zul

© 2010 Schüler

etwa, weil sie über die Jahre hinweg zunehmend Rückhalt in der Bevölkerung gefunden hatte. Inzwischen haben sich aber selbst im Militär Zweifel eingeschlichen, ob der Sieg über die PKK gleichbedeutend mit einer Lösung der Kurdenfrage ist. Es hat sich damit abgefunden, daß ein solcher Krieg gegen eine Guerilla ohnehin nicht vollständig zu gewinnen ist. Appelle der Militärführung an die Wirtschaft, sich im Südosten zu engagieren und zu investieren, zeigen, daß sie den Konflikt für weitgehend beendet hält.

Die Verhaftung Öcalans wurde propagandistisch als Erfolg des türkischen Staates verkauft. Die Bilder vom gefesselten und eingeschüchterten Öcalan haben unter Kurden das Gefühl einer kollektiven Erniedrigung hervorgerufen und das Interesse der Weltöffentlichkeit an den Kurden erneuert. Im Vorfeld des Prozesses wurde noch einmal Front gemacht gegen den „Terroristenchef", aber zu dem vielfach befürchteten Schauprozeß kam es nicht. Daraus wurde in den Medien die Forderung abgeleitet, nunmehr eine politische Lösung der Kurdenfrage in Angriff zu nehmen.

Der Aufruf Öcalans an die PKK, den Krieg in der Türkei zu beenden, ist vom türkischen Staat zunächst nicht gewürdigt worden, weil man schon immer auf der bedingungslosen Kapitulation bestanden hatte. Eine Bereitschaft Ankaras zum Kompromiß und Dialog zeichnet sich einstweilen nicht ab; im Gegenteil, der Aufruf wird eher als Eingeständnis der Niederlage der PKK aufgefaßt und hat nationalistische Kreise, die in allen Regierungsparteien vertreten sind, ermutigt, im sicheren Gefühl des Sieges über die PKK weiter auf Intransigenz zu setzen. Unter der seit 2002 regierenden AKP mit Ministerpräsident Recep Tayyip Erdoğan ist – insbesondere im Kontext der Verhandlungen über einen EU-Beitritt der Türkei – eine größere Offenheit hinsichtlich der kurdischen Frage erkennbar.

Ein von der PKK verkündeter einseitiger Waffenstillstand wurde von der Partei 2004 aufgekündigt. Seitdem haben Phasen der Waffenruhe mit einer Eskalierung der Kämpfe abgewechselt. Abgeordnete prokurdischer Parteien wie HADEP und ihrer Nachfolgerin DTP werden periodisch, sei es wegen Gebrauchs der kurdischen Sprache oder wegen angeblicher Unterstützung der PKK, mit Ausschluß aus dem Parlament bedroht bzw. von der Justiz zu teils langjährigen Haftstrafen verurteilt, wie beispielsweise Leyla Zana im Jahr 2008. Sie mußte ihre Haftstrafe allerdings noch nicht antreten (für die Ergebnisse der DTP bei den Provinzratswahlen 2009 s. Karte 3, S. 114). Andererseits kehrten im Oktober 2009 mehrere Dutzend PKK-Kämpfer unter Zusicherung von Straffreiheit in die Türkei zurück. Handelt es sich hier um Rückzugsgefechte nationalistischer Kreise oder muss eine Rückkehr zu einer Politik der harten Hand befürchtet werden? Die Beantwortung dieser Frage wird entscheidend davon abhängen, ob zivile Institutionen, das Parlament und die Justiz genügend Spielraum haben, um eine Balance zu finden zwischen dem rigiden Selbstverständnis der Türkei als zentralistischer Einheitsstaat und den Forderungen eines großen Teils der kurdischen Bevölkerung nach Verwirklichung kultureller Rechte.

10.

Die Kurden im Irak:
Zwischen Autonomie und Auslöschung

Zum Zeitpunkt der Gründung des Irak war keineswegs ausgemacht, daß das südliche Kurdistan ein integraler Bestandteil des neuen Staates würde. Fest stand lediglich, daß die ehemaligen osmanischen Provinzen Basra, Bagdad und Mosul dem britischen Mandatsgebiet einverleibt würden. Diese Provinzen hatten nur wenige Gemeinsamkeiten, die eine Einheit hätten stiften können. Während die Stadt Mosul vor allem von Arabern bewohnt wurde, dominierten Kurden in den ländlichen Gebieten der Provinz. Außerdem gab es eine beträchtliche Zahl von Turkmenen, vor allem um Kirkuk. Die kurdischsprachige Bevölkerung war überwiegend sunnitisch, schloß aber auch Yeziden ein. In Bagdad überwogen sunnitische Araber, wohingegen schiitische Muslime die Mehrheit in der Region Basra bildeten. Während der osmanischen Herrschaft, die häufig von mamlukischen und iranischen Zwischenspielen unterbrochen wurde, war die Kontrolle der Regierung in der Regel auf die Städte beschränkt. Die schwer zugänglichen Berggebiete waren in der Hand kurdischer Stämme. Alle Versuche, ihre Macht zu beschränken, schlugen fehl. Selbst fähige Tanzimat-Reformer wie Midhat Pascha (1822–1884), die sich der

Modernisierung und Zentralisierung des Reiches verschrieben hatten, mußten sich wohl oder übel auf Agas und Scheichs verlassen, um die öffentliche Ordnung aufrechtzuerhalten und Steuern einzutreiben. Dieses Zweckbündnis stärkte die Vorherrschaft der Stämme. Auf der anderen Seite war die Einrichtung von Schulen ein wirksames Mittel, Kurden an den Staat zu binden. Familien aus den Städten und aus tribalem Milieu schickten ihre Söhne nach Bagdad und Istanbul, um sie zu Offizieren oder Beamten ausbilden zu lassen. Einige dieser loyalen osmanischen Kurden spielten in der Folgezeit eine Rolle in den kurdischen, britischen und arabischen Interessenkonflikten.

Das britische Interesse an Mesopotamien beruhte auf seiner strategischen Lage am Schnittpunkt der Land- und Seewege nach Indien. Die britische Regierung konnte auf Experten zurückgreifen, die Erfahrungen im Umgang mit der einheimischen Bevölkerung hatten. Englische Handelsagenten, Gelehrte oder Offiziere, die meist über Kenntnisse orientalischer Sprachen verfügten, bereisten Kurdistan im Auftrag der Regierung. Sie lieferten Informationen über die soziale Organisation und Wirtschaft der weitgehend unbekannten kurdischen Stämme und knüpften nützliche Verbindungen. Einer dieser Experten, Major E. B. Soane, wurde nach dem Krieg einflußreicher britischer Beamter in den kurdischen Gebieten Mesopotamiens. Er reiste in Verkleidung zwei Jahre in Kurdistan, wobei ihm zustatten kam, daß er zum (schiitischen) Islam übergetreten war und verschiedene kurdische Dialekte beherrschte. Er trat zwar für die Selbstbestimmung der Kurden ein. Aber im Gegensatz zu seinem Kollegen E. M. Noel, der oft – in herabsetzender Weise – als der kurdische Lawrence bezeichnet wird, erkannte Soane rasch, daß die Fähigkeiten der Kurden zur Selbstverwaltung beschränkt waren.

Während des Weltkrieges versprach die britische Propaganda, daß England eine Rolle als Beschützer des Islam und Befreier von Kurden und Arabern übernehmen werde. Gegen Ende des Krieges wurden die osmanischen Provinzen Bagdad und Basra besetzt. Einige kurdische Stämme unterstützten das, aber es gab auch solche, die das Vordringen der Briten mit Mißtrauen verfolgten. Im geheimen Sykes-Picot-Abkommen vom Jahre 1916 war die Region um Mosul Frankreich zugeschlagen worden. Dieses Zugeständnis bereuten die Briten schon bald, als ihnen die Bedeutung von Mosul für die Lebensfähigkeit Bagdads klar wurde, war doch Mosul der Hauptlieferant für die Versorgung Bagdads mit Weizen; darüber hinaus wuchs das Interesse an Mosul wegen seiner Ölquellen. Nur zwei Tage nach dem Waffenstillstand von Mudros holten sie das Versäumnis nach und besetzten kurzerhand die Provinz Mosul. Abgesehen von der dadurch hervorgerufenen Verärgerung Frankreichs wurde die Besetzung bald von der national-türkischen Bewegung angefochten. In den folgenden sieben Jahren engagierte sich Großbritannien stark in der Provinz. Ölkonzessionen wurden an Frankreich und die USA vergeben, um die Unterstützung beider Länder für das englische Mandat zu erlangen. In der „Anglo-French Declaration" vom 7. November 1918 hieß es, daß das Ziel Frankreichs und Großbritanniens die „Befreiung der von den Türken ... unterdrückten Völker und die Einsetzung nationaler Regierungen und Verwaltungen"[1] sei. Als Ergebnis der Mandatsverteilung, die auf der Konferenz von San Remo (1920) beschlossen wurde, erhielt Frankreich Syrien und England die Provinzen Mesopotamiens.

In Südkurdistan verfolgten die Briten eine Politik indirekter Herrschaft durch Stammesführer, die Verwaltungsposten einnahmen und mit beträchtlichen Privilegien ausgestattet wurden wie z.B. dem Recht, juristische Angelegenheiten selbst zu regeln. Im Gegenzug waren sie verpflichtet, Steuern einzutreiben und die englische Verwaltung zu unterstützen. In jedem Gebiet achteten kleine Beratergruppen auf die Wahrung britischer Interessen. Diese Methode hatte zwar den Vorzug niedriger Kosten und erforderte keine militärische Präsenz. Sie erwies sich aber als ziemlich erfolglos, schuf unzählige Schwierigkeiten und war nicht geeignet, den türkischen Ansprüchen entgegenzutreten, die seit der Proklamation des Nationalpakts (*Misak-i milli*, 20. 1. 1920) verstärkt worden waren.

Der Mißerfolg dieser Politik indirekter Herrschaft, die auch in den eigenen Reihen auf Kritik stieß, wurde deutlich an den Erfahrungen, welche die Briten nach der Ernennung Scheich Mahmuds zum Gouverneur von Sulaimaniya machten. Mahmud war Oberhaupt der Barzindschi-Familie, die dem Qadiriya-Orden verbunden war und parallel zum Niedergang des Baban-Emirats an Einfluß gewonnen hatte. 1918 hatte er den Hochkommissar für Mesopotamien gemahnt, die Kurden „nicht von der Liste der befreiten Völker auszuschließen".[2] Noel erhielt den Auftrag, die Stammeschefs zu beschwichtigen, daß Großbritannien nicht die Absicht habe, den Kurden eine Verwaltung aufzuzwingen. Ende 1918 wurde Scheich Mahmud zum Gouverneur eines großen Teils Kurdistans ernannt und mit Geldmitteln zur Entlohnung seiner Administratoren ausgestattet. Noel wurde sein Berater; ihm folgte im April 1919 Soane. Mahmud verstand sich als Führer aller Kurden und suchte seine Macht durch Patronage und Bestechung zu stärken. Einerseits wuchs seine Machtstellung, weil viele Stämme sich zur Unterstützung verpflichtet fühlten, schien er doch britische Rückendeckung zu haben. Andererseits gab es etliche Stämme, die sich weigerten, Mahmud anzuerkennen. In der Gegend von Kirkuk z.B. waren die Stämme der Talabani-Familie loyal, einer Dynastie von Scheichs, die ebenfalls dem Qadiriya-Orden anhingen. Als Soane versuchte, Mahmuds Aktivitäten zu beschränken, indem er einige Gebiete seiner Verwaltung entzog, rief sich Mahmud zum Herrscher von Kurdistan aus. Unter seinen Anhängern, die auch in Iran zu finden waren, warb er für einen „Heiligen Krieg" (*dschihad*) gegen die Briten. Die Revolte wurde niedergeschlagen und Mahmud ins Exil geschickt (Juni 1919).

In der Zwischenzeit hatten die arabischen Offiziere, die das Banner der Revolte gegen die Osmanen gehißt hatten, nachdem ihnen ein arabischer Staat versprochen worden war, wichtige Weichen gestellt. Die Anhänger der Scharifen (d.h. des Herrschers von Mekka, Husain, und seiner Söhne) hatten nach dem Abzug der Türken eine konstituierende Versammlung in Damaskus eingesetzt und ein arabisches Reich mit dem Husain-Sohn Faisal als König ausgerufen. Viele führende Vertreter der Verwaltung Faisals kamen aus dem Irak. Diese kehrten nach dem französischen Sieg über die arabischen Truppen im Juli 1920 in ihre Heimat zurück, wo aufgrund der Nichteinhaltung britischer Versprechen für die arabische Unabhängigkeit Unruhen ausgebrochen waren.

Auf der Konferenz von Kairo (1921) trafen sich britische Diplomaten, um Lösungsvorschläge für Mesopotamien zu erarbeiten. Der Vorschlag für einen Staat, der aus den Provinzen Bagdad und Basra gebildet werden sollte, fand Zustimmung; Faisal wurde als Thronanwärter vorgeschlagen. In der Mosul-Frage bzw. der Verwaltung Südkurdistans gab es entgegengesetzte Meinungen. Die Ansicht, daß kurdische Wünsche berücksichtigt und kurdische

Einheit gefördert werden sollten, war weit verbreitet. Viele teilten Winston Churchills prophetische Ansicht, daß ein zukünftiger Herrscher Iraks sich nicht verpflichtet fühlen würde, kurdische Rechte zu respektieren. Schließlich gewann jedoch das Argument die Oberhand, daß Mosul aufgrund der Ölvorkommen und agrarwirtschaftlicher Faktoren von wesentlicher Bedeutung für den Irak sei. Zunächst hatte die britische Verwaltung mit arabischer Opposition gegen Faisal zu kämpfen. Seine Machtübernahme konnte nur durch die Deportation eines populäreren Rivalen erreicht werden. Nachdem Faisal den Thron bestiegen hatte, erkannte er richtig, daß Großbritannien die Kurden als Druckmittel einsetzen würde. Darüber hinaus befürchtete er die permanente Bedrohung durch einen kurdischen Staat. Vor allem aber betonte er, daß ohne die große Zahl der sunnitischen Kurden die sunnitischen Araber gegenüber den Schiiten in die Minderheit geraten würden.

Unter den Kurden gab es weder eine starke Persönlichkeit noch eine Gruppe, die auch nur im entferntesten in der Lage gewesen wäre, für ein gemeinsames Vorgehen zu sorgen. Abgesehen von den durchaus eigennützigen Bestrebungen eines Scheich Mahmud waren nationalistische Aktivitäten der Kurden beschränkt. Städtische Kurden waren eher geneigt, ihre Hoffnungen auf die Briten zu setzen, als sich den Initiativen von Stammesführern anzuschließen. Es gab zwar einzelne kulturelle Gesellschaften, aber ihr Wirkungsgrad war begrenzt. Mangelte es generell in Südkurdistan an nationalem Selbstbewußtsein, so bildete Sulaimaniya eine Ausnahme. Die Stadt war das Zentrum des Baban-Emirates gewesen, das sich bis zur Mitte des 19. Jahrhunderts eine gewisse Autonomie hatte erhalten können. Zu Beginn des 20. Jahrhunderts gab es noch eine lebendige Erinnerung an vergangene kurdische Macht. In Botan, dem Stammland der Bedir Chans, waren die Fürsten vertrieben worden, und ihre Hauptstadt war zur Bedeutungslosigkeit herabgesunken. Dagegen waren etliche Baban in Sulaimaniya geblieben. Der Kurdenexperte Edmonds beschrieb die weitverbreitete Überzeugung der Einwohner Sulaimaniyas, daß ihre Stadt dazu bestimmt sei, die Hauptstadt eines kurdischen Staates zu werden.[3]

Nach dem Sieg über Mahmud und noch vor seiner Entlassung im Jahre 1920 richtete Soane eine Verwaltung in Süd-Kurdistan ein. Der Sorani-Dialekt wurde als offizielle Sprache gefördert; eine Zeitung in dieser Sprache wurde gegründet, eine Grammatik und Lesebücher für Schulen wurden entwickelt. Ende 1920 wurde offensichtlich, daß Großbritannien im Begriff war, eine „nationale" Regierung im Mandatsgebiet anstelle der existierenden britischen Verwaltung einzurichten. Das führte dazu, daß Soanes Form der Verwaltung nicht mehr kompatibel war mit dem Konzept des neuen irakischen Staates. Während die irakische staatliche Autorität auf Kirkuk und Mosul ausgedehnt wurde, verblieb Sulaimaniya unter direkter britischer Kontrolle.

Die türkischen nationalen Kräfte unter Mustafa Kemal, welche die Rechtmäßigkeit des britischen Mandats in Süd-Kurdistan nicht anerkannten, ernannten ihre eigenen Vertreter für Mosul und entsandten Truppen, um einen Aufstand anzuzetteln. Sie setzten auf den „Heiligen Krieg", um die „Ungläubigen", d.h. die Briten, zu verjagen. Ihre Agitation trug Früchte unter zahlreichen Stämmen, die entweder durch religiöse Argumente überzeugt wurden oder sich in der Hoffnung auf einen Sieg der Türken diesen anschlossen. Die Kemalisten besetzten Raniya und Gebiete um Arbil, Kirkuk und Sulaimaniya, was die Briten zur Evakuierung veranlaßte. Entgegen den Warnungen ihrer Vertreter vor Ort zögerte die Regierung Ihrer Majestät, Militär in den kurdischen Gebieten einzusetzen. Nach dem Rückzug der Griechen aus Kleinasien zeichneten sich Friedensverhandlungen ab; England war daher nicht geneigt, eine weitere Konfrontation mit den Türken zu riskieren, sondern wollte die Mosul-Frage durch Diplomatie lösen. Aus Mangel an Alternativen riefen die Briten Mahmud aus dem Exil zurück in der Hoffnung, daß seine Stellung das Nationalgefühl unter den Kurden stärken und der Kalifatspropaganda der Türken etwas entgegensetzen würde. Von Anfang an weigerte sich Mahmud, irgendwelche Beschränkungen zu akzeptieren, erklärte sich selbst zum Herrscher von Kurdistan und übte Druck auf andere Stämme aus bzw. bestach sie, um sich ihre Gefolgschaft zu sichern.

Um der doppelten Gefahr zu begegnen, versprachen die britische und die irakische Regierung den Kurden eine eigene Regierung innerhalb der Grenzen des Irak. Damit war Zeit gewonnen, und die Mosul-Frage konnte auf die Friedensverhandlungen vertagt werden. Schließlich wurden die Türken zurückgedrängt und

Mahmud wurde in die Flucht geschlagen. Weil die Mosul-Frage auch in Lausanne nicht gelöst werden konnte, wurde sie an den Völkerbund verwiesen. Die vom Völkerbund nach Mosul entsandte Kommission (1925) befand, daß die meisten Einwohner der kurdischen Gebiete mit dem Schutz durch Großbritannien einverstanden waren und nicht unter türkischer Herrschaft leben wollten. Dies hatte zu tun mit den Entwicklungen in der Türkei, mit der Abschaffung von Sultanat und Kalifat; außerdem war während der Tätigkeit der Kommission der Scheich Said-Aufstand niedergeschlagen worden. Der Völkerbund sprach Mosul dem Irak zu unter den Bedingungen, daß das Gebiet 25 Jahre unter dem Mandat des Völkerbundes bliebe und die Wünsche der Kurden Beachtung finden müßten. Auf die erste Bedingung sollte verzichtet werden, wenn der Irak Mitglied des Völkerbundes würde. Der Spruch des Völkerbundes besiegelte das Schicksal Süd-Kurdistans. Angesichts der Versprechungen Großbritanniens und Iraks akzeptierten die Kurden – unter Zusicherung von Garantien bezüglich kultureller und administrativer Selbstverwaltung – ihre Integration in den irakischen Staat.

Der Vertrag zwischen Großbritannien und Irak aus dem Jahre 1930 beinhaltete keine Garantien kurdischer Rechte. Dies löste Unruhe unter den Kurden aus, die auf britischen Schutz vertraut hatten. In einer Petition an den Völkerbund (1930) empörten sie sich, daß sie „der Gnade der Araber" ausgeliefert waren, und forderten einen eigenen kurdischen Staat unter dem Mandat Großbritanniens oder einer anderen Macht.[4] 1932 erlangte der Irak als konstitutionelle Monarchie Unabhängigkeit und wurde Mitglied des Völkerbundes. Diese Unabhängigkeit bestand aber weitgehend nur auf dem Papier, denn die Briten behielten die Kontrolle über die Landesverteidigung und die Wirtschaft. Sie versuchten zwar, die irakische Regierung zu einer konzilianten Haltung in der Kurdenfrage zu bewegen, hielten sich aber letzten Endes aus der Innenpolitik heraus.

Die Geschichte der Kurden im Irak ist durch Extreme gekennzeichnet. Auf der einen Seite wurden die Kurden als ethnische Gruppe weitgehend anerkannt; im Unterschied zu den Kurden in der Türkei konnten sie sich kulturell und sprachlich frei ausdrücken und betätigen. Politisch verfügten sie über eine gewisse Repräsentation in der Hauptstadt, mochten die Einflußmöglichkeiten auch begrenzt sein. Obwohl man ihnen immer wieder Autonomie zusagte, wurde dies nie in vollem Umfang in die Tat umgesetzt. Auf der anderen Seite sind die Kurden in keinem der Nachbarstaaten einer solchen Repression bis hin zur Massenvernichtung ausgesetzt gewesen wie im Irak. Und nur hier sind die Kurden seit mehreren Jahren vom Zentralstaat mehr oder weniger unabhängig und haben eine „Regionale Regierung" etabliert, die sich zu einem de facto-Kurdenstaat entwickelt hat. Der grundlegende Konflikt besteht darin, daß Autonomie, lokale Herrschaft und Regionalismus der von allen irakischen Regimen praktizierten Politik und Ideologie einer zentralisierten und autoritären Herrschaft entgegenstehen.

Seit seiner Gründung hat der Irak eine Vielzahl und Vielfalt von Regierungen, Regierungssystemen und Ideologien erlebt. 1958 wurde die konstitutionelle Monarchie, in der zunehmend die Militärs die Oberhand gewonnen hatten, von General Abd al-Karim Qasim gestürzt und die Republik ausgerufen. So unterschiedlich die Regierungen und die von ihnen vertretenen Ideologien (Panarabismus, irakischer Nationalismus) waren, so verfolgten sie gegenüber den Kurden letztlich dieselbe Politik. Häufige Umstürze, die Ende der siebziger Jahre zur Machtergreifung Saddam Husains führten, haben an der Politik gegenüber den Kurden wenig geändert. Keine irakische Regierung war bereit, aufrichtige, substantielle und langfristige Konzessionen an die Kurden zu machen. Eine schwache Zentralregierung war jedoch gezwungen, mit den Kurden zu verhandeln. Dies war häufig der Fall in der Konsolidierungsphase einer neuen Regierung oder in Zeiten außenpolitischer Krisen und Bedrängnisse. Dann konnten die Kurden, jedenfalls kurzfristig, Einfluß gewinnen und durch innere und äußere Bündnisse der Regierung gefährlich werden, so daß diese anstatt eines harten Vorgehens versuchte, den Kurden entgegenzukommen. Das Muster ähnelte sich sehr: Jede neue Regierung hofierte die Kurden, die sich bereitwillig auf eine Kooperation einließen. Saß man fest im Sattel, wurden die Kurden als Bündnispartner nicht mehr benötigt und fallengelassen bzw. als lästige Bittsteller beiseite geschoben.

Die Verhandlungen Bagdads mit den Kurden beinhalteten meist ein kurzfristiges Tauschgeschäft: einige Versprechungen, Zugeständnisse und etwas Geld; ansonsten wurden verschiedene kurdische Gruppen gegeneinander ausgespielt. Auf diese Art und Weise konnten die Regierungen genügend Zeit gewinnen, um ihre eigenen Kräfte zu konsolidieren und dann eine harte Haltung einnehmen. Die am häufigsten gemachten und dauerhaftesten Konzessionen betrafen die Sprache. Zeitungen konnten gedruckt, wissenschaftliche Vereinigungen gegründet, und es konnte in kurdischer Sprache unterrichtet werden. Es ging dabei in erster Linie um die südlichen Teile Kurdistans, wo Sorani schon in der Mandatszeit eine gewisse Entwicklung als bevorzugte Sprache durchlaufen hatte.

In der Monarchie wurden die Stämme – wie schon in der Mandatszeit – weitgehend in ihrem Status quo belassen. Die Agas nahmen hoheitliche Aufgaben wie Steuereinziehung und Gerichtsfunktion wahr. Dieses Zugeständnis zwecks Konfliktvermeidung führte dazu, daß Reformen (z.B. eine Bodenreform) nicht durchgeführt werden konnten, weil dies unter den Großgrundbesitzern Widerstand hervorgerufen hätte. Die Integration von Agas in das politische System wurde durch ihre Wahl ins Parlament gefördert. Städtische Kurden nutzten Aufstiegschancen beim Militär. Angesichts ihrer starken Abhängigkeit von Großbritannien, Repression und Korruption, der Gegnerschaft zum Panarabismus und des sozioökonomischen Gefälles in der Bevölkerung war die Monarchie wenig populär. In den dreißiger Jahren bildeten sich zwei Hauptströmungen heraus, die Reformen und eine antiimperialistische Politik forderten. Neben einem irakischen Nationalismus, der demokratische und soziale Reformen sowie wirtschaftliche Unabhängigkeit anstrebte, übte die panarabische Idee eine große Anziehungskraft besonders auf Armeeoffiziere aus. Die Panarabisten versprachen sich von der Vereinigung arabischer Staaten eine Erneuerung der arabischen Nation.

1936 fand der erste Militärputsch – dem viele weitere folgen sollten – unter Führung eines kurdischen Offiziers namens Bakr Sidqi statt. Er war kein kurdischer Nationalist, sondern vertrat einen irakischen Nationalismus und zog damit die Kritik der Panarabisten auf sich. Gewissermaßen als Abwehrreaktion auf den Panarabismus gründeten bürgerliche Kurden die Vereinigung „Hoffnung" (*Hiwa*), die zunächst politisch kaum in Erscheinung trat. Hingegen forderte die Partei „Befreiung" (*Rizgari*) in ihrem Programm Unabhängigkeit für die Kurden. Solche Gruppierungen waren allerdings weder von langer Dauer noch konnten sie eine größere Anzahl von Kurden mobilisieren. Daher war die Kommunistische Partei im Irak (gegr. 1934) ein wichtiger Partner der bürgerlichen Kurden. Sie fühlten sich von dieser Partei angezogen, weil sie für Modernisierung, Fortschritt und die Rechte der Minoritäten eintrat und sich gegen Nationalismus wandte. Freilich war die Kommunistische Partei mit dem Problem konfrontiert, ob man der sozialen Frage Vorrang vor der nationalen einräumen solle – eine Frage, die für Kurden entscheidend war. Für die politisch aktiven städtischen Kurden, die keine Herausforderung für die Regierung darstellten, waren die Stämme noch keine Bündnispartner zur Durchsetzung politischer Ziele. Die Stämme im Norden des Irak waren ein potentieller Unruheherd. Eine ernsthafte Bedrohung für Bagdad wurden die Kurden– zunächst ohne Beteiligung der städtischen Kurden – erst mit dem Auftreten eines charismatischen Führers.

Mulla Mustafa Barzani, bis zu seinem Tod im Jahre 1979 die bekannteste Figur der kurdischen Bewegung, stand in einer Tradition von charismatischen Scheichs, die bereits im 19. Jahrhundert dank ihrer Vermittlerrolle zwischen streitenden Clans und Stämmen Einfluß gewonnen hatten. Nachdem Mustafas Bruder Ahmad einen Aufstand gegen die um Ausweitung ihrer Autorität bemühte irakische Regierung entfacht hatte und er mit Hilfe der Royal Air Force besiegt worden war, mußte seine Familie ihren Stammsitz Barzan verlassen und wurde in Sulaimaniya unter Hausarrest gestellt (1933). Hier ist Barzani wohl mit nationalistischem Gedankengut in Berührung gekommen. 1943 kehrte er in seine Heimat zurück. Die bald aufflammenden Aufstände unter Mulla Mustafa wurden zunehmend als Kampf um Autonomierechte begründet, obwohl es im wesentlichen immer noch um den alten Konflikt zwischen einer sich ausbreitenden Zentralregierung und lokalen Kräften ging, die sich dem widersetzten. Als es der Regierung nicht gelang, den Kampf militärisch für sich zu entscheiden, war sie gezwungen, mit Barzani zu verhandeln. Mit der Entsendung einer kurdischen Delegation – alle Mitglieder gehörten der damals wichtigsten Gesellschaft *Hiwa* an – unter Leitung des kurdischen Ministers Madschid Mustafa demonstrierte Bagdad seine Anerkennung Barzanis als kurdischen Führer. Mitglieder der Delegation stimulierten in der Gegend von Barzan nationalistische Aktivitäten und gingen von dort nach Mahabad, wo sie enge Verbindungen zur *Komala*-Führung (s. S. 148–151) knüpften. Möglicherweise beeinflußt von diesen Aktivitäten forderte Barzani in den Verhandlungen mit Madschid Mustafa einen kurdischen Bevollmächtigten in Bagdad und die Einrichtung kurdischer Distrikte in der Region Mosul. Die Regierung lehnte diese Forderungen ab und schickte eine Streitmacht in den Norden, die Barzani und seine Kämpfer nach Iran vertrieb. Dort schlossen sie sich dem Kampf in Mahabad an und verwandelten auf diese Weise ihre Flucht in eine heroische Tat. Dadurch avancierte Mulla Mustafa zum unumstrittenen Führer der irakischen Kurden.

Sowohl städtische intellektuelle Kurden als auch Stammesführer erhielten durch die Ausrufung der Republik von Mahabad starken Auftrieb. Den städtischen Kurden blieb freilich nicht verborgen, daß sich ihre Interessen nicht mit denen Barzanis deckten. Ebensowenig konnten sie übersehen, daß er die einzige kurdische Persönlichkeit war, die große Massen mobilisieren konnte. Mulla Mustafa mochte zwar einige nationalistische Anliegen in sein Vokabular aufgenommen haben, blieb aber im Grunde genommen ein typischer Stammeschef, dessen Macht auf seinen Kämpfern beruhte. Somit stellte er ein Hindernis dar für die Modernisierungswünsche der städtischen Kurden. Das Dilemma der kurdischen städtischen Nationalisten bestand darin, daß sie Barzani einerseits als nationalen Helden feiern mußten, andererseits mit seiner Scheich-Rolle und Politik durchaus nicht konform gingen.

Zudem fand eine Spaltung unter den städtischen Nationalisten statt, als aus Mahabad die Anweisung Barzanis kam, die Demokratische Partei Kurdistans (DPK) zu gründen und alle kurdischen Gruppen darin zu verschmelzen. Einige der städtischen Aktivisten hielten es für sinnvoller, sich mit der irakischen Opposition zu verbünden, die Demokratisierung und Minoritätenrechte anstrebte, als sich mit rückschrittlich-feudalen Kurden – so wurden Barzani und die Stämme gesehen – zusammenzutun. Diese Kurden waren stark beeinflußt von der Kommunistischen Partei und weigerten sich, der DPK beizutreten. Andere städtische Kurden hingen jedoch der Idee der kurdischen Einheit an und träumten von der Etablierung eines gemeinsamen Staates, eines Großkurdistan, das mit der Republik von Mahabad der Realität ein Stück näherzurücken schien. Diese Gruppierung konnte es sich nicht leisten, die Stämme zu ignorieren, da sie selbst nicht in der Lage war, größere Truppen zu mobilisieren. Barzani ließ sich in Abwesenheit zum Parteivorsitzenden küren, sein Vertreter wurde ein Sohn von Scheich Mahmud. Das städtisch-linke Lager war repräsentiert durch Hamza Abdullah, der Generalsekretär wurde. Das Programm der DPK war nationalistisch; es fehlten aber soziale und wirtschaftliche Forderungen, weil man befürchtete, dadurch Stammeschefs und Großgrundbesitzer zu verprellen.

Barzanis Aktivitäten wurde vorläufig ein Ende gesetzt, als Mahabad fiel und weder die irakische noch die iranische Regierung ihn und seine Kämpfer auf ihrem Territorium dulden wollten. Auf einem abenteuerlichen Marsch gelang es Mulla Mustafa und seinen Leuten, sich in die Sowjetunion durchzuschlagen, wo er für die nächsten zehn Jahre Asyl fand (1947–1958). Dies hätte das Ende Barzanis als Kämpfer für die kurdische Sache sein können, wenn nicht im Juli 1958 Militärs unter der Führung Qasims durch einen Putsch die unpopuläre Monarchie gestürzt hätten und ihnen der Kurdenführer nicht als willkommenes Werkzeug erschienen wäre.

Unter den Putschisten, die sich Freie Offiziere nannten, gab es zwei konkurrierende Strömungen. Ihre Exponenten waren Qasim, der sich einem irakischen Nationalismus verschrieben hatte, und Abd as-Salam Arif, ein begeisterter Panarabist. Das Bündnis dieser Gruppierungen, zu denen noch der *Baath* („Sendung", eine panarabisch orientierte, sozialistische Partei im Irak und in Syrien) kam, war aufgrund der ideologischen Unterschiede von vornherein brüchig. Qasim suchte daher nach Partnern, die ein Gegengewicht zu den Panarabisten (auch als Nasseristen bezeichnet) bildeten bzw. mit deren Hilfe er sich ihrer entledigen konnte. Dieses Gegengewicht fand er in Barzani und den Kurden.

Unterdessen war es einem linken Nationalisten, Ibrahim Ahmad, gelungen, Generalsekretär der DPK zu werden und die Partei auf seine Linie zu bringen (Barzani, der nominell Parteichef war, hielt sich nach wie vor im Moskauer Exil auf). 1953 nahm die DPK soziale Reformen in ihr Programm auf, u. a. eine Bodenreform. Dies machte die Partei für Bauern und Arbeiter attraktiv. Die Orientierung der Partei muß als Ausdruck der wirtschaftlichen Entwicklung und durch sie ausgelöster sozialer Spannungen, die sich auch in der kurdischen Gesellschaft bemerkbar machten, gesehen werden. In den dreißiger Jahren waren große Teile von Staatsland in private Hände gelangt. Die Großgrundbesitzer, zu denen auch prominente kurdische Familien zählten wie die Nachkommen von Scheich Mahmud Barzindschi, suchten ihre Macht gegenüber den Bauern mit Gewalt durchzusetzen. Der Widerstand der Bauern, der von der Kommunistischen Partei unterstützt wurde, zwang Mahmuds Sohn Scheich Latif, Zugeständnisse zu machen. Der sichtbare Wohlstand bestimmter Schichten führte zu einer Unzufriedenheit unter denjenigen, die an diesem Wohlstand nicht partizipierten. Die von hoher Arbeitslosigkeit geprägte wirtschaftliche Lage in den Städten Irakisch-Kurdistans sorgte für ein Potential an Leuten, die sowohl auf kurdischer Seite (*peschmerga,* „die vor dem Tod stehen", d.h. bereit sind, ihr Leben zu opfern, Guerillas) als auch auf staatlicher Seite (von ihren Gegnern als *dschahsch,* „junge Esel", geschmäht, von der Regierung als *fursan,* „Helden", verklärt) als Kämpfer eingesetzt werden konnten.

Ibrahim Ahmad versicherte Qasim nach dem Putsch kurdischer Kooperation. In der provisorischen Verfassung wurden Araber und Kurden als gleichberechtigte Partner bezeichnet. Mit kurdischer Hilfe konnte Qasim seine Bündnispartner, Panarabisten und Baathisten, von der Macht entfernen. Als die Kurden ausgedient hatten, suchte er einen Keil zwischen ihre konkurrierenden Gruppierungen zu treiben. Barzani konnte seine Führungsposition stärken durch Ausschaltung der städtischen Kurden, verkörpert durch Ibrahim Ahmad und dessen Schwiegersohn Dschalal Talabani. Diese wiederum hatten sich schneller als Barzani gegen Qasim gestellt, weil sie erkannt hatten, daß seine Avancen gegenüber den Kurden keine wirklichen Vorteile brachten. Mit der Zeit wurde die Macht Barzanis für Bagdad bedrohlich. Ab 1960 betonte Qasim das Ziel, die Kurden zu integrieren. Zahlungen an Barzani wurden eingestellt, und ihm feindlich gesonnene Stämme wurden mit Waffen und Geld unterstützt. Von den Verlautbarungen, die Araber und Kurden seien Partner, war nichts mehr übrig geblieben.

Der Zeitraum von Anfang der sechziger bis Mitte der siebziger Jahre war geprägt durch fast ununterbrochene Kämpfe zwischen Kurden und der Regierung. Der erste Aufstand ging von Agas aus, die gegen die Landreform revoltierten (1958). Erst nachdem die Regierung eines der Barzani-Dörfer angriff, schloß sich auch dieser mit seinen Stämmen der Rebellion an. Qasims Versuch, alle gegeneinander auszuspielen, war im Endeffekt erfolglos und führte zu seiner Isolierung. 1963 taten sich seine Gegner zusammen, um ihn zu stürzen. Der Coup brachte den *Baath* und die Nasseristen mit Arif an der Spitze an die Macht. Während es unter den Kurden zum offenen Kampf zwischen Talabani und Barzani kam, verhandelte die neue Regierung mit Barzani über einen Waffenstillstand.

Es ist bezeichnend für die Kurdenfrage im Irak, daß es keine klaren Fronten und dauerhaften Allianzen gab; der Feind von gestern konnte der Partner von morgen sein. Die Differenzen zwischen den „Stammes-Kurden" Barzanis und den in der DPK organisierten Kurden um Ibrahim Ahmad und Dschalal Talabani wurden nur kurzfristig beigelegt. Letztlich verwandten die verschiedenen kurdischen Gruppen mehr Energie darauf, sich gegenseitig zu bekriegen als den Kampf gegen die irakische Regierung zu führen. Diese setzte ihrerseits alles daran, den „Bruderkampf" unter den Kurden anzuheizen. Von dem Friedensabkommen mit Arif (1963) profitierte nicht die kurdische Bewegung, sondern allein Barzani durch Geld und Waffenlieferungen. Dadurch gelang es ihm, Ahmad und Talabani auszuschalten und seine Kontrolle über die DPK wieder zu stärken.

Im Frühjahr 1966 wurden die Regierungstruppen und die mit ihnen verbündeten Kurden der Ahmad-Talabani-Fraktion von Barzani vernichtend geschlagen. Dies bildete den Hintergrund für den bislang weitestgehenden Versuch im Irak, die Kurden politisch mit gleichen Rechten auszustatten, was – bei Erfolg – dem Staat einen binationalen Charakter verliehen hätte. Ein gemäßigter Nationalist, Abd ar-Rahman al-Bazzaz, der seit dem Eintritt einer ganzen Reihe von Zivilisten in das Kabinett als Ministerpräsident amtierte, war bemüht, den Kurden entgegenzukommen. In einem Abkommen zwischen Barzani und al-Bazzaz wurde einer alten kurdischen Forderung nachgegeben. Danach sollten die überwiegend kurdischen Teile von der Provinz Mosul abgetrennt und zu einer neuen Provinz Dohuk zusammengefaßt werden. Aber das Militär, das seit jeher eine politische Lösung der Kurdenfrage bekämpfte, setzte sich gegen al-Bazzaz durch, der – vor allem nach dem Tode Präsident Arifs (April 1966) – keine Hausmacht hatte.

Im Juli 1968 erlangte der *Baath*, gestützt auf das Militär, die alleinige Macht. Die Partei mit ihrer arabisch-nationalistischen Ausrichtung war für die Kurden ein schwieriger Gegenspieler, zumal sie weder Barzani noch die DPK als Vertreter der Kurden für legitimiert hielt. Wie unter allen neuen Machthabern gab es zunächst Zuckerbrot für die Kurden: Kurdisch sollte an Schulen unterrichtet werden, eine kurdische Universität in Sulaimaniya gegründet und *newroz* (das von den Kurden gefeierte iranische Neujahrsfest) als offizieller Feiertag anerkannt werden (1970). Durch die Ernennung von kurdischen Ministern versuchte der *Baath* die Kurden einzubinden und erklärte sich bereit, die von al-Bazzaz 1966 angekündigten Konzessionen in die Tat umzusetzen. Damit suchte die Regierung die Kurden um Talabani und Ahmad, die dem *Baath* ideologisch nahestanden, an sich zu ziehen und Barzani auszubooten. Während beide darum bemüht waren, durch gute Beziehungen zu den Baathisten ihre Positionen zu stärken, wollte Barzani eine Zusammenarbeit mit den Machthabern nur eingehen, wenn diese ihre Kooperation mit Talabani und Ahmad aufgaben. Die Versprechungen von 1970 waren aber gleichzeitig ein Mittel, mit dem man hoffte, Barzanis Stellung zu schwächen, d. h. einen Keil zwischen die beiden wichtigsten Kurdenorganisationen zu treiben. Barzani demonstrierte seine Überlegenheit, indem er Regierungstruppen und die Ölanlagen um Kirkuk angriff. Nach zähen Verhandlungen kam es zu einem Abkommen (11. 3. 1970), das für die kurdische Seite Barzani und für die Regierung Saddam Husain – damals Vizepräsident – unterzeichneten. Das Abkommen umfaßte u. a. die Anerkennung des Kurdischen als offizieller und Unterrichts-Sprache und die Teilhabe der Kurden an Verwaltung und Regierung, insbesondere die Vergabe der wichtigen Posten in kurdischen Gebieten an Kurden – Elemente einer Regelung, die einer Autonomie nahekamen. Aber Bagdad hielt sich nicht an seine Zusagen. Eine wesentliche Bestimmung des Abkommens, welche die Selbstverwaltung der kurdischen Gebiete betraf, wurde von der Regierung ausgesetzt. Auf Barzani und seinen Sohn Idris wurden Anschläge verübt, die jedoch mißlangen. Danach fühlten sich die Kurden nicht mehr an das Abkommen gebunden.

In den sechziger Jahren wurde Iran zu einem wichtigen Faktor in der irakischen Kurdenfrage. Hintergrund war der ungelöste

Konflikt über die Grenzziehung im Schatt al-Arab, dem gemeinsamen Mündungsstrom von Euphrat und Tigris. Um Bagdad zu schwächen, ließ Iran Barzani Geld und Waffen zukommen. Anfang der siebziger Jahre signalisierte der Schah seine Bereitschaft, die Unterstützung der Kurden einzustellen, wenn der Irak der von Teheran angestrebten Revision des Vertrages von Saadabad (v. a. die Grenzziehung im Schatt al-Arab betreffend) zustimme. Der Abschluß eines Freundschaftsvertrages des Irak mit der Sowjetunion (April 1972) und die Verstaatlichung der Ölindustrie riefen die USA auf den Plan, die in den Kurden ein Mittel sahen, um den Irak zu destabilisieren. Jede Seite gab der anderen die Schuld an der verfahrenen Lage: Die Regierung beschuldigte Barzani, Beziehungen zu feindlichen Mächten (Iran, USA) aufgenommen zu haben; die Kurden konterten mit dem Vorwurf, daß wesentliche Punkte des Abkommens nicht verwirklicht worden seien.

Wohl in dem Gefühl, mit den USA einen starken Verbündeten im Rücken zu haben, ging Barzani in seinen Forderungen weiter. Sie liefen auf eine Föderation hinaus, innerhalb derer die Kurden in den mehrheitlich von ihnen bewohnten Gebieten einschließlich der Ölregion um Kirkuk, das die Hauptstadt der Kurden sein sollte, eine Selbstverwaltung hätten. Da dies für die Regierung unannehmbar war, reagierte sie mit dem Autonomiegesetz vom März 1974. Es stieß aber auf Ablehnung, denn es enthielt etliche Einschränkungen, die den Namen Autonomie nicht mehr gerechtfertigt erscheinen ließen. Allerdings plädierten führende Mitglieder der DPK, unter ihnen auch Barzanis ältester Sohn Ubaidullah, für eine Annahme des Gesetzes, weil sie die Konzessionen für das Äußerste dessen hielten, was Bagdad zuzugestehen in der Lage war.

Im nächsten Waffengang, der sich in den Jahren 1974 und 1975 ereignete, waren die kurdischen Kräfte den Truppen Bagdads zwar zahlenmäßig ebenbürtig, verfügten aber kaum über schwere Waffen wie z. B. Artillerie. Die eigentliche Stärke der Kurden machte ohnehin die Fähigkeit zum Guerilla-Krieg aus. Binnen kurzem besetzte die Armee einen großen Teil des Kurdengebietes, u. a. die Städte Amadiya und Rawanduz. Dies erregte Besorgnis in Iran, der prompt die Kurden u. a. durch die Eliminierung etlicher irakischer Flugzeuge entlastete. Aber das war zu wenig; für eine effektivere Stützung der Kurden gegen die irakische Übermacht (Panzer, Flugzeuge) wären größere Anstrengungen Irans nötig gewesen. Der Schah gewährte indes den Kurden gerade so viel Hilfe, daß sie zwar die irakische Armee beschäftigten, sie aber nicht hätten schlagen können. Der Irak lenkte auf der OPEC-Konferenz in Algier (März 1975) in der alten Streitfrage der Grenzziehung im Schatt al-Arab ein. Im Gegenzug für die Erfüllung seiner Forderung stellte Iran seine Unterstützung der Kurden ein. Das war das Ende des Krieges. Mehr als 100 000 Kurden, *peschmerga* und ihre Familien, zogen sich nach Iran zurück, wohin eine ebenso große Zahl von Kurden sich vor den Kämpfen geflüchtet hatten, während andere sich dem irakischen Militär ergaben.

Nun ging die Regierung daran, das von ihr einst angebotene, aber von den Kurden zurückgewiesene Autonomiegesetz umzusetzen. Die Gegner Barzanis wurden an der Regierung beteiligt; ein Kurde wurde Vizepräsident. Zugleich – und dies hatte nichts mit dem Gesetz zu tun – wurden Maßnahmen ergriffen, welche die Demographie Kurdistans veränderten. Hunderte von kurdischen Dörfern wurden zerstört, ihre Bewohner – die Zahl ging in die Hunderttausende – wurden in anderen Landesteilen angesiedelt. Durch administrative Manipulationen wurde versucht, überall eine arabische Bevölkerungsmehrheit sicherzustellen, gewissermaßen eine Arabisierung der Kurden einzuleiten. Verhaftungen und Folter taten ein übriges, um diesen Maßnahmen Gewicht zu verleihen. Andererseits wurden Initiativen zu einer wirtschaftlichen Förderung der Kurdengebiete ergriffen, die durch den Ölboom möglich wurde. Die Infrastruktur wurde entwickelt, Fabriken, Schulen und Krankenhäuser wurden gebaut. Allerdings darf nicht übersehen werden, daß damit letztlich das Ziel verfolgt wurde, die Abhängigkeit des kurdischen Nordens von der Hauptstadt zu vergrößern.

Die Niederlage im März 1975 und die Flucht Mulla Mustafas nach Iran (von dort begab er sich zur Behandlung einer schweren Krankheit in die USA, wo er 1979 starb) bedeutete eine massive Schwächung der DPK, woraus sein alter Gegner, Dschalal Talabani, Vorteile zog. Noch im gleichen Jahr gründete er in Damaskus die Patriotische Union Kurdistans (PUK), die aus der Vereinigung zweier Gruppen mit sozialistischer bzw. marxistisch-leninistischer

Programmatik resultierte. Sie machte die „feudalistisch-tribalisti-sche" Führung der DPK verantwortlich für das Scheitern des Aufstands. 1976 nahm die PUK den Kampf gegen das Regime in Bagdad auf. Zur gleichen Zeit gingen die Söhne Barzanis, Idris und Masud, daran, die DPK zu reorganisieren. Die PUK erlitt 1979 einen Rückschlag, als ein Großteil der PUK-Kämpfer von Talabani abfiel und sich mit einer Abspaltung von der DPK zur Sozialistischen Partei Kurdistans vereinigte.

Zwischen 1979 und 1982 erreichten die Auseinandersetzungen zwischen den verschiedenen kurdischen Organisationen einen Höhepunkt. Idris Barzani agierte von Iran aus, wo er die nach dem Fall des Schah-Regimes etablierte Islamische Republik Iran im Kampf gegen die iranischen Kurden (Demokratische Partei Kurdistans in Iran, DPKI) unterstützte. Gegen Ende des Krieges mit dem Irak (s. u.) ließ Iran die Kurden fallen. Dies brachte die beiden zerstrittenen Hauptorganisationen der Kurden, die PUK und die DPK, wieder näher zueinander. Auf iranische Vermittlung trafen sich Barzani und Talabani Ende 1986 in Teheran, um ihre Fehde zu begraben. 1987 wurde eine Kurdistan-Front gebildet, der die beiden genannten Parteien sowie verschiedene Klein- und Splittergruppen angehörten.

Ein weiterer Faktor der wechselnden Fronten in der irakischen Kurdenfrage waren die „regierungstreuen" Kurden (*dschahsch* bzw. *fursan*). 1986 zählten sie 150 000–250 000 Mitglieder, das waren ca. drei mal soviel Mann, wie die kurdischen Organisa-tionen aufbieten konnten. Der größte Teil der *dschahsch/fursan* war schlecht ausgerüstet und sog. Landesverteidigungs-Bataillo-nen zugeordnet. Das System beruhte darauf, daß Stammesführer ihre waffentragenden Leute dem Staat meldeten und pro Mann eine bestimmte Summe erhielten, wobei die angegebenen Zahlen meist höher lagen als es der Realität entsprach. Diese Leute brauchten keinen Wehrdienst in der irakischen Armee abzuleisten. Außerdem verlangte ihnen der Dienst keine Kasernierung ab, so daß sie weiterhin ihren Brotberufen nachgehen konnten. Die Mitgliedschaft in den *dschahsch/fursan* bedeutete aber nicht eine generelle Loyalität gegenüber der irakischen Regierung. Vielmehr sympathisierten etliche mit einer der kurdischen Gruppierungen und unterstützten diese heimlich. Auch dem Regime war wohl klar, daß es mit der Zuverlässigkeit der *dschahsch/fursan* nicht weit her war. Entsprechend waren diese häufig ebenso betroffen von repressiven Maßnahmen (z. B. Deportationen) wie ein großer Teil der kurdischen Zivilbevölkerung.

Die Unterstützung eines Teils der irakischen Kurden für Iran vergalt Bagdad mit brutaler Gewalt. Ganze Dörfer wurden dem Erdboden gleichgemacht, Massenverhaftungen, Folter und Exekutionen waren an der Tagesordnung. Als im März 1988 iranische Truppen gemeinsam mit PUK-Kräften im irakischen Teil Kurdistans vorstießen und die Stadt Halabdscha besetzten, ging das Militär mit der tödlichsten Waffe vor, die es zur Verfügung hatte, mit Giftgas. Etwa 5000 Menschen, überwiegend Zivilisten, starben. Damit waren die Aktionen gegen die kurdische Bevölkerung, die den Charakter eines Vernichtungsfeldzuges hatten, nicht beendet. Auch in anderen Teilen Nord-Iraks wurde die „Operation Anfal" („Beute", nach dem Titel der Sure 8 im Koran) fortgesetzt. Die Menschen, die vor diesen Angriffen flohen, wurden von Truppen umzingelt, in Sammellager abtransportiert oder umgebracht. Frauen und Kinder waren davon nicht ausgenommen. Die Zahl der Toten, die zu beklagen waren, wird auf 150000–200000 geschätzt. Ca. 1,5 Mio. Menschen waren von Umsiedlungsaktionen betroffen. Diejenigen, die den Angriffen entkamen, flüchteten über die Grenze in die Türkei (mehrere zehntausend) und nach Iran (allein im Sommer 1988 ca. 100000). In der Türkei wurden die Flüchtlinge in Lagern untergebracht; trotz türkischen Drängens auf eine Rückkehr in den Irak zogen sie es vor, dort zu bleiben. Die Anfal-Kampagnen sind von der Organisation Human Rights Watch als Genozid eingestuft worden. Obwohl die außerordentlich zerstörerische Natur der irakischen Angriffe außer Frage steht, ist die Verwendung des Begriffes Genozid von Forschern mit Zurückhaltung aufgenommen worden.

Es gehört zu den bittersten Erfahrungen der jüngeren Geschichte, daß trotz des Vorgehens Bagdads – Halabdscha ist wie Srebrenica und My Lai ein Synonym für einen Massenmord unter der Zivilbevölkerung geworden – von der internationalen Gemeinschaft keine Maßnahmen zum Schutz der Kurden ergriffen wurden, weil der Irak im Krieg gegen Iran vom Westen unterstützt wurde. Erst nach dessen Ende äußerten westliche Regierungen ihre Besorgnis, vermieden jedoch eine Verurteilung Iraks, um Wirtschaftsaufträge im Rahmen des irakischen Wiederaufbau-

Programms nicht zu gefährden. Es blieb einigen nicht-staatlichen Organisationen vorbehalten, Aufklärung und Publizierung des Massenmordes an den Kurden im Irak zu betreiben. Auch deutsche Firmen wurden beschuldigt, Substanzen bzw. Geräte zur Herstellung chemischer Waffen geliefert zu haben.

Ein weiteres Kapitel der Geschichte der Kurden begann mit der Invasion und Vertreibung der irakischen Streitkräfte aus Kuwait in den Jahren 1990/91. Beim Truppenaufmarsch der USA am Persischen Golf hielten sich die Kurden zunächst zurück. Zum einen mußten sie darauf bedacht sein, nicht als Anhängsel der Alliierten zu einem Zeitpunkt zu erscheinen, als das Vorgehen insbesondere der Amerikaner Kritik in der arabischen Welt auslöste. Zum anderen war die Erinnerung an die Ereignisse von 1988 noch zu frisch. Der Aufruf des amerikanischen Präsidenten George Bush zum Sturz Saddam Husains veränderte die Situation. Zweifel, daß ein Aufstand gegen Bagdad nicht die Unterstützung der Golf-Koalition habe, wurden spätestens durch den Sieg über die irakischen Streitkräfte zerstreut. Die Erhebung war nicht eigentlich geplant, sondern in ihr entlud sich die Wut der kurdischen Bevölkerung über die jahrelange Repression durch Bagdad. Die kurdische Führung, die sich bislang Zurückhaltung auferlegt hatte, konnte gar nicht anders als dem eruptiven Widerstand der Bevölkerung zu folgen. Dabei spielten die *dschahsch/ fursan* eine entscheidende Rolle. An etlichen Orten übernahmen nämlich sie und nicht die Kurdistan-Front die Kontrolle und stellten durch Verhandlungen den friedlichen Abzug der Regierungstruppen sicher, wobei kaum eine der *dschahsch/fursan*-Gruppen sich auf die Seite der Regierung stellte. Daß ihnen ein Generalpardon versprochen wurde, wenn sie sich der Erhebung anschließen würden, mag ihnen die Entscheidung erleichtert haben. Im März nahmen die Kurden die Stadt Kirkuk ein, deren Kontrolle schon immer eine ihrer Forderungen gewesen war.

Doch die Kurden (und die Welt) hatten die Rechnung ohne den Wirt, sprich Saddam Husain, gemacht. Nachdem die Erhebung der Schiiten im Süden niedergeschlagen worden war, wandte sich Bagdad gegen die Kurden. Allerdings war es nicht allein die Überlebensfähigkeit von Husain, die dem kurdischen Aufstand ein Ende bereitete. Obwohl die westlichen Führungsmächte der Koalition, d.h. die USA und Großbritannien, mehr oder weniger explizit das irakische Volk zum Aufstand gegen Saddam Husain aufgefordert und dadurch den Eindruck erweckt hatten, eventuell zugunsten der Husain-Gegner einzugreifen, blieben sie nunmehr passiv. Ein geschwächter, aber noch im Amt befindlicher Husain wurde einem Auseinanderbrechen des irakischen Staates vorgezogen, weil dies unabsehbare Konsequenzen für die Stabilität der Region gehabt hätte. Iran hätte versuchen können, sich seinen Teil vom Irak herauszuschneiden. Eine kurdische Revolte hätte die Türkei auf den Plan gerufen, weil sie möglicherweise mit einem Überschwappen der kurdischen Bewegung auf das eigene Territorium konfrontiert worden wäre. Darüber hinaus hätte die Türkei ihre alten Ansprüche auf die ehedem osmanische Provinz Mosul erneuern können – eine Furcht, die sich durch Erklärungen des türkischen Staatspräsidenten Süleyman Demirel im Jahre 1995 bestätigen sollte. In dieser Situation verfolgte die Türkei eine Doppelstrategie. Den Amerikanern wurde die Nutzung ihres Luftwaffenstützpunktes İncirlik bei Adana für Angriffe gegen den Irak gestattet. Der restriktive Kurs gegenüber der eigenen kurdischen Minderheit wurde etwas gelockert, sprach Präsident Özal doch von einer „Anerkennung" kurdischer Rechte, was auch immer dies konkret bedeuten würde.

Unter diesen Umständen hatten die Elitetruppen Saddam Husains, die Republikanische Garde, leichtes Spiel mit den Kurden. Ihrer Disziplin und überlegenen Ausrüstung hatten die Kurden nichts entgegenzusetzen, Kirkuk wurde zurückerobert. In wenigen Tagen befand sich ein großer Teil der kurdischen Bevölkerung des Irak auf der Flucht. Anfang April verurteilte der UN-Sicherheitsrat das irakische Vorgehen gegen die Kurden und forderte Bagdad zur Einstellung der Kämpfe auf. Kurden, die in die Türkei flüchten wollten, wurden an der Grenze zurückgewiesen, während Iran der Aufnahme der Flüchtlinge zustimmte. Erst nachdem Kritik an der türkischen Weigerung laut geworden war, erklärte die Türkei ihr Einverständnis, die inzwischen auf eine halbe Million angewachsene Zahl von Flüchtlingen hereinzulassen. Gleichzeitig wurde die vom türkischen Staatspräsidenten Özal propagierte Einrichtung einer Sicherheitszone (*safe haven*) im Nordirak akzeptiert. Irakischen Flugzeugen wurde ein Flugverbot nördlich des 36. Breitengrades (=kurdischer Norden) und südlich des 33. Breitengrades (zum Schutz der Schiiten eingerichtet) erteilt.

Abb. 3: Flüchtlingstreck irakischer Kurden nach dem Golfkrieg an der türkischen Grenze vor der Brücke Deştan über den Zab, März 1991

Es war die praktische Umsetzung der UN-Resolution 688 vom April 1991, in der der Sicherheitsrat die Unterdrückung der Zivilbevölkerung verurteilt hatte. Bald darauf begann die Rückführung der Flüchtlinge aus der Türkei.

Nicht zuletzt aufgrund der erbärmlichen Lage der Bevölkerung sahen sich die Kurden gezwungen, mit Bagdad zu verhandeln. Es muß daran erinnert werden, daß die Kurden nur eine, wenn auch die größte Oppositionsgruppe im Irak waren. 1992 hatte sich der Irakische Nationalkongreß konstituiert, dem die meisten Oppositionsgruppen angehörten und dessen Ziel ein demokratischer und föderaler Staat war. Die Entscheidung der Kurdistan-Front, auf eigene Faust, d.h. ohne Konsultation der nichtkurdischen Gruppen mit Saddam Husain zu verhandeln, schwächte die irakische Opposition. Die Gespräche drehten sich wie früher um das Ausmaß der Autonomie für die Kurdengebiete. Sie verliefen ergebnislos und waren begleitet von Zusammenstößen zwischen kurdischen Kämpfern und Regierungstruppen. Husain hoffte, die Kurden zu einer Lösung zwingen zu können; seine Forderung nach Ablieferung aller schweren Waffen wurde aber abgelehnt. Bagdad ging zu einer Politik des wirtschaftlichen Ausblutens über. Eine Blockade wurde verhängt, die zur Verknappung und Verteuerung von Benzin und Lebensmitteln führte. Die Zahlung der Gehälter kurdischer Staatsbediensteter wurde eingestellt. Das Ansehen der kurdischen Organisationen sank, weil sie von der Bevölkerung für die verheerende Versorgungslage mitverantwortlich gemacht wurden. Husain ging wohl davon aus – zu Recht, wie die Ereignisse zeigen sollten –, daß es früher oder später zu Konflikten unter den kurdischen Parteien käme, die diese zwingen würden, einen Modus vivendi mit ihm zu finden, und zwar zu seinen Bedingungen.

Mit der Etablierung der UN-Sicherheitszone, dem Abzug der irakischen Regierungstruppen und der Verhängung des irakischen Embargos erreichte ein kurdisches Gebiet zum ersten Mal eine international geduldete Autonomie (diese Region erstreckt sich auch südlich des 36. Breitengrades; sie reicht von Zachu im Nordwesten bis Halabdscha im Südosten). Die Kurden konnten diesen Zustand der De-facto-Unabhängigkeit – von ökonomischer Unabhängigkeit konnte und kann keine Rede sein – für ihre nationalistischen Ziele nicht nutzen. Dies lag zum einen an den Konkurrenzkämpfen der kurdischen Parteien, d.h. vor allem der DPK und der PUK, untereinander. Aber auch ohne diese Rivalitäten hätten die Chancen für eine gedeihliche Entwicklung des De-facto-Staates schlecht gestanden. Zwei Tatbestände waren von großem Einfluß: erstens gab es keine auswärtige Macht, die einen unabhängigen Kurdenstaat gewollt oder geduldet hätte. Was auch immer für und durch die Kurden erreicht werden konnte, konnte nur im Rahmen des irakischen Staates verwirklicht werden. Zweitens wäre Kirkuk mit seinen Ölanlagen die einzig mögliche wirtschaftliche Einkommensbasis für einen kurdischen Staat gewesen. Kirkuk sollte indes nach Ansicht auswärtiger Mächte irakisch bleiben. Anders ausgedrückt: Keine auswärtige Macht hätte die Übernahme Kirkuks durch die Kurden geduldet, da dies ein Angriff auf Iraks Lebensnerv gewesen wäre.

Was haben die Kurden aus dem äußerst begrenzten „Freiraum" ihres fragilen De-facto-Staates gemacht? Welches waren die Lebensbedingungen, oder besser Bedingungen ihres Überlebens? Die wirtschaftliche Lage bot und bietet wenig Anlaß zur Hoffnung, daß sich die Enklave in irgendeiner Weise als funktionsfähig erweisen könnte. Die in den beiden letzten Jahrzehnten vernachlässigte Agrarwirtschaft war durch die Politik der verbrannten Erde und Umsiedlung der Dorfbevölkerung in vielen Gegenden weitgehend zerstört. Seit Ende der achtziger Jahre war der Irak von ausländischen Lebensmittelimporten abhängig. Die durch den Ölboom ermöglichten Bau- und Modernisierungsprojekte der siebziger Jahre hatten nicht primär das Ziel verfolgt, die Infrastruktur kurdischer Städte zu modernisieren, sondern sollten die Loyalität und Abhängigkeit ihrer Bewohner vom Zentrum gewährleisten. Mangelwirtschaft war also vorprogrammiert, als die kurdischen Städte nach der Verhängung des Embargos von Bagdad abgekoppelt wurden. Die vielen arbeitslosen bzw. gehaltslosen Staatsbediensteten und Binnenflüchtlinge verschlimmerten die Lage. Schätzungen zufolge waren zeitweise 70% der Bevölkerung in der Schutzzone von humanitärer Hilfe (*Operation Provide Comfort*) abhängig. Die Gelder und Sachleistungen, die durch staatliche, nicht-staatliche und UN-Hilfsorganisationen nach Kurdistan fließen, haben – ungewollt – einen bedenklichen Effekt gehabt. Sie haben eine Wirtschaft hervorgebracht, die es vielen (Stammes-)Führern ermöglicht, ihre Macht durch Zugang zu diesen Ressourcen zu erhalten oder auszubauen. Die Hilfsorganisationen können nämlich nur durch lokale Mächte sicherstellen, daß ihre Leistungen bei den Hilfsbedürftigen ankommen. Die Lokalmächte ihrerseits herrschen in erster Linie durch Milizen, in denen ein beträchtlicher Teil der männlichen Bevölkerung sein Auskommen findet.

Diese Milizen gewährleisten Schutz und Ordnung. Es handelt sich teils um ehemalige *peschmerga*, teils um ehemalige *dschahsch/fursan*-Verbände, deren Führer ihre einstige Regierungstreue auf neue Patrone übertragen haben. Sie sind aber nicht immer standhaft, ein besseres Angebot an Leistungen kann ihre „Treue" leicht ändern. In der Regel sind sie einer Partei loyal bzw. bieten ihre Dienste einer Partei an und erhalten einen kargen Lohn. Dafür sichern sie sich aber einen Zugang zu und Anteil an den Hilfsgütern bzw. den Verteilernetzen, die durch die Partei organisiert sind. Die Parteien selbst sind gewissermaßen Patrone geworden, und ihre Machtbasis ist klientelistisch aufgebaut.

Die kurdischen Parteien beschlossen, im Mai 1992 ein Parlament und eine Führung zu wählen. Der „Wahlkampf" drehte sich fast ausschließlich um Personen und nicht um Programme. Angesichts der katastrophalen Wirtschaftslage war es nicht verwunderlich, daß man entsprechend der Loyalität zu bestimmten Personen wählte, von denen bestimmte Leistungen und Dienste erwartet wurden. Barzanis „Autonomie für Kurdistan, Demokratie für Irak" und Talabanis Autonomie für die Kurden innerhalb eines föderalen Irak unterschieden sich nicht wesentlich voneinander. Dies war eine realistische Einschätzung der Möglichkeiten insofern, als weder die Türkei noch Iran eine vollkommene Loslösung der Schutzzone vom Irak geduldet hätten. Die drittgrößte Gruppierung ist die „Islamische Bewegung Kurdistans", die von Iran unterstützt wird. Die Wahlen verliefen trotz ungünstiger Ausgangsbedingungen weitgehend friedlich und ohne nennenswerte Unregelmäßigkeiten. DPK und PUK erreichten zusammen fast 90% der Stimmen, wobei die Partei Talabanis nur etwas weniger als 2% hinter der DPK zurückblieb. Im Parlament hatten die beiden Parteien jeweils 50 Sitze, während 5 Sitze für zwei Parteien der assyrischen Christen unter den Kurden reserviert waren.

Eine „Kurdische Regionalregierung" (*Kurdistan Regional Government*) wurde gebildet, die zu gleichen Teilen mit Mitgliedern der DPK und PUK besetzt war. Ging ein Ministeramt an ein Mitglied der einen Partei, mußte sein Stellvertreter der anderen Partei angehören. Dieses Proporz-System, das in den meisten Verwaltungszweigen eingeführt wurde, hat die Handlungsfähigkeit der kurdischen „Regierung" erheblich beeinträchtigt. Schwerwiegender war indes die Tatsache, daß die Parteispitzen sich weigerten, Macht an die gewählten Vertreter abzugeben bzw. sich selbst in die demokratischen Strukturen einzugliedern, da sie dadurch ihre Eigenständigkeit eingebüßt hätten. So blieben die Parteizentralen die bestimmenden Faktoren im Tagesgeschehen, was großen Raum für Fehler, Versäumnisse und Korruption eröffnete.

Diese Zweiteilung setzte sich in anderen Bereichen fort. Die alten Rivalitäten zwischen Barzani und Talabani, kulturell-sprachliche Unterschiede zwischen Kurmandschi- und Sorani-Sprechern, ideologische Differenzen zwischen traditionalistischen und progressiven Kräften ließen keine übergreifenden Strukturen und Loyalitäten aufkommen. Und doch reichen diese Faktoren nicht aus, um die Konflikte in dem fragilen kurdischen Gebiet zu erklären. Die Bruchlinien zwischen beiden klientelistischen Organisationen verlaufen nicht mehr ausschließlich entlang ideologischer Unterschiede wie traditionalistisch/progressiv oder sozialer Zugehörigkeit. Vielmehr sind die Parteien in der Lage, Stammesangehörige und Städter zugleich anzuziehen. Dies deutet eher darauf hin, daß Stammesloyalitäten durch die Parteien teilweise überwunden werden. Welchen Einfluß diese Widersprüchlichkeiten auf die Entwicklung kurdischer nationaler Identität haben, bleibt abzuwarten.

Wovon existiert ein „Staat", in dem wegen der zusammengebrochenen Wirtschaft und der extrem hohen Arbeitslosigkeit nicht an eine Besteuerung zu denken ist? Neben der humanitären Hilfe waren die Haupteinnahmequellen die Zölle, die auf Importe und Schmuggelwaren an den Grenzübergängen zur Türkei und zu Iran erhoben wurden. Die eingenommenen „Steuern" flossen zumeist in die Kassen der Parteien oder in die Taschen örtlicher Führungspersönlichkeiten. In der Kontrolle über die Grenzübergänge und damit die Einnahmen lag auch die Hauptursache für die häufigen Kämpfe zwischen DPK und PUK. Ein Abkommen über eine „Demilitarisierung", das in Dublin im August 1995 von beiden Parteien unterzeichnet wurde, schlug fehl. Schmuggel sicherte zum einen das Überleben der Menschen im Nordirak, war zum anderen aber gleichzeitig verantwortlich für bestimmte Engpässe oder Mängel. So wurde z.B. ein Teil der Getreideernte 1992 und 1993 in den Irak außerhalb der UN-Schutzzone geschmuggelt, weil Bagdad einen höheren Preis bot.

Welches waren die außenpolitischen Optionen? Von Saddam Husain – er konnte der Selbstzerfleischung der Kurden untereinander zuschauen – war kein ernsthafter und vertrauenswürdiger Beitrag zu einer Lösung zu erhoffen, solange keine auswärtige „Garantiemacht" auftrat. Die Lebensfähigkeit der kurdischen Enklave hing (und hängt) von der Türkei ab, weil über ihr Territorium die meisten Hilfslieferungen kommen und sie der Einflußnahme westlicher Staaten zugänglicher ist als Iran. Während Barzani zögerte, setzte Talabani auf die türkische Karte. Seinem Drängen auf ein Engagement Ankaras im kurdischen Norden Iraks erteilte die türkische Regierung jedoch eine Absage und verständigte sich mit Iran und Syrien darauf, die Unverletzlichkeit der irakischen Grenzen anzuerkennen. Das bedeutet aber nicht, daß es nicht zu einer gelegentlichen Zusammenarbeit Ankaras mit den kurdischen Parteien gekommen wäre. DPK und PUK beteiligten sich – nicht immer gemeinsam und gleichzeitig – an türkischen Militäroperationen gegen die PKK im türkisch-irakischen Grenzgebiet. Die Türkei unterstützte ihrerseits die kurdische Administration in Arbil finanziell, was einer gewissen Anerkennung ihrer Autorität gleichkam. Ankara vermittelte zudem Waffenstillstände zwischen PUK und DPK; es hat ein Interesse an einer Sicherheitszone – ähnlich der israelischen im Südlibanon –, die von ihr genehmen und wirtschaftlich abhängigen kurdischen Gruppen kontrolliert wird, um so PKK-Aktivitäten auf irakischem Boden das Wasser abzugraben.

Der Dauerkonflikt zwischen DPK und PUK war 1996 Anlaß für die erste größere irakische Militäraktion seit 1991. Offiziell wurde sie von Bagdad mit der Abwehr iranischer Aktivitäten (zugunsten der PUK) und einem Hilfeersuchen der DPK begründet. Irakische Truppen besetzten Arbil; es kam zu Kämpfen zwischen DPK und PUK; DPK-Kräfte nahmen Sulaimaniya ein, die Hochburg der PUK. Bald nach dem Rückzug der irakischen Truppen gelang es der PUK, die Stadt zurückzuerobern. Im Mai 1997 unternahm die Türkei einen ihrer häufigen Vorstöße in den Nordirak, um dortige PKK-Stützpunkte zu zerstören. Gleichzeitig waren DPK- und PKK-Kämpfer in Kämpfe verwickelt, wobei letztere von der PUK unterstützt wurden. Die PUK ihrerseits konnte auf den Beistand Irans rechnen, war aber zur gleichen Zeit mit der von Iran unterstützten islamistischen Gruppierung unter den Kurden über Kreuz; die DPK konnte auf die Hilfe Bagdads zählen. Da im Nord-Irak so viele Akteure mitspielen, sind die Kombinationsmöglichkeiten entsprechend zahlreich, Kooperationen und Allianzen von beschränkter Dauer und Voraussagen über die Entwicklung schwer zu treffen.

Im September 1998 erklärten Barzani und Talabani in einem gemeinsamen Kommuniqué in Washington ihre Bereitschaft zu einer Versöhnung der verfeindeten Parteien und zu einer friedlichen Beilegung ihrer Differenzen. Darüber hinaus bekannten sie sich zur „territorialen Integrität und Einheit" des Irak. Mit der „Operation Iraqi Freedom", d.h. der Invasion von Truppen mehrerer Staaten unter Führung der USA, und dem Fall des Regimes von Saddam Husain nahm die Situation der Kurden im Irak eine unvorhergesehene Wende zum Besseren. Relativ stabile politische Verhältnisse und eine günstige Wirtschaftsentwicklung (Öl, Landwirtschaft, Bauboom) machten die mit Autonomiestatus ausgestatteten kurdischen Gebiete im Nordirak fast zu einer Oase des Friedens in einem ansonsten von Krieg und Terror heimgesuchten Land. Nach 2003 gelangten die ehedem meist zerstrittenen Parteien DPK und PUK zu einem Gleichgewicht der Kräfte, indem Masud Barzani zum „Präsidenten Kurdistans" (daneben gibt es einen Premierminister) und Dschalal Talabani zum Präsidenten des Irak gewählt wurde. Die Machtbalance zwischen PUK und DPK dürfte aber durch die Ergebnisse der Regionalwahlen im Juli 2009, insbesondere die Verluste der PUK und den Einzug von Oppositionsparteien ins Regionalparlament (mit Sitz in Erbil), gestört worden sein; eine Verringerung des Gewichts der Kurden in der Bagdader Zentralregierung könnte die Folge sein. Zudem wird Talabani nach Ablauf seiner Amtszeit (2010) nicht mehr für das höchste, allerdings weitgehend repräsentative Staatsamt kandidieren, das wohl sunnitische Araber für sich reklamieren werden. 2010 wird auch insofern ein kritisches Jahr, als die inoffizielle Schutzmacht der Kurden, die USA, in diesem Jahr einen Teil ihrer Truppen abziehen wollen. Die 2009 verabschiedete Verfassung des kurdischen Bundesstaates gewährt den Minderheiten (v.a. muslimische Araber und Turkmenen, daneben christliche Assyrer u.a.) kulturelle Rechte und teils Selbstverwaltung. Andererseits gibt es

Spannungen zwischen Arabern, Kurden und Turkmenen im ölreichen Kirkuk; die Stadt ist auch Streitobjekt zwischen der RRKI und der Zentralregierung in Bagdad. Zwar haben sich die Beziehungen zwischen der RRKI und der Türkei, nicht zuletzt dank einer starken wirtschaftlichen Verflechtung, entkrampft, aber nach wie vor beobachten der nördliche Nachbar und Iran die Entwicklung Irakisch-Kurdistans mit Argusaugen, weil der Autonomiestatus als Ausgangspunkt für Unabhängigkeitsbestrebungen wahrgenommen wird.

11.
Die Kurden in Iran: Sprachliche Affinität und politische Konfrontation

Der Zusammenbruch der Safawiden-Herrschaft im ersten Drittel des 18. Jahrhunderts stürzte Persien in langjährige Wirren, die unter den Herrschern Nadir Schah (1736–1747) und Karim Chan Zand (1750–1779) nur teilweise eingedämmt werden konnten. Erst gegen Ende des 18. Jahrhunderts gelang es Aga Muhammad Schah, dem Begründer der turkstämmigen Dynastie der Qadscharen, den Zerfall zum Stillstand zu bringen und Persien ungefähr in den Grenzen des Safawiden-Staates (ausgenommen Afghanistan und den Kaukasus) zu einen. Im 19. Jahrhundert steigerte sich der Einfluß insbesondere Rußlands und Englands, die sich zahlreiche Wirtschaftsprivilegien und -monopole sicherten, bis zur Abhängigkeit. Teilweise in Reaktion darauf kam es zu Volksaufständen, während gleichzeitig westliches politisches Ideengut ins Land eindrang. Diese Entwicklungen gipfelten in der Einsetzung eines Parlaments, das 1906 eine Verfassung verabschiedete. Im Ersten Weltkrieg besetzten russisch-zaristische und britische Truppen Teile Irans. Die Verwaltung paralysiert, die Finanzen zerrüttet, die Versorgung der Bevölkerung zusammengebrochen, brachen Unruhen aus und machten sich separatistische Bestrebungen bemerkbar. Kämpfe unter den Stämmen trugen zu einer allgemeinen Anarchie bei.

In Kurdistan war das Chaos besonders ausgeprägt und begünstigte den Aufstieg Ismail Agas, der von den Angehörigen seines Stammes, den Schikak, Simko genannt wurde und über die Region

westlich und nordwestlich des Urmiya-Sees gebot. In den Kriegs-
jahren erreichte Simko eine weitgehende Selbständigkeit. Seine
Position wurde zusätzlich gestärkt durch seine Allianz mit dem
Naqschbandi-Scheich Taha in Schamdinan (im Dreiländereck
Iran-Türkei-Irak gelegen). Die Verbindung von Kurden über die
Staatsgrenzen Irans und des Osmanischen Reiches hinweg stellte
für Teheran naturgemäß eine Bedrohung dar. Großbritannien
favorisierte Simkos Einbindung durch die Übertragung regionaler
Autorität, um ihn so besser kontrollieren zu können. Es verwei-
gerte aber die Lieferung von Waffen, woraufhin er diese von der
national-türkischen Bewegung Mustafa Kemals erhielt. Zu Beginn
des Jahres 1920 fühlte sich die iranische Regierung stark genug,
gegen Simko vorzugehen; im Februar wurde er von Regierungstruppen geschlagen. Bereits wenige Monate später konnte er, mit
neuen Waffen versehen und einer wachsenden Zahl von Anhängern auch aus anderen Stämmen, seine Machtbasis wieder auf-
bauen. Die ihm zur Verfügung stehenden ca. 1500 Mann führte er
unter türkischer Flagge ins Feld, wodurch die Bedrohung iranischen Territoriums, insbesondere angesichts seiner Zusammenarbeit mit den Kemalisten, verdeutlicht wurde.

Im Februar 1921 ergriff Reza Chan, der Führer einer Kosaken-
brigade (seit 1878 Teil der iranischen Armee unter dem Kommando russischer Offiziere), in einem Staatsstreich die Macht in
Teheran; damit war das Ende der Qadscharen-Herrschaft ein-
geläutet. Er selbst übernahm die Funktionen des Kriegsministers
und Oberkommandierenden. Mit Hilfe der Armee wurde die
staatliche Autorität wiederhergestellt. Im Sommer 1922 wurde
Simko besiegt. Er floh in die Türkei und in den Irak, wo er versuchte, Unterstützung für seine Ziele zu gewinnen. 1924 wurde er
von Reza Chan begnadigt, weil man glaubte, daß er im Ausland
Iran mehr Schaden zufügen könne als im Lande selbst. Dies stellte
sich als eine Täuschung heraus, war Simko doch in kurzer Zeit
wieder obenauf. Er mußte aber erneut eine Niederlage einstecken
und setzte sich in den Irak ab. Schließlich wurde er unter dem
Vorwand einer Amnestie und dem Versprechen, ihn zum Gouverneur von Uschnaviya (Uschnuiye) zu machen, nach Iran gelockt
und getötet.

Was waren Simkos politische Kalküle und Impulse? Gewiß, er
sprach von Unabhängigkeit und vereinigte einige Stämme unter

seiner Führung. Sein Bündnis mit Scheich Taha verlieh ihm für kurze Zeit Einfluß über die Grenzen Irans hinaus. Ein politisch-programmatisches Fundament hatten diese Taten aber nicht. Abgesehen von einer Zeitung, die er herausgeben ließ, die aber kaum eine nationalistische Ausrichtung hatte, sind Stellungnahmen Simkos zu seinen Beweggründen nicht auf uns gekommen. Simko war ein typischer Stammeschef, ein Abenteurer, der Anhänger mobilisierte und Rivalen unterdrückte, wie dies auch andere Stammesführer, obwohl längst nicht so erfolgreich, getan hatten. Der Zulauf von anderen Stämmen, der ihn zeitweise zu einer regionalen Größe machte, ließ rasch nach, wenn sich Mißerfolge einstellten oder rivalisierende Stammesführer befürchteten, von einem übermächtigen Simko erdrückt zu werden. Selbst unter den Klanen der Schikak hatte er Gegner, die nur darauf warteten, sich mit einem anderen Stammeschef bzw. einer auswärtigen Macht zu verbünden, um ihn auszubooten. Simko war dem tribalen Milieu verbunden und machte aus seiner Geringschätzung für die städtisch-seßhafte Kultur keinen Hehl. Vielleicht war es dieser Stolz auf die Stammesherkunft, die ihn blind machte für ihre gravierenden Schwächen.

In den zwanziger und dreißiger Jahren änderte sich die Situation in Kurdistan. Wie Mustafa Kemal in der Türkei, so unternahm auch Reza Chan (ab 1925 Reza Schah Pahlawi) den Versuch einer sprachlichen und kulturellen Homogenisierung der Gesellschaft. Am dringlichsten war aus der Sicht des Staates die Zentralisierung, und das bedeutete die Unterdrückung tribaler Autonomie und die Beschränkung des Nomadismus. Eine wichtige Voraussetzung für die Fähigkeit des Staates, den Stämmen seinen Willen aufzuzwingen, war der Einsatz militärischer Technologie und entsprechend ausgebildeter Truppen. Weil sich die neu gewonnene Autorität des Staates nicht auf Anhieb durchsetzen ließ, spielte man zunächst das alte Spiel, nämlich Stämme bzw. innerhalb eines Stammes konkurrierende Führer gegeneinander auszuspielen: die unendliche Geschichte des Verhältnisses von Zentralmacht und Stämmen. Dabei waren die Grenzen Irans Vor- und Nachteil zugleich. Rebellierende Stämme konnten sich über die Grenze in den Irak absetzen, wenn ihnen die Expansion der Zentralmacht lästig wurde. Dadurch wurde eine kontinuierliche Kontrolle verhindert. Umgekehrt sickerten irakische Kurden durch die Grenze ein, um sich britischen Nachstellungen zu entziehen; diese Kurden konnten gegen die Interessen der Briten eingesetzt werden. Im Falle Scheich Mahmuds verfuhr man so: Als die Briten 1922 Simko im Irak Asyl gewährten, taten die Iraner mit Mahmud das gleiche. Mit anderen Worten: Die gegnerischen Seiten benutzten die Kurden dazu, sich gegenseitig Schaden zuzufügen.

Die Lebensweise nomadischer und halbnomadischer Stämme mit ihren saisonalen Wanderungen schuf Probleme für einen Staat, der sich daran machte, Militärdienst und regelmäßige Besteuerung durchzusetzen. Widerstand dagegen war weit verbreitet, insbesondere gegen den Versuch, Stammesangehörige ihrer Waffen zu berauben. Die Entwaffnung der Stämme in Grenznähe gestaltete sich am schwierigsten, konnten diese doch ihre Waffen in den Irak schaffen und bei nächstbester Gelegenheit wieder abholen. Teilweise ging die Regierung mit massiver Gewalt gegen die Stämme – beileibe nicht nur gegen kurdische, sondern auch turkmenische wie die Kaschgai – vor, wobei sie nicht – wie im Falle Simkos – vor der Liquidierung von Stammesführern zurückschreckte. Ein anderes Instrument des Staates, sich die Stämme gefügig zu machen, bestand in der Umsiedlung aus Kurdistan in andere Regionen Irans. Weitere Maßnahmen umfaßten die Konfiskation von Herden und die Beschränkung von Weidewanderungen. All das beeinträchtigte nicht nur das Stammesleben, sondern hatte auch Auswirkungen auf die Wirtschaft des Landes. In den Städten, die von den Lieferungen der viehzüchtenden Stämme abhängig waren, kam es zu Versorgungsengpässen.

Gegen Ende der dreißiger Jahre – etwa zeitgleich mit den Kurden in der Türkei – waren die Kurden in Iran weitgehend unterworfen. Zwar wurden Stammesstrukturen nicht gänzlich zerstört, aber die Bewegungsfreiheit der nomadischen Stämme war stark eingeschränkt. Die Macht der Stammesführer wurde gebrochen; ihr Einfluß beruhte nun hauptsächlich auf ihrem Landbesitz und ihren Verbindungen in der Hauptstadt Teheran. Auch außenpolitisch wurde versucht, die Kurden stärker zu kontrollieren. Der Vertrag von Saadabad (1937), in dem Iran, Irak und die Türkei gegenseitig ihre Grenzen anerkannten, richtete sich, ohne sie beim Namen zu nennen, gegen die Kurden.

Obwohl Iran im Zweiten Weltkrieg offiziell neutral war, unterhielt es enge Beziehungen zu Nazi-Deutschland. Nach dem deutschen Überfall auf die Sowjetunion wurden Teile des Landes von britischen und sowjetischen Truppen besetzt, was die Autorität der Teheraner Regierung erheblich schwächte. Reza Schah dankte zugunsten seines Sohnes Muhammad Reza Schah (regierte 1941–1979) ab. Die strategischen, wirtschaftlichen und politischen Interessen der Sowjetunion richteten sich besonders auf Nordwestpersien (=Süd-Aserbaidschan), das an die ASSR Aserbaidschan grenzte. Auf beiden Seiten der Grenze befanden sich reiche Ölvorkommen, an denen man sich die Bohrrechte sichern wollte. In Süd-Aserbaidschan förderten die Sowjets Autonomiebestrebungen; mit ihrer Hilfe wurde 1941 die kommunistische *Tudeh*-Partei gegründet. Die Unzufriedenheit in Aserbaidschan mit Teheran spielte den Sowjets in die Hände. Unter ihrem Schutz wurde 1945 die autonome „Aserbaidschanische Volksregierung" gebildet, welche die ausschließlich lokale Verwendung der eingenommenen Steuern und die Einführung des Aserbaidschanischen an den Schulen verkündete.

Ein Großteil Iranisch-Kurdistans, das administrativ zur iranischen Provinz Aserbaidschan gehörte, war zwar nicht besetzt worden, unterlag aber auch nicht der uneingeschränkten Kontrolle der Zentralmacht. Diesen Freiraum nutzte eine Gruppe von Kurden in der Kleinstadt Mahabad – Beamte, Kleinhändler, Offiziere und Lehrer – zur Gründung einer anfangs geheimen „Gesellschaft zur Wiedererweckung Kurdistans" (*Komala-i Dschiyanawa-i Kurdistan*, September 1942). Nach der Satzung war der Islam die offizielle Religion in Kurdistan. Dennoch waren die Beiträge in *Nischtiman* („Heimat"), dem Organ der Gesellschaft, überwiegend säkular ausgerichtet. Der Rekurs auf den Islam diente wohl als ein Mittel, um nicht von konservativen Kreisen als Atheisten abgestempelt zu werden. Gleichermaßen waren die Mitglieder der Gesellschaft bemüht, nicht als Kommunisten etikettiert zu werden. Dieser Vorwurf konnte erhoben werden, weil die *Komala* soziale Disparitäten in der kurdischen Gesellschaft, z.B. zwischen Bauern und Landbesitzern, ansprach. Solche Ungleichheiten waren für die *Komala* aber nicht Ausdruck von Klassenunterschieden, sondern Auswüchse individuellen Besitzstrebens, die durch ein „humaneres" Verhalten der Landbesitzer gegenüber den Bauern vermieden werden könnten.

Das Thema, das die *Komala*-Mitglieder in erster Linie beschäftigte, war die Bestimmung des Projekts Kurdistan. Mit wem und wie wollten sie ihre Ziele verwirklichen? Obwohl sich die Organisation islamisch gab, waren auch christliche Assyrer zugelassen. Stammesführer, Grundbesitzer und Großhändler spielten keine Rolle in der Gesellschaft. Wie ihre irakischen *Hiwa*-Kollegen waren die *Komala*-Leute mit dem Problem konfrontiert, daß die Verknüpfung von sozialen Reformen mit nationalistischen Bestrebungen unter anti-reformerischen Kräften wie den Stämmen auf Widerstand stoßen würde. Wurden diese Teil der nationalistischen Bewegung, so würde die soziale Komponente in Frage gestellt. Die *Komala* wollte Veränderungen bewirken mit einem zivil-politischen Programm unter Ausschluß militärischer Gewalt. Dies stellte die Gesellschaft vor ein Dilemma: Wollte sie Erfolg haben und ihre Ziele nicht nur in der Stadt, sondern auch auf dem Land durchsetzen, so würde sie ohne Unterstützung von Stammesführern nicht auskommen.

Der *Komala* schwebte ein Kurdistan vor, das über die Grenzen Irans hinausging. Sie unterhielt Kontakte zu Kurden in den Nachbarstaaten. Schon bei dem Gründungstreffen der *Komala* war ein irakisch-kurdischer Offizier, der Mitglied der *Hiwa* war, zugegen gewesen. 1944 trafen sich kurdische Aktivisten aus Iran, Irak und der Türkei im Dreiländereck auf dem Berg Dalanpur. Zu dieser Zeit entstand die Karte eines Groß-Kurdistans, die auf Vorarbeiten der *Choibun* beruhte und 1945 der konstituierenden Sitzung der Vereinten Nationen in San Francisco vorgelegt wurde. Auf dieser Karte umfaßte Kurdistan fast ganz Ostanatolien, berührte zwischen Adana und Iskenderun das Mittelmeer, besaß einen Küstenstreifen nördlich von Buschir in Iran am Persischen Golf und schloß große Teile Nordiraks, insbesondere die Ölgebiete um Mosul und Kirkuk ein.[1]

Die entscheidenden Impulse, die zur Ausrufung der Kurdischen Republik von Mahabad führten, kamen indes nicht so sehr von den *Komala*-Leuten als vielmehr von den Sowjets. Seit 1942 suchten diese die Kooperation mit kurdischen Notabeln und Stammesführern, um ihren Einfluß zu vergrößern und die Versorgung der Besatzungstruppen sicherzustellen. Sie nahmen Verbindung zur *Komala* auf, hofierten aber auch Stammesführer und Notabeln wie Qadi Muhammad, den prominentesten und einflußreichsten Mann in Mahabad. Qadi Muhammad, der unter kurdischen Führern durch seine Weltläufigkeit hervorstach, hatte die Besetzung Irans und den Zusammenbruch der Autorität der Regierung als Chance zur Machtexpansion begriffen. 1941 hatten die Engländer seine Bitte um Unterstützung für ein Kurdistan unter der Ägide Großbritanniens abgelehnt. Dagegen luden die Sowjets ihn und andere kurdische Führer nach Baku ein und präsentierten sich als Verfechter der Rechte von Minderheiten und der Selbstbestimmung der Völker.

Die Sowjets verstärkten ihre Initiative gegenüber den Kurden, nachdem Teheran die geforderten Ölkonzessionen 1944 abgelehnt hatte. In der Absicht, die *Komala* unter ihre Kontrolle zu bringen, bedrängten sie die Gesellschaft, Qadi Muhammad in ihre Reihen aufzunehmen. Zwar gab es Zurückhaltung in der *Komala*, weil man die Berührung mit den etablierten Machtgruppen und einen Verrat ihrer demokratisch-säkularen Prinzipien fürchtete. Die *Komala* hatte inzwischen eine breite Akzeptanz in der städtischen Bevölkerung gefunden und eine kritische Größe erreicht. Daher sah sie sich mehr oder weniger gezwungen, alternative Organisationsformen zu entwickeln und Qadi Muhammad als ihren Vorsitzenden zu akzeptieren. Die *Komala* trat ins Licht der Öffentlichkeit anläßlich einer Feier im April 1945, auf der eine kurdische Oper aufgeführt wurde. Die Hauptfigur war eine kurdische Mutter, die die kurdische Heimat symbolisierte. Sie wurde von drei fremden Männern (Türkei, Iran, Irak) drangsaliert und in Ketten gelegt, bis sie von ihren Söhnen gerettet wurde. Die Oper machte großen Eindruck auf das Publikum und stiftete ein Gemeinschaftsgefühl.

Im Herbst 1945 wurde die *Komala* – nicht ohne sowjetisches Zutun – in die Demokratische Partei Kurdistans in Iran (DPKI) umgewandelt. Als Ziele setzte sie sich die Autonomie der Kurden in Iran, lokale Verwendung der Steuereinnahmen, Kurdisch als Unterrichts- und Amtssprache sowie Förderung von Landwirtschaft und Bildung. Die Partei konnte in Mahabad und einigen anderen Städten wie Saqqez und Sardascht ihre Basis verbreitern. Nunmehr erhielten auch Landbesitzer und Stammesführer, herkömmlicherweise die Träger der Macht in Kurdistan, Einfluß in der DPKI.

Eine Entwicklung im Irak bescherte den Aktivisten in Mahabad eine unerwartete und nicht immer unproblematische Unterstützung. Nach einer Niederlage gegen Regierungstruppen sah sich Molla Mustafa Barzani gezwungen, den Irak zu verlassen. Mit ihm kamen ca. 1000 Bewaffnete und einige desertierte kurdische Offiziere der irakischen Armee, die auf Geheiß der Sowjets sich Qadi Muhammad zur Verfügung stellten, was eine beträchtliche Stärkung der Mahabader Bewegung bedeutete. Auf der anderen Seite stellten Barzani und seine Leute gleichzeitig eine Bedrohung und Belastung dar, weil ein starker Mann von außen wie Barzani die Machtkonstellation in Kurdistan veränderte und die Kämpfer und ihre Familien (in Mahabad wurde übrigens 1946 Barzanis Sohn, der heutige Kurdenführer Masud Barzani, geboren) versorgt werden mußten.

Unterdessen hatte die Agitation der Sowjets im iranischen Teil Aserbaidschans Früchte getragen. Im Dezember 1945 wurde die „Aserbaidschanische Volksregierung" in Tabriz etabliert. Die Kurden in Mahabad gingen noch einen Schritt weiter: Am 22. Januar 1946 rief Qadi Muhammad die „Republik Kurdistan" aus. Die Kleidung, die er bei dieser Gelegenheit trug, veranschaulicht die unterschiedlichen Elemente, die der Staatsgründung innewohnten: Auf dem Kopf trug er einen Turban, bekleidet war er mit einer Uniform in sowjetischem Stil. Die Sowjets gewährten den Kurden nur halbherzig Unterstützung. Einerseits hätten sie die Kurden lieber in die „Aserbaidschanische Volksregierung" eingegliedert gesehen, andererseits wußten sie, daß ein solcher Versuch von den Kurden nicht akzeptiert werden würde. Zwar erhielten die Kurden eine Druckpresse und Uniformen, aber so gut wie keine der versprochenen Waffen.

Die Gründung der Republik von Mahabad war das Werk der DPKI. Tatsächlich war die Übereinstimmung zwischen Staat und Partei sehr groß. Qadi Muhammad, Vorsitzender der DPKI, wurde durch das Parlament zum Präsidenten gewählt. Zwar übernahmen auch die Männer der ersten Stunde der *Komala* Ämter, aber die wichtigsten Positionen wurden von Notabeln und Stammesführern eingenommen. Am bedeutendsten waren die Leistungen während der kurzlebigen Republik im kulturellen Bereich. Kurdisch wurde Amts- und Unterrichtssprache. Dank der von den Sowjets zur Verfügung gestellten Druckpresse wurden Lehrbücher und Zeitschriften in kurdischer Sprache (Sorani) publiziert. Die kulturellen Erfolge, die zur Kohäsion unter städtischen

Schichten beitrugen, haben sich unter den Stämmen weit weniger als einheitsstiftende Momente ausgewirkt. Diese hielten nur so lange zu Qadi Muhammad, wie er der starke Mann war, der alle Fäden in der Hand hielt. Sobald offenbar wurde, daß die Sowjets ihre Unterstützung zurückzogen und die iranische Regierung wieder Herr der Lage wurde, mußten die Stammesführer zusehen, daß sie eine gute Ausgangsposition in ihrem Verhältnis zu Teheran erlangten. Eine der wichtigsten Stützen der Republik, Hama Raschid, zog sich schon Monate vor dem Fall Mahabads auf sein Land jenseits der Grenze im Irak zurück.

Mahabad (das Gebiet der Republik erstreckte sich von Baneh und Sardascht im Süden entlang eines schmalen Streifens an der irakischen und türkischen Grenze bis nach Maku und an die Grenze zur Sowjetunion) konnte nur so lange bestehen, wie die Sowjetunion ihre schützende Hand über die Aserbaidschanische Volksregierung hielt. Nachdem sie im Frühjahr 1946 die lang geforderten Ölkonzessionen in Nord-Persien erhalten hatte, zog sie ihre Truppen ab. Die Aserbaidschanische Volksregierung realisierte sofort, daß sie nunmehr auf sich allein gestellt war und trat in Verhandlungen mit Teheran ein. Im Juni wurde das Gebiet wieder unter die Kontrolle der Zentralregierung gebracht; die Führer der Volksregierung fungierten nun als iranische Beamte. Qadi Muhammads Bemühungen um eine Fortführung, ja sogar eine Ausdehnung der Republik scheiterten. Als die iranischen Truppen im Dezember 1946 in Aserbaidschan und Kurdistan Stellung bezogen, hatte er schon die Unterstützung der meisten Stämme verloren. Im Dezember 1946 wurde Mahabad kampflos eingenommen, Qadi Muhammad verhaftet und im März 1947 mit einigen Mitstreitern gehängt.

Mahabad wird häufig als der einzige kurdische Staat in der Geschichte bezeichnet. Diese Charakterisierung ist ziemlich ungenau und läßt einige Tatsachen außer acht. Zum einen war die Republik gewissermaßen ein Ableger der Aserbaidschanischen Volksregierung in Tabriz, zum anderen war sie praktisch ein Stadtstaat, oder besser: Städtestaat. Das politische Gebilde war nämlich begrenzt auf Mahabad selbst und einige andere städtische Zentren. Überwiegend kurdisch geprägte Städte wie Choi und Urmiya gehörten nicht dazu, weil sie auf dem Gebiet der Aserbaidschanischen Volksregierung lagen. Auf dem Lande, unter den Bauern hatte die Regierung in Mahabad nur begrenzt Autorität; dort hielten Stammesführer und Grundbesitzer militärisch und wirtschaftlich alle Fäden in der Hand. Die Mahabader Führung kam aus der Mittelschicht und den Reihen der Notabeln, Scheichs und Stammesführer; diese Heterogenität begünstigte Differenzen. Die einflußreiche Gruppe der reichen Bazarhändler (Sing. *bazari*) stand der Republik zwar reserviert gegenüber, zahlte aber nolens volens ihre Steuern, die einen beträchtlichen Teil der Staatseinnahmen ausmachten. In militärischer Hinsicht stützte sich die Regierung auf die Armee, Stammesangehörige und Barzani-Kämpfer. Das Potential der Stämme war zahlenmäßig und von der Bewaffnung her bedeutender als die Armee, was die problematische Abhängigkeit der Mahabader Regierung von den Stammesführern unterstreicht.

Das Ende der Republik von Mahabad war zugleich ein erheblicher Schlag für die DPKI. Indes war die kurdische Bewegung in Iran nicht erloschen. Einige Intellektuelle, Lehrer und Kaufleute bemühten sich darum, den Geist von Mahabad lebendig zu halten. Die Bedingungen für konkrete Aktivitäten waren aber nicht günstig. Zwar wurden die Ende der vierziger Jahre eingeschränkten demokratischen Freiheiten unter Ministerpräsident Muhammad Mosaddeq teilweise wieder gelockert, doch konnte die kurdische Bewegung wegen des zentralistischen Kurses der Regierung nicht davon profitieren. In den Wahlen zum Parlament (*madschlis*) 1952 gaben die Einwohner Mahabads ihre Stimmen ganz überwiegend einem Kandidaten, der DKPI-Mitglied war; seine Wahl wurde daher für ungültig erklärt. Nach dem Sturz Mosaddeqs (1953), der von den USA betrieben worden war, gerieten die marxistische *Tudeh*-Partei und die DPKI unter starken Druck. Die *Tudeh* akzeptierte die Forderung der DPKI nach Autonomie und Anerkennung kurdischer Identität. In den sechziger und siebziger Jahren sorgte das gemeinsame Schicksal von DPKI und *Tudeh*, nämlich Repression und Verbot, zusätzlich für eine starke Übereinstimmung. Etliche Mitglieder der beiden Parteien wanderten ins Gefängnis, wo marxistisches Ideengut die Auffassungen der DPKI-Leute beeinflußte.

Der Sturz der Monarchie im Irak 1958 blieb nicht ohne Auswirkungen auf die Kurden in Iran. Die Zugeständnisse der Regierung Qasim an die Kurden beunruhigten Teheran, weil man befürchtete, daß die Kurden in Iran Gleiches für sich verlangen könnten. Die repressiven Maßnahmen wurden verschärft, so daß die DPKI in den sechziger Jahren vom Irak aus operieren mußte. Die Rückkehr des „Mahabad-Helden" Barzani aus seinem Moskauer Exil und seine offizielle Anerkennung als Kurdenführer verfehlten nicht ihre Wirkung auf die iranischen Kurden. Auch die Erfolge der Widerstandsbewegung nach dem Ende des „Honigmonds" zwischen Barzani und Qasim beeindruckten die DPKI so sehr, daß die Partei ihre bislang eher sozialreformerische Ausrichtung aufgab zugunsten der traditionalistisch-nationalistischen Perspektive Barzanis. Er veranlaßte die Vereinigung der DPK (d. h. der Demokratischen Partei Kurdistans im Irak) mit der DPKI. Das Bündnis währte nicht lange, denn es brachen Richtungskämpfe zwischen Linken und Traditionalisten aus, die Barzani und seine iranischen Parteigänger für sich entschieden. 1964 wurde auf dem Parteikongreß der DPKI der linke Flügel (dem der spätere Generalsekretär Abd or-Rahman Qasemlu angehörte) ausgeschlossen.

Inzwischen benötigte Barzani in seinem Kampf gegen das Bagdader Regime die Hilfe Irans. Der Preis dafür war, die DPKI von ihren Aktivitäten gegen die Regierung in Teheran abzubringen. Etliche linke Abweichler der DPKI, die mit der Passivität der Partei unzufrieden waren, zettelten im Kurdengebiet Irans Aufstände an. Unzureichend bewaffnet und ausgebildet, wurden sie von der Armee des Schah geschlagen. Barzani-Kämpfer waren daran beteiligt bzw. lieferten Aufständische an Iran aus. Die toten Kämpfer der DPKI wurden als Märtyrer gefeiert, was zu einem Wiedererstarken der linken Kräfte in der kurdischen Bewegung führte. Der Richtungskampf in der DPKI wurde 1971 entschieden, als Qasemlu zum Generalsekretär der Partei gewählt wurde. Qasemlu war ein in Prag promovierter Sozialwissenschaftler, der in der *Tudeh* mitgearbeitet und in Europa unter kurdischen Studenten aus Iran agitiert hatte. Ab 1973 lautete der programmatische Slogan der DPKI: „Demokratie für Iran, Autonomie für Kurdistan". Auf wirtschaftlichem Gebiet wurde eine Veränderung der Besitzverhältnisse auf dem Lande zugunsten der Bauern gefordert.

Die Ausbreitung der kurdischen Bewegung in den siebziger und achtziger Jahren verdankte sich weniger der Neuorientierung der DPKI als vielmehr dem sozialen und wirtschaftlichen Wandel, der die kurdische Gesellschaft in Iran erfaßte und Ethnizität zu einem wichtigen Faktor machte. Bis in die vierziger Jahre wurde eine Politik der gewaltsamen Seßhaftmachung der nomadischen Stämme verfolgt. Die Regierung wollte die Stammesstrukturen zerstören, weil sie insbesondere in dem militärischen Potential der Stämme ein massives Hindernis für den Aufbau eines modernen Staates erblickte. Später wurden andere Strategien entwickelt, um Nomaden seßhaft zu machen, z.B. wurde ein Stammesrat gegründet, der sich mit Fragen der Gesundheit und Bildung befassen sollte. Wirkliche soziale Reformen, die eine Umverteilung des Landes mit sich gebracht hätten, erfolgten nicht vor Anfang der sechziger Jahre, weil Großgrundbesitzer dies verhinderten. Traditionell war die Bauernschaft stark von den Grundbesitzern abhängig, die für sie die Beziehungen mit der Außenwelt regelten. Die Abhängigkeit und Ausbeutung der Bauern führte zu einem Gefühl der Unzufriedenheit, aber Armut, Unwissenheit und der Umstand, daß sie nicht organisiert waren, ließen zunächst keinen Widerstand aufkommen. Diese Situation änderte sich durch das Zusammenspiel mehrerer Faktoren: durch gewandelte Beziehungen des Staates zu den Bauern, z.B. durch Kauf staatlicher Monopolprodukte wie Zucker direkt bei den Bauern, ideologische Agitation der Sowjets während der Besetzung im Zweiten Weltkrieg und dem daraus resultierenden Aufstieg der *Tudeh*-Partei.

Der noch in den fünfziger Jahren vorherrschende Großgrundbesitz wurde durch die Landreform („Weiße Revolution"), die auf Druck der USA durchgeführt wurde, nur langsam zugunsten der Schaffung kleinen Landbesitzes zurückgedrängt. Die Großgrundbesitzer, die vor der Bodenreform zwei Drittel des bestellten Landes besaßen, wurden durch die Reform nahezu bedeutungslos. Der Anteil von besitzlosen Bauern und Landarbeitern an der Landbevölkerung, der bis dahin ca. vier Fünftel ausgemacht hatte, ging stark zurück. Die Gewinner der Bodenreform waren Bauern mit mittlerem Landbesitz, deren Zahl deutlich anstieg. Allerdings hatte gerade in Kurdistan die Landreform häufig nicht den gewünschten Erfolg, weil lokale staatliche Instanzen unfähig oder nicht willens waren, die Anweisungen auszuführen. Die Bauern erfuhren, daß die Macht des Staates gegenüber den Grundbesitzern begrenzt war, und dies stärkte nicht ihr Vertrauen in den Staat. Es machte sie umso empfänglicher für die Agitation kurdischer Organisationen. Auch war das verteilte Land oft nicht groß genug, als daß es seine Bebauer hätte ernähren können. Ferner verursachte die Mechanisierung der Landwirtschaft das Aufkommen eines ländlichen Proletariats, das in die Städte Kurdistans abwanderte. Andere Gründe für die Migration vom Land in die Stadt waren das Bevölkerungswachstum, die Verbesserung der Kommunikation und der Verkehrswege sowie das bessere Bildungsangebot in den Städten. Hier ergaben sich intensivere Formen der Kommunikation unter den migrierten Kurden und Ansätze zu einer Politisierung. Durch den Verlust ihres dörflichen und tribalen Umfeldes waren die Migranten offen für neue Identitätsangebote. Daher stießen kurdische Gruppen, die nationalistische Zielsetzungen mit der Forderung nach sozialer Gerechtigkeit verbanden, auf Resonanz.

Die Situation der Kurden in Iran stand häufig in einer Wechselbeziehung zur Lage der Kurden im Irak. Während der Schah sich als Gegner kurdischer Autonomiebestrebungen im eigenen Land zeigte, unterstützte er gleichzeitig Barzanis Kampf gegen Bagdad. Im März 1975 ließ er Barzani fallen, weil der Irak – als Gegenleistung für die Einstellung iranischer Hilfe an die irakischen Kurden – einer Regelung des lange umstrittenen Grenzverlaufs beider Länder im Schatt al-Arab zustimmte. Das Ausbleiben iranischer Hilfe führte umgehend zum Zusammenbruch des kurdischen Kampfes im Irak.

Trotz der Verbesserungen, die durch die „Weiße Revolution" eintraten, konnten nationalistisch gesonnene Kurden nicht zufrieden sein, weil die Regierung den Autonomieforderungen nicht nachgab. Das Zugeständnis von Rundfunksendungen und Publikationen in kurdischer Sprache erschien ihnen nicht ausreichend. Es war daher nicht verwunderlich, daß ein großer Teil der Kurden den Sturz des Schah-Regimes 1979 begrüßte und als eine Chance ansah, eine Verbesserung ihrer Situation herbeizuführen. Allerdings standen sie der Etablierung der Islamischen Republik Iran eher ablehnend gegenüber.

Ende 1978 kehrten viele kurdische Exilanten, unter ihnen Qasemlu, nach Iran zurück und entfalteten intensive Bemühungen um einen Wiederaufbau der DPKI, die infolge der Repression über die Jahre an Zusammenhalt verloren hatte. Zusammen mit anderen Gruppen bildeten die DPKI und Persönlichkeiten wie

Scheich Ezz ad-Din Hoseini aus Mahabad einen Rat, der in Verhandlungen mit den neuen Machthabern eintrat. Die Forderungen waren wohlbekannt; sie umfaßten u. a. Autonomie und Kurdisch als offizielle Sprache. Unterdessen wurde am 1. April 1979 die Islamische Republik ausgerufen. Die Führung in Teheran und Qom setzte auf Zeitgewinn zur Konsolidierung ihrer Position. Bei einem Treffen von Chomeini mit Hoseini entspann sich folgender Dialog: „Ich verlange von Ihnen Sicherheit und Stabilität in Kurdistan", sagte Chomeini, worauf Hoseini erwiderte: „In Ordnung, dann verlange ich die Autonomie Kurdistans von Ihnen".[2]

Aufgrund der ungeklärten Situation kam es im August/September 1979 zu Kämpfen zwischen Kurden und schiitischen Milizen, den sog. Revolutionsgarden (*pasdaran*). Im Kurdengebiet hatte die Regierung keine Autorität mehr; Mahabad befand sich zeitweise unter kurdischer Kontrolle. Nach Beendigung der Kämpfe erhoben die Kurden recht weitgehende Forderungen. Das Kurdistan (seit 1961 existiert eine Provinz Kurdistan mit der Hauptstadt Sanandadsch), für das sie Autonomie in einem föderativen Iran begehrten, umfaßte nicht nur kurdisches Gebiet an sich, sondern auch Teile Aserbaidschans und die Stadt Kermanschah, wo die Bevölkerungsmehrheit Schiiten sind (und nicht Sunniten wie die meisten Kurden). Die Regierung wies diese Forderungen zurück und machte ihrerseits ein Angebot administrativer, sprachlicher und kultureller Rechte, welche Eingang in die Verfassung finden sollten.

Während in dem Verfassungsentwurf der Islamischen Republik noch die Rede von Kurden (und anderen Minderheiten) war, die „gleiche Rechte genießen", kam dies in der Verfassung selbst, die von einem klerikal dominierten Gremium umgeschrieben wurde, nicht mehr zum Ausdruck. Die Konzeption ethnischer Minderheiten wurde abgelehnt, weil der Islam ohnehin nicht unterscheide zwischen Muslimen verschiedener Zunge, ja die Vorstellung von Minderheiten wurde sogar als islamfeindlich bezeichnet. Die Betonung des schiitischen Elements in der Verfassung bedeutete aber eine gewisse Ausgrenzung der sunnitischen Bevölkerung, eben der Kurden. Die Doktrin des *velayat-i faqih*, d. h. der Herrschaft des anerkannten Rechtsgelehrten (also die Führung des Staates durch einen Geistlichen), wurde von führenden kurdisch-sunnitischen Theologen (wie z. B. Hoseini) abgelehnt. Die meisten Kurden blieben dem Referendum über die Annahme der Verfassung der Islamischen Republik fern, weil ihnen die darin enthaltene Zulassung lokaler Sprachen zur Nutzung in Medien und Schulen nicht substantiell genug erschien.

Die Gründe für das Scheitern der Verhandlungen zwischen Teheran und den Kurden lagen in erster Linie darin, daß die neuen Machthaber – wie schon das alte Regime – kein Interesse an der Fragmentierung ihres Territoriums durch kurdische Forderungen nach Autonomie haben konnten. Das Mißtrauen Teherans gegenüber den Kurden wird vor dem Hintergrund der Erfahrungen in Mahabad und mit Simko verständlich. Die Furcht vor Zugeständnissen an die ethnischen Minderheiten betrafen aber nicht allein die Kurden, sondern auch andere Völker in Iran. Aus der Sicht Teherans würden, gäbe man den Kurden nach, andere für sich das Gleiche verlangen. Minderheiten leben u. a. an den Grenzen, wo sie eine Gefährdung der staatlichen Integrität darstellen könnten: Aserbaidschaner und Turkmenen an den Grenzen zur Türkei und zur ehemaligen Sowjetunion, Araber an den Grenzen zum Irak und Belutschen an den Grenzen zu Afghanistan und Pakistan. Unter diesen Umständen hatte für Teheran die Forderung der Kurden nach Autonomie den Beigeschmack von Sezession. Kurden, Turkmenen und Belutschen sind keine Schiiten, sondern mehrheitlich Sunniten. Die unterschiedliche Religionszugehörigkeit war gewiß nicht generell Ursache für schlechte Beziehungen zwischen (sunnitischen) Kurden und (schiitischen) Iranern, aber sie konnte als Ansatzpunkt dienen für eine Manipulation der Beziehungen. Dies geschah z. B. dadurch, daß die Regierung Heißsporne der islamischen Revolution wie die *pasdaran* nach Kurdistan schickte. Andererseits darf nicht verschwiegen werden, daß schiitische Kurden um Sanandadsch und Kermanschah sich mit der Islamischen Republik identifizierten und Autonomiepläne ablehnten. Es kam sogar zu Kämpfen zwischen sunnitischen und schiitischen Kurden.

Auf beiden Seiten gab es keine Instanz mit unangefochtener Autorität. Die Islamische Republik hatte keine einheitliche Führung; verschiedene Flügel konkurrierten um die Vorherrschaft. Die Armee, früher ein bedeutender Machtfaktor, spielte kaum eine Rolle mehr. Die Revolutionsgarden waren zwar ideologisch motiviert, aber als Truppe nicht diszipliniert. Unter den Kurden gab es eine Vielfalt an Richtungen. Obwohl sie die stärkste Gruppe war, besetzte die DPKI nicht allein das Feld. Im Norden suchte die irakische DPK der Barzani-Brüder die kurmandschisprachigen Stämme für die Islamische Republik und gegen kurdische Autonomiebestrebungen zu beeinflussen, wie sie von der DPKI verfolgt wurden, die ihre Anhänger eher unter Sorani-Sprechern hatte. Im Süden, besonders um Sanandadsch, war die *Komala-i schureschgar-i zahmatkaschan-i Kurdistan* (Revolutionäre Vereinigung der Werktätigen Kurdistans) aktiv, eine linksradikale Gruppierung, deren Ziel eher auf Dezentralisierung als auf Autonomie ausgerichtet war. In der DPKI kam es zu Spannungen, welche sich an der Frage entzündeten, ob der Abwehr äußerer Feinde (wie im 1980 beginnenden Iran-Irak-Krieg) oder innenpolitischen Veränderungen wie z.B. kurdischen Autonomiebestrebungen der Vorrang einzuräumen sei. In Sanandadsch scheiterte die Regierung mit ihrem Versuch, einen sunnitischen Religionsgelehrten als Gegenfigur zu dem populären (sunnitischen) Scheich Hoseini aufzubauen. Während Hoseini der bekannteste Geistliche mit linken Tendenzen war und insofern eine Ausnahme unter den überwiegend konservativen Religionsgelehrten bildete, stellte sein Bruder Scheich Dschalal eine konservative sunnitische Miliz auf, die vom Irak finanziert wurde und sowohl mit Teheran als auch mit der Revolutionären Vereinigung und der DPKI zerstritten war.

Das Machtgefüge in der kurdischen Gesellschaft war mannigfaltig und unübersichtlich. Obwohl der Tribalismus über die Jahrzehnte hinweg massiv geschwächt worden war, gab es noch kurdische Agas und Grundbesitzer. Sie waren von verschiedenen Interessen geleitet. Teils standen sie auf seiten des Staates, weil ihre Rivalen es mit einer der kurdischen Parteien hielten. Teils verfolgten sie einen Zickzack-Kurs: Das war der Fall bei Tahir Chan, dem Sohn Simkos, der erst mit Hilfe der DPKI seine Macht auszudehnen hoffte, dann aber ins Lager der Barzanis überwechselte. Im übrigen gab es auch Stammesführer, welche die DPKI unterstützten.

Für viele Landbesitzer waren die Wirren des Übergangs vom Schah-Regime zur Islamischen Republik eine Gelegenheit, Grund und Boden wiederzuerlangen, der durch die Landreform enteignet und Bauern zugeteilt worden war. Es kam aber auch vor, daß Bauern Land in ihre Hand brachten. Die Revolutionäre Vereinigung unterstützte diese Bauern, wohingegen die Revolutionsgarden die Interessen der Landbesitzer gegen die Bauern verteidigten. Der Grund dafür war weniger, daß die *pasdaran* mit den Landbesitzern sympathisierten oder die Bauern ablehnten. Vielmehr galt ihr Augenmerk der Bekämpfung der ihnen ideologisch verhaßten Revolutionären Vereinigung. In diesen Konflikten tendierten Grundbesitzer dazu, den Staat um Hilfe anzugehen, während Bauern auf kurdische Organisationen setzten.

Am Vorabend des Iran-Irak-Krieges, im April 1980, stellte Teheran seine Kontrolle über große Teile Kurdistans wieder her. Der Regimewechsel in Iran mitsamt den erheblichen Differenzen zwischen eher liberalen Kräften um den Präsidenten Abo l-Hasan Bani Sadr und den islamischen Hardlinern (Islamisch-Republikanische Partei unter Vorsitz Ayatollah Beheschtis) wurde vom irakischen Machthaber Saddam Husain als günstige Gelegenheit angesehen, um den Nachbarn anzugreifen (September 1980). Den Vorwand lieferte eine umstrittene Bestimmung im Abkommen über den Schatt al-Arab von 1975. Trotz seiner momentanen inneren Schwierigkeiten stellte nämlich Irans islamische Revolution eine Gefahr für den Irak dar, weil über die Hälfte der Bewohner Iraks Schiiten sind und der Funke der Revolution leicht hätte überspringen können. Der Krieg zog sich bis zum durch die UN vermittelten Waffenstillstand (Resolution 598, August 1987) und dessen Annahme im Juli 1988 hin. Erst im August 1990 aber kam es zum lange verhandelten Friedensvertrag, den Husain nunmehr unter Gewährung von Konzessionen unterschrieb, weil er angesichts seiner soeben begonnenen Besetzung von Kuwait freie Hand brauchte, obwohl der Iran die Besetzung keineswegs guthieß.

Ohne der Teheraner Regierung in den Rücken fallen und den schon immer erhobenen Separatismus-Vorwurf bestätigen zu wollen, haben Kurdenführer dennoch versucht, politisches Kapital aus der Invasion zu schlagen. In der Tat schien die Bedrohung durch die irakische Invasion eine Chance für die Kurden in Iran, ihre Autonomieforderungen durchzusetzen. Wie sich zeigen sollte, gelang es indessen Iran und Irak, im Krieg „ihre" Kurden zu bekämpfen. Qasemlu machte seine Unterstützung für den

Kampf gegen den Irak von dem Zugeständnis der Autonomie und dem Rückzug der iranischen Armee aus Kurdistan abhängig. Die Regierung in Teheran ging auf die Forderungen der Kurden nicht ein, weil sie unerwartete Widerstandskräfte sowohl gegen innere (ethnische) Turbulenzen als auch gegen den Irak mobilisieren konnte. Nachdem iranische Truppen die Offensive Bagdads fürs erste zurückgeschlagen hatten, konnte Teheran in den Jahren 1982 bis 1984 die bewaffneten Kräfte der DPKI neutralisieren bzw. sogar über die Grenze in den Irak treiben, wo diese Schützenhilfe von der PUK erhielten.

Wie so häufig seit dem Ersten Weltkrieg hatten die Kurden des Iraks und Irans entweder die Machtverhältnisse nicht richtig eingeschätzt oder falsche Konsequenzen gezogen. Spätestens seit 1975 (dem Pakt von Algier, in dem der Schah die irakischen Kurden fallen ließ) mußte es den Kurden klar sein, daß ihre Geldgeber nicht das geringste Interesse hatten, sie ihre eigenen Ziele verwirklichen zu lassen. Die Regierungen Irans und Iraks hofften, die jeweils andere Seite zu destabilisieren und Truppen im Hinblick auf die Kurden zu binden. Die Kurden Irans, d.h. insbesondere die DKPI, haben Hilfe aus Bagdad angenommen, sich aber nicht für den Kampf Bagdads gegen die eigenen Kurden instrumentalisieren lassen. Die Barzani-Kurden dagegen halfen den *pasdaran*, die Grenzgebiete von der Kontrolle durch iranische Kurden zu befreien.

Die achtziger Jahre standen für die Kurden unter keinem guten Stern. Die Revolutionäre Vereinigung, quasi der kurdische, maoistisch orientierte Flügel der Kommunistischen Partei Irans (diese war 1979 als Konkurrenz zur *Tudeh* gegründet worden, der man vorwarf, Moskau-treu zu sein), wurde schier zur Bedeutungslosigkeit verurteilt und entfernte sich zusehends aus kurdischem Fahrwasser. Erst 1991 bekannte sie sich wieder uneingeschränkt zur kurdischen Sache. Als sich Qasemlu nach dem Ende des Iran-Irak-Krieges für die Wiederaufnahme von Verhandlungen mit Teheran aussprach, stieß dies auf Widerstand in der DPKI. Es wurde argumentiert, daß die Opfer unter den Kurden im Konflikt mit der Regierung nicht umsonst gewesen sein dürften. Außerdem wurde Qasemlu ein autokratischer Führungsstil vorgeworfen. Daraufhin gründete sich eine Abspaltung namens DPKI-Revolutionäre Führung, die unter Linken Zulauf fand und sich mit der

Revolutionären Vereinigung verbündete. Nach dem Zerfall der Sowjetunion und der dadurch ausgelösten Krise des internationalen Marxismus und Kommunismus verlor diese Gruppierung rasch an Ansehen. Qasemlu nahm Gespräche mit der iranischen Führung auf. Wenige Wochen nach dem Tod Chomeinis (Juni 1989) wurde er in Wien bei einem Treffen mit seinen Gesprächspartnern in der Regierung erschossen. Auch sein Nachfolger Sadeq Scharafkindi wurde 1992 in Berlin von Häschern des iranischen Regimes ermordet. Der Prozeß gegen die Mörder, einen Iraner und einen Libanesen, die beide zu einer lebenslangen Freiheitsstrafe verurteilt wurden, ist in Deutschland unter dem Namen Mykonos-Prozeß (nach dem Restaurant, wo Scharafkindi ermordet wurde) bekannt geworden und führte zu einer schweren Belastung der deutsch-iranischen Beziehungen. Das Gericht stellte fest, daß iranische Behörden die Ermordung angeordnet hatten.

Die Kurden in Iran erlitten also eine Niederlage auf der ganzen Linie. Erstens zogen sie den kürzeren im militärischen Schlagabtausch, zweitens wurden sie durch innere Konflikte geschwächt – an denen auch der Zusammenschluß von DPKI und DPKI-Revolutionäre Führung im Jahre 1997 wenig ändert – und drittens wurden ihre wichtigsten Führer ausgelöscht. In den Präsidentschaftswahlen im Jahr 1993, bei denen Ali Akbar Rafsandschani wiedergewählt wurde, war Kurdistan die einzige Provinz, in der ein Oppositionskandidat eine Mehrheit bekam. Dies zeigt immerhin, daß trotz der Schwächung der kurdischen Bewegung unter iranischen Kurden ein von der Mehrheit der Bevölkerung abweichendes politisches Meinungsbild vertreten ist. Die Liberalisierung unter Staatspräsident Muhammad Chatami (seit August 1997) führte zeitweise zu einer stärkeren Vertretung kurdischer Belange in Parlament und Regierung. Mit der Wahl Mahmud Ahmadinedschads zum Präsidenten (2005) setzte jedoch eine restriktivere Haltung gegenüber den Minderheiten ein. Vor diesem Hintergrund müssen die Unruhen gesehen werden, die im August 2005 nach der Ermordung eines kurdischen Oppositionspolitikers durch Sicherheitskräfte ausbrachen. Eine liberalere Politik gegenüber den Kurden erscheint angesichts der Verhärtung des Regimes nach der umstrittenen Wiederwahl Ahmadinedschads (2009) unwahrscheinlich.

12.
Die Kurden in Syrien und im Libanon:
Unsicherer Status, Diskriminierung und die PKK

Die Präsenz von Kurden in Syrien reicht mindestens bis ins
11. Jahrhundert zurück. Hier lag einer der Schwerpunkte des
Ayyubiden-Staates mit seiner mächtigen kurdischen Führungsschicht. Auch während der osmanischen Herrschaft waren unter
den lokalen Machthabern kurdische Familien, die sich einer relativen Selbständigkeit erfreuten. Die Kurden in Syrien siedeln
v. a. in der *Dschazira* („Insel", d. i. Nordwest-Mesopotamien bzw.
Nordost-Syrien) in der Provinz al-Hasaka, der Kornkammer
Syriens; Städte mit einer beträchtlichen kurdischen Bevölkerung
sind Amuda und Qamischli. In der *Dschazira* ließen sich Kurden
erst seit der Mitte des 19. Jahrhunderts dauerhaft nieder, wohingegen die Kurden in Nordwest-Syrien im Grenzgebiet zur
Türkei schon seit Jahrhunderten dort ansässig sind. Schließlich
gibt es seit dem Mittelalter viele kurdische Einwohner in Damaskus. Ihre Zahl wird auf 300000 geschätzt. Auch in der zweit-
größten Stadt Syriens, Aleppo, wohnen Kurden in nennenswerter
Zahl.

Die meisten Kurden in Syrien – ihre Zahl wird auf 1,2 bis 1,5
Millionen geschätzt, also etwa 8–10 % der Bevölkerung – sind
Sunniten. Einige tausend Yeziden siedeln im Gebiet des Dschabal
Sindschar im irakischen-syrischen Grenzgebiet und in Nordwest-
Syrien. Die Kurden in Syrien sind Kurmandschi-Sprecher. Wie-
viele von ihnen die Sprache tatsächlich beherrschen, ist nicht bekannt; da es keine formalen Bildungsinstitutionen zur Erlernung
des Kurdischen gibt, aber überall Arabisch unterrichtet wird, ist
zu vermuten, daß mindestens unter der jungen urbanen Generation das Arabische dominiert.

Das 1916 zwischen England, Frankreich und Rußland geschlos-
sene geheime Sykes-Picot-Abkommen sah Syrien als französische
Einflußsphäre vor. Die Konferenz von San Remo bestimmte
Syrien als Mandat für Frankreich, Palästina und Transjordanien
als englisches Mandat. Im Juli 1920 marschierten französische

Truppen in Damaskus ein. Das Mandatsgebiet erstreckte sich nicht auf Syrien in den heutigen Grenzen, sondern umfaßte auch den Libanon. Das Mandat über Syrien währte bis 1941; 1943 wurde die Republik ausgerufen. Die französische Mandatsherrschaft in Syrien betrieb eine Stärkung der kurdischen Minderheit, um die arabische Bevölkerungsmehrheit, insbesondere die nationalistischen Aktivisten, in Schach zu halten. Dies zeigte sich z. B., als Frankreich zur Niederschlagung eines nationalistischen Aufstands im Jahr 1925 u. a. kurdische Kämpfer einsetzte. Frankreich unterstützte zunächst die kurdische Nationalistenorganisation *Choibun*, was wiederum auf das Mißtrauen arabischer Kreise stieß. Die Tätigkeit der *Choibun* wurde ab 1928 beschränkt und bald darauf nach Protesten der Türkei gänzlich unterbunden. Im Juni 1928 wurden Forderungen nach offizieller Anerkennung des Kurdischen und Einsatz kurdischer Beamter in den von Kurden bewohnten Regionen erhoben. Doch standen keineswegs alle Kurden hinter diesen Forderungen. Etliche ihrer Führer engagierten sich zusammen mit syrischen Nationalisten für die Herstellung syrischer Unabhängigkeit und verfolgten keine spezifisch kurdischen Interessen.

Im Jahre 1946 wurde Syrien unabhängig. Die bald einsetzende Arabisierung war begleitet von zeitweiligen Konfiskationen kurdischer Publikationen und der Entlassung kurdischer Offiziere aus der Armee. Indes besetzten bis in die Mitte der fünfziger Jahre Kurden höchste Ämter im Militär. Eine Politik der Diskriminierung wurde erst sichtbar seit dem Ende der fünfziger Jahre, als die Strömung des Panarabismus stärker wurde. Kurz vor der Etablierung der Vereinigten Arabischen Republik (VAR), dem vier Jahre währenden Zusammenschluß Syriens und Ägyptens, wurde 1957 die Demokratische Partei Kurdistans in Syrien (DPKS) gegründet. Zu ihrem Programm zählten die üblichen Forderungen: Anerkennung kultureller Rechte wie z. B. Beschulung in der Muttersprache, Beschäftigung von Kurden im Militär und Sicherheitsapparat sowie im öffentlichen Dienst. 1960 wurden die Führer der DPKS verhaftet; ihr Vorsitzender, Nur ad-Din Zaza, konnte später das Land verlassen. Die Partei zerfiel dann in zwei Flügel, einen radikalen, der eine pankurdische Lösung verfolgte, und einen gemäßigten, der den Kurden zu mehr Rechten innerhalb Syriens verhelfen wollte. Heute existiert eine Vielzahl kleiner und kleinster

Parteien im Untergrund. Die Zersplitterung ist teilweise auf die erfolgreiche Politik des Staates zurückzuführen, einen Keil zwischen die kurdischen Gruppen zu treiben; teils ist sie eine Folge innerer Konflikte der kurdischen Gesellschaft. Die kurdischen Organisationen setzen sich für eine moderate Verbesserung der Lage der Kurden ein; die Forderung nach einem unabhängigen Kurdistan wird seit Jahren nicht mehr erhoben. Daher ist Damaskus auf eine konziliantere Haltung eingeschwenkt und duldet die kurdischen Gruppierungen. Drei ihrer Repräsentanten sitzen im Parlament. Nach dem Scheitern der VAR wurde Syrien in Syrische Arabische Republik umbenannt. 1963 gelangte die *Baath*-Partei an die Macht, die heute mehr als die Hälfte der Parlamentssitze hält. Wie im Irak, so war auch in Syrien die Kommunistische Partei für die Kurden am attraktivsten, weil sie nicht oder jedenfalls in geringerem Maße als andere Parteien dem arabischen Nationalismus huldigte. 1995 verfügten die Kommunisten über acht Mandate im Parlament.

Das gravierendste Problem der kurdischen Minderheit in Syrien betrifft ihre Präsenz in der *Dschazira*, wo kurdische Nomaden seit alters ihre Winterweiden hatten. Nach dem Ersten Weltkrieg und besonders seit der Kurdenpolitik der Türkischen Republik begannen Kurden sich hier niederzulassen. Die Neuankömmlinge konkurrierten nicht nur mit alteingesessenen arabischen Stämmen, sondern auch mit bereits seßhaft gewordenen Kurden. Ein Streitpunkt unter diesen Gruppen war das knappe Element Wasser. Mitte der dreißiger Jahre lebten in der *Dschazira* etwa 42 000 Araber (v. a. Viehzüchter), ca. 82 000 Kurden, die überwiegend als Bauern tätig waren, und 32 000 christliche Araber, die als Stadtbewohner in erster Linie Händler und Handwerker waren. Die Heterogenität der Bevölkerung erregte die Aufmerksamkeit syrischer Nationalisten, die es sich zur Aufgabe gemacht hatten, ganz Syrien, wozu sie auch die *Dschazira* zählten, in einem Staat zu vereinigen.

Der starke Anstieg des kurdischen Bevölkerungsanteils beschäftigte nach Erlangung der Unabhängigkeit die syrische Führung. In einem Zensus in der Provinz al-Hasaka wurde angeblich festgestellt, daß viele Kurden sich dort unrechtmäßig aufhielten, d. h. erst nach Gründung der Republik Syrien als illegale Zuwanderer aus der Türkei und dem Irak gekommen waren. Ungefähr

120 000 Kurden wurden daraufhin aus der syrischen Staatsangehörigkeit entlassen. In einer Kampagne wurden die Kurden in der *Dschazira* zur Bedrohung der nationalen Sicherheit stilisiert. Der damalige Sicherheitschef der Provinz warnte in einer rassistischen Diktion vor der Gefahr, die dem „arabischen Volkskörper" aus einer Dominanz der Kurden erwachse, und entwarf ein Programm zur Bekämpfung dieser Gefahr. Dessen wichtigste Bestandteile waren Umsiedlung von Kurden, die Begünstigung von Arabern auf dem Arbeitsmarkt und die Stärkung des arabischen Bevölkerungselements. Die Umsetzung dieses Programms beschränkte sich allerdings auf die Teilung großer kurdischer Ländereien im unmittelbaren Grenzgebiet zur Türkei und die Gründung von Dörfern speziell für Araber.

Die Vorgänge in der *Dschazira* sind charakteristisch für das Mißtrauen, das den Kurden in Syrien entgegengebracht wird. Die Behörden befürchteten, daß die Kurden eines Tags in der Region zahlenmäßig dominieren würden und dies separatistischen Tendenzen Vorschub leisten könnte. Dies umso mehr, als sie gewissermaßen die fünfte Kolonne fremder Mächte, insbesondere Israels, hätten bilden können und die kurdische Revolte unter Barzani im Irak, der sich israelischer Unterstützung erfreute, auf die angrenzenden Gebiete in Syrien hätte übergreifen können. Darüber hinaus gab es in den sechziger Jahren erste Anzeichen für ein Wiedererwachen des kurdischen Nationalismus in der Türkei, das sich auch auf die Kurden Syriens hätte auswirken können.

Ob nun die befürchteten Entwicklungen ausgeblieben sind, weil sie auf realitätsfernen Annahmen beruhten oder eben durch die Maßnahmen der Behörden verhindert wurden: sie veranschaulichen den Charakter eines Staates, der – wie alle Staaten der Region – seine Politik einem extremen Sicherheitsbedürfnis unterordnet und dabei auch vor massiven Repressionen – erinnert sei an die blutige Unterdrückung des Aufstands der Muslimbrüder in Hama im Jahre 1982 – und Menschenrechtsverletzungen nicht zurückschreckt. Der Grund für das Mißtrauen gegenüber den Kurden, nämlich ein Separatismus-Vorwurf oder Angst vor dem selben, dürfte weitgehend haltlos oder zumindest übertrieben sein; man muß dies in Zusammenhang sehen mit den Entwicklungen der Kurdenfrage im Irak und in der Türkei, v. a. aber der größten Herausforderung Syriens, der Sicherheit vis à vis Israel.

Die Kurden in Syrien sind von Diskriminierungen betroffen, die von wirtschaftlicher Benachteiligung (kurdische Bauern in Nordwest-Syrien erhalten angeblich kein subventioniertes Saatgut wie sonst üblich) über Arabisierung (kurdische Ortsnamen werden arabisiert; die Behörden weigern sich, Kinder mit kurdischen Namen amtlich zu registrieren) bis hin zu aufenthaltsrechtlichen Schikanen reichen (Kurden, denen die Staatsbürgerschaft verwehrt wird und die als „Ausländer" erfaßt sind, haben keine staatsbürgerlichen Rechte, dürfen nicht wählen und haben keinen Anspruch auf kostenlose medizinische Versorgung). Kurdisch war nie als amtliche Sprache anerkannt. Im Gegensatz zu den Armeniern ist es den Kurden nicht gestattet, eigene Schulen zu unterhalten. Kurdische Bücher dürfen nicht gedruckt werden, obschon die Einfuhr von Publikationen in kurdischer Sprache, z.B. aus dem Libanon, geduldet wird. Periodisch erneuerte Verbote des öffentlichen Gebrauchs der Sprache legen nahe, daß diese immer wieder mißachtet wurden.

Ein neuer Faktor in der Kurdenfrage Syriens ergab sich zu Beginn der achtziger Jahre, als die PKK-Führung nach dem Militärputsch in der Türkei nach Syrien floh. In der syrisch kontrollierten Beqaa-Ebene im Libanon konnte sie Ausbildungslager und in Syrien Büros einrichten; Syrien war logistische und Aufmarsch-Basis sowie Ausgangspunkt für militärische Aktionen der PKK. Ihre Präsenz stieß anfangs auf Sympathie unter den Kurden; zahlreiche junge Kurden schlossen sich der PKK als Kämpfer an. Mit der Zeit jedoch kühlte sich das Verhältnis ab; die PKK wurde zunehmend als Belastung empfunden. Augenscheinlich erlegte sie der kurdischen Bevölkerung Zahlungen oder Leistungen auf. Um sich mit der Regierung gut zu stellen, übernahm die PKK den syrischen Standpunkt, daß es eigentlich keine syrischen Kurden gebe, sondern nur kurdische Flüchtlinge aus der Türkei. Diese Auffassung nutzte natürlich auch der PKK, indem sie ihr einen Anspruch auf Beherrschung der syrischen Kurden verlieh oder mindestens einen legitimen Einfluß. Die Bevormundung durch die PKK stieß auf den Widerspruch der Kurden, die sich – trotz Beschwerden über Diskriminierung – durchaus als loyale Staatsbürger empfinden.

Die PKK erfüllte in syrischer Sicht mehrere Funktionen. Sie gab einer kleinen Minderheit unter den Kurden Gelegenheit, sich aktiv für die kurdische Sache einzusetzen; so konnte der Eifer einiger Kurden für den Kampf der PKK gegen die Türkei genutzt werden. Mit anderen Worten: Während sich auf der einen Seite eine militant-nationalistische kurdische Organisation amtlicher Förderung erfreute, wurden die „eigenen" Kurden diskriminiert – ein Umstand, der den Widerwillen von syrischen Kurden erregte. Im übrigen erstreckte sich die Instrumentalisierung „auswärtiger" kurdischer Organisationen nicht nur auf die PKK, sondern auch auf die PUK Talabanis.

Die Türkei versuchte, den PKK-Aktivitäten einen Riegel vor-zuschieben, indem sie Ende der achtziger Jahre einen Schutzzaun an ihrer Grenze zu Syrien installierte. Zwar stellte er ein wirk-sames Hindernis gegen die Infiltration durch PKK-Kämpfer dar, aber die PKK-Präsenz in Syrien war Ankara weiterhin ein Dorn im Auge. In den neunziger Jahren kam es zu einer Reihe von Ver-einbarungen zwischen beiden Ländern über eine Zusammenarbeit in Sicherheitsfragen, die in erster Linie die Kurden betrafen. Wäh-rend der Türkei daran gelegen war, der PKK ihre Basis in Syrien zu entziehen, ging es ihrem Nachbarn im Süden um die „Wasser-frage", d.h. um die – nach syrischer Auffassung zu geringe – Wassermenge im Euphrat, welche die Türkei insbesondere nach dem Bau zusätzlicher Staudämme „übrigließ". Obwohl die Türkei keinen Zweifel daran ließ, daß sie gegebenenfalls militärisch inter-venieren werde, erfüllte Syrien aus türkischer Sicht die Vereinba-rungen nicht, insbesondere die Zusicherung, keine PKK-Aktivi-täten mehr zuzulassen. Erst im Herbst 1998 zwang Präsident Assad nach massiven türkischen Drohungen die PKK, ihre Ver-tretungen und Ausbildungslager zu schließen. Öcalans Odyssee durch Europa begann; die türkischen Kämpfer der PKK sind vermutlich in den Nord-Irak oder in die Türkei gegangen, die syrischen Kämpfer wohl in Syrien verblieben. Damit war der „Deal", wonach das Regime der PKK Unterschlupf gewährte und diese die syrischen Kurden zum Stillhalten drängte, hinfällig. Die Aussöhnung Assads mit Saddam Husain führte zu einer Unter-stützung der kurdischen Aktivisten Syriens durch die Barzani-Kurden (DPK). Schließlich ermutigte die unter dem Sohn und Nachfolger Assads, Baschar al-Assad (seit 2000), kurzlebige und bescheidene Liberalisierung Kurden zur Entfaltung stärkerer Aktivitäten. Doch damit war es bereits 2003 vorbei, als infolge der

Verschlechterung der Beziehungen zwischen Syrien und den USA sowie dem Irak eine innenpolitisch härtere Gangart eingeschlagen wurde. Unruhen im Frühjahr 2004 in Nordostsyrien forderten zahlreiche Todesopfer unter den Kurden und führten zu Verhaftungen. Fraglos fühlen sich die Kurden Syriens ermuntert durch die Konsolidierung kurdischer Macht im Irak. Es bleibt aber abzuwarten, ob dies das Regime in Damaskus zu Zugeständnissen bewegen wird.

Die Kurden im Libanon – ihre Zahl beträgt schätzungsweise 60 000 – sind im Zusammenhang mit jenen in Syrien zu behandeln, weil die Kurden im Libanon aus Syrien stammen oder über Syrien in den Libanon gekommen sind. Letztere stammen aus der Südost-Türkei (Tur Abdin, Mardin) und sind in einer ersten Welle nach den gescheiterten Aufständen in den zwanziger und dreißiger Jahren sowie in einer zweiten (seit 1950) auf der Suche nach Beschäftigungsmöglichkeiten in den Libanon eingewandert. Zu dieser Gruppe zählen auch syrische Kurden, die nach dem Zensus in al-Hasaka ihre syrische Staatsangehörigkeit verloren hatten. Insbesondere während des Wirtschaftsbooms in den fünfziger und sechziger Jahren erwies sich der libanesische Arbeitsmarkt als Anziehungspunkt. Die Kurden gehören zur Schicht der Tagelöhner und dominieren gewisse Branchen. Im Bürgerkrieg schlossen sich einige Kurden den Drusen und ihrer Progressiven Sozialistischen Partei unter Kamal Dschumblatt (eigtl. Dschanbulat) bzw. seinem Sohn und Nachfolger Walid an. Die Ereignisse im Bürgerkrieg, in dem die Kurden angesichts ihrer geringen Zahl und ihres unsicheren Aufenthaltsstatus in Ungewißheit lebten, führten zu einer Abwanderung nach Europa. Es ist vor allem die fehlende Staatsbürgerschaft, die den Kurden Probleme bereitet; vermutlich besitzt nur die Hälfte von ihnen einen libanesischen Paß. Wenn ihnen dieser von den Behörden verweigert wird, so ist dies teilweise zu erklären aus der delikaten demographischen Balance im Libanon, welche die Grundlage bildet für das politische Proporzsystem.

13.

Die Kurden in der Sowjetunion und ihren Nachfolgestaaten, insbesondere Armenien und Aserbaidschan: Kulturelle Förderung und Deportationen

Die Geschichte der Kurden im südlichen Kaukasus läßt sich mindestens bis ins 7. Jahrhundert zurückverfolgen. In der Neuzeit hat es mehrere Bevölkerungsbewegungen gegeben: Im 19. Jahrhundert gelangte durch die Expansion des Zarenreiches im Kaukasus eine beträchtliche Zahl von Kurden unter russische Herrschaft. Zu Ende des 19. und zu Beginn des 20. Jahrhunderts löste die Verfolgung von Yezidi-Kurden im Osmanischen Reich einen Einwanderungsschub aus; sie nahmen v. a. in Georgien und Armenien, die mehrheitlich von Christen bewohnt sind, Zuflucht. Schließlich kam es in der Stalin-Ära zu Deportationen und nach dem Zerfall der Sowjetunion zu Vertreibungen, von denen die Kurden allerdings nicht als einzige ethnische Gruppe betroffen waren.

Die Umwälzungen im Gefolge der Oktober-Revolution von 1917 hatten zwei Ergebnisse: Zum einen führten sie zu einer Seßhaftwerdung nomadischer Kurden, zum anderen wurden im Rahmen der Leninschen Nationalitätenpolitik Schulen eröffnet, an denen auf Kurdisch unterrichtet wurde, und Publikationen in kurdischer Sprache herausgegeben. Von 1923 bis 1929 bestand im Westen Aserbaidschans an der Grenze zu Armenien ein „Kurdischer Bezirk" (*Kurdistanskij uezd*), dessen Hauptstadt Ladschin war. Die Abkehr von der Förderung nationaler Kulturen und die Hinwendung zu einem russisch dominierten Zentralismus seit Mitte der dreißiger Jahre weckte Mißtrauen gegenüber Minderheiten bzw. nichtrussischen Völkern; davon waren Kurden nicht ausgenommen, die zu Tausenden nach Kasachstan, Kirgisien und Sibirien umgesiedelt wurden (Barzani und seine Kurden, die nach dem Fall Mahabads in die Sowjetunion gingen, wurden dort keineswegs mit offenen Armen empfangen und alsbald auf verschiedene Sowjet-Republiken verteilt). Nach dem Ende der

Sowjetunion wurden diese Maßnahmen als „ungesetzlich" und „verbrecherisch" gebrandmarkt und Gesetze zur Rehabilitation erlassen, die aber bis heute nicht in die Tat umgesetzt wurden. Die Zahl der Kurden in der ehemaligen Sowjetunion beträgt Schätzungen zufolge ein paar Hunderttausend; etwa die Hälfte davon lebt in Armenien und Aserbaidschan, der Rest in Georgien, der südrussischen Region Krasnodar und Moskau.

Der Zerfall der Sowjetunion hat nicht zu Verbesserungen oder Erleichterungen der Lage der Kurden geführt; im Gegenteil, im Kaukasus gerieten die Kurden in den Konflikt um das auf aserbaidschanischem Territorium gelegene Gebiet Nagornij Karabach, das mehrheitlich von Armeniern bewohnt wurde, hinein. Vertreibungen von Aserbaidschanern aus Armenien zogen Pogrome an Armeniern in der aserbaidschanischen Stadt Sumgait nach sich (1988/89). Dies verursachte weitere Vertreibungen von Aserbaidschanern aus Armenien und Armeniern aus Aserbaidschan. Mit den Aserbaidschanern flohen überwiegend muslimische Kurden aus Armenien. Nach dem Krieg um Nagornij Karabach und dessen Annexion flüchteten ca. 18 000 weitere muslimische Kurden aus den von Armenien besetzten Gebieten.

War die Assimilation der Kurden an die türkischstämmige Azeri-Mehrheitsbevölkerung ohnehin weit vorangeschritten, so hat das gemeinsame Schicksal der Vertreibung das Zusammengehörigkeitsgefühl mit den Azeris weiter verstärkt. Die Selbstwahrnehmung als eigenständige ethnische Gruppe ist sehr reduziert. Dies wird zwar von vielen Kurden bedauert, aber die unsichere Situation der Minderheiten, insbesondere der Flüchtlinge, die Furcht, bei Behörden Anstoß zu erregen, die Sorge um das tägliche Brot und der Kampf um das wirtschaftliche Überleben in einem Land, das wie alle ehemaligen Länder des Ostblocks von einem raschen sozioökonomischen Wandel erfaßt ist und sich zudem im Krieg mit dem armenischen Nachbarn befand, lassen ein Engagement für Sprache und Kultur in den Hintergrund treten.

Wahrscheinlich kommt der Regierung diese Situation nicht ungelegen, weil sie so ihre passive Haltung in bezug auf Minderheitenrechte rechtfertigen kann. Erleichtert wird ihr dies dadurch, daß sich das Kurdische Kulturelle Zentrum, das als Vertretung der Kurden auftritt und eine Zeitung mit dem Titel „Die Stimme der

Kurden" herausgibt, einer großen Zurückhaltung befleißigt, was Aktivitäten zu kurdischer Sprache und Kultur angeht. Dies trifft auf Kritik unter Kurden, die gern eine aktivere Rolle des Zentrums sähen. Diesem wird eine Tendenz zur übermäßigen freiwilligen Beschränkung vorgeworfen, aus Furcht, der Staat könne Forderungen nach kulturellen Rechten als Separatismus auffassen. Diese Furcht ist wohl nicht ganz unbegründet, weil angesichts der engen und freundschaftlichen Beziehungen zwischen Aserbaidschan und der Türkei ein Argwohn hinsichtlich kurdischer Aktivitäten besteht. Tatsächlich hegen die Kurden in Aserbaidschan kaum derartige Absichten. Ihre Heimat sehen sie pragmatisch in Aserbaidschan; ob sie ihre Zukunft dort optimistisch sehen, ist eine andere Frage, und sie betrifft nicht nur die Kurden.

Während in Aserbaidschan die Kurden über ein gewisses Maß an kultureller Freiheit verfügen – an einigen Volksschulen wird für die Flüchtlinge Kurdischsprachunterricht erteilt –, haben sich die Dinge in Armenien, früher ein Aushängeschild sowjetischer Minderheitenpolitik, zum Schlechteren gewendet. Lange Zeit genossen die Kurden in Armenien einen sicheren Status – keine Selbstverständlichkeit angesichts der wechselvollen Beziehungen beider Völker, die sich im 19. und 20. Jahrhundert in Massakern von Kurden an Armeniern und konkurrierenden territorialen Ansprüchen äußerten. Die Zusammenarbeit nationalistischer kurdischer und armenischer Organisationen in ihrem Kampf gegen die junge Türkische Republik in den zwanziger und dreißiger Jahren setzte einen harmonischeren Akzent. Auch in Armenien blieben die Kurden nicht vom Terror des Stalinismus verschont, ein Schicksal, das ein Großteil der Bevölkerung erlitt. Erst ab Mitte der fünfziger Jahre wurde den Kurden wieder kulturelle Förderung zuteil, konnte ihre Zeitung von neuem erscheinen, die heute – in kyrillischer Schrift – vor sich hin kümmert. In den sechziger Jahren strahlte das legendäre Radio Erivan Sendungen in kurdischer Sprache aus, die über Armenien hinaus empfangen werden konnten und einen nicht geringen Einfluß auf das Eigenbewußtsein der Kurden in den Nachbarländern ausübten.

Die Besonderheit der Kurden in Armenien – ihre Zahl dürfte zwischen 50000 und 80000 liegen – besteht heute darin, daß die meisten von ihnen Yeziden sind. Die wenigen muslimischen Kurden haben das Land in Richtung Aserbaidschan verlassen. Das

Verhältnis zwischen Yezidi-Kurden und muslimischen Kurden war dergestalt, daß beide zwar um die historische Verwandtschaft miteinander wußten, die muslimischen Kurden sich aber eher den muslimischen Azeri, die Yeziden mehr den christlichen Armeniern zugehörig fühlten. Angesichts der Vertreibung ihrer Glaubensbrüder aus ihrem angestammten Gebiet in der Südost-Türkei – keine Politik des Staates, aber von ihm geduldet – verwundert es nicht, daß die Yeziden in Armenien eine Türkei-kritische Haltung einnehmen und mit der PKK sympathisieren. Nicht nur als Folge wachsender nationalistischer Tendenzen unter Armeniern, sondern auch aufgrund eigener Konstrukte, die auf absonderlichen Theorien beruhen, definieren sich viele Yeziden ausschließlich als solche und distanzieren sich von ihrer Zugehörigkeit zu den Kurden bzw. leugnen sie sogar.

Zweiter Teil

Wirtschaft und Gesellschaft in Südost-Anatolien

1.

Sozialstruktur und Entwicklung

In der Diskussion über das „Kurdenproblem" hat der soziale und wirtschaftliche Entwicklungsstand in Südost-Anatolien stets ein besonderes Gewicht. Viele Argumente hängen mit der Bewertung, den Ursachen und Aussichten dieses Entwicklungsstandes zusammen. Manche Politiker möchten das „Kurdenproblem" allein mit der Beseitigung der Unterentwicklung lösen.

Stammesstrukturen und traditionelle Normen und Werte sind ebenfalls Gegenstand der sozialen Analyse und der Politik – und zwar nicht nur der türkischen Regierung, sondern auch der kurdischen Nationalisten und Politiker. Manche möchten die Stammesorganisation als Überbleibsel feudaler Zeiten und als Hindernis der Modernisierung abschaffen; andere sehen in der Stammesorganisation die eigentliche Ursache des bisherigen Scheiterns kurdisch-nationaler Bestrebungen, können die politische Mobilisierung der Kurden aber nicht ohne die traditionellen Stammeseliten verwirklichen.

Der Hintergrund für diese Diskussionen ist im folgenden genauer zu betrachten. Die Daten, die hier dargestellt werden, stammen meist aus Forschungsberichten und Erhebungen zum Südost-Anatolien-Projekt (*Güneydoğu Anadolu Projesi*, GAP), einem im fortgeschrittenen Stadium befindlichen gigantischen Bewässerungs- und Energiegewinnungsprojekt. Es zielt darauf ab, das West-Ost-Gefälle in der Türkei abzubauen. GAP umfaßt die Provinzen Adıyaman, Batman, Gaziantep, Mardin, Siirt, Şanlı Urfa und Şırnak und damit eine Fläche von 75 358 Quadratkilometern, ca. 9,7% der Türkei. Damit ist die geographische Ausdehnung größer als die Gesamtfläche von Belgien, Dänemark, den Niederlanden und Luxemburg zusammen. Hier leben mehr als 10% der Bevölkerung der Türkei. Das Projekt besitzt große Bedeutung für die Entwicklung der Türkei insgesamt und insbesondere der kurdischen Gebiete.

Demographische Entwicklung der Türkei
und die Kurden

Wenn wir die Bevölkerungsentwicklung der Türkischen Republik betrachten, sind einige Angaben zur Demographie des Osmanischen Reiches unerläßlich: Welche Besonderheiten demographischer Natur im osmanischen Kurdistan kann man feststellen und welche hat die Türkische Republik geerbt? Kurdische Provinzen im Osmanischen Reich waren dünner besiedelt als die im Westen Anatoliens oder die auf dem Balkan gelegenen. Das lag an der Geographie der östlichen Provinzen sowie an der nomadischen und seminomadischen Lebensweise der Kurden. Das Hochland und die Steppe Kurdistans eigneten sich am besten als Weideland. Die Nomaden konnten im Sommer das Gebirge und im Winter, wie die Bauern, die Ebenen in den Tälern bewohnen. Es gab jedoch auch größere, bevölkerungsreiche Siedlungen und Städte wie Diyarbakır mit 31443 Einwohnern Ende des 16. Jahrhunderts, das damit größer war als Edirne und Konya (30140 bzw. 15356 Einwohner).[1]

Muslime waren nicht die einzigen Bewohner Kurdistans. Es gab wie in anderen anatolischen Provinzen eine beträchtliche christliche Bevölkerung. In der Provinz Diyarbakır gab es Ende des 16. Jahrhunderts neben mehr als 70000 muslimischen Haushalten fast 12000 christliche.

Wie die Zusammensetzung der Bevölkerung im Osmanischen Reich ermittelt wurde, ist nicht genau zu rekonstruieren. Die Bevölkerungszählung von 1844 unterschied nach ethnischer Zugehörigkeit, wobei die Religion mitberücksichtigt wurde. Die Zahl der Kurden unter den 35 Millionen Einwohnern im damaligen Osmanischen Reich betrug eine Million. Im Jahr 1867 hatte das Osmanische Reich 40 Millionen Einwohner, davon lebten fast 2 Millionen in den ostanatolischen Provinzen von Harput, Erzurum und Kurdistan. Die Quelle dieser Zahlen ist nicht klar, obwohl sie für die Weltausstellung in Paris (1867) in dem osmanischen Katalog veröffentlicht wurden und eine Weile als offizielle Statistiken des Osmanischen Reiches galten.[2]

Zur Zeit der Gründung des gegenwärtigen türkischen Staates hatten viele Städte der Ost-Türkei nach den vorangegangenen Kriegsjahren fast die Hälfte ihrer Bevölkerung verloren: Sivas hatte

*Abb. 4: Cici Bibi: eine alte kurdische Frau
der Stammesgruppe der Berwari aus dem Dorf Şıklıko, Çukurca,
Provinz Hakkari (1978), gestorben 1997*

1912 eine Bevölkerung von 60 000 Einwohnern, 1927 waren es nur
29 000; Bitlis kam 1912 auf 40 000 Einwohner, 1927 waren es nur
9 000. Dieser Bevölkerungsschwund ist nicht nur auf Kriegs-
gefallene zurückzuführen, sondern auch auf Vertreibungen von
christlichen und muslimischen Bevölkerungsgruppen während
der Kriegsjahre. Mitte der zwanziger Jahre hatte die Türkei ca.
13 Millionen Einwohner; 2008 erreichte die Bevölkerungszahl über
71 Millionen. Mit anderen Worten: Innerhalb von knapp 90 Jahren
hat sich die Zahl ihrer Einwohner mehr als verfünffacht.

Die Errechnung des Anteils der Kurden an der türkischen Bevölkerung ist aus politischen, soziologischen und demographischen

*Abb. 5: Alter Mann mit qalun (Pfeife) aus dem Stamm der Pinyaniş
im Dorf Ziyaniş, Çukurca, Provinz Hakkarı (1981/82).
Die Pfeife wird bei einer Friedenssitzung geteilt. Neue Kleider und Hosen
werden geflickt, um sie vor dem bösen Blick zu schützen*

Gründen schwierig. Die zuverlässigsten Erhebungen bedienen sich
der Daten zu kurdischen Muttersprachlern. Nach der Muttersprache – Kurmandschi und Zaza – wurde in den Bevölkerungszäh-
lungen von 1935 und 1965 gefragt, und diese Zahlen wurden veröffentlicht. Anhand der Bevölkerungszuwachs-, Fruchtbarkeits- und
Sterblichkeitsraten und einer Analyse von Migrationsbewegungen
innerhalb der Türkei sowie der Abwanderung ins Ausland ist er-
rechnet worden, daß sich der Anteil der Bevölkerung mit Kurdisch
als Muttersprache – als meist akzeptiertes Kriterium für kurdische
Identität – zwischen 1935 und 1990 wie folgt entwickelt hat:[3]

Jahr	Bevölkerung insgesamt	Kurdisch als Muttersprache
1935	16 157 450	1 480 246 (9,16%)
1965	31 391 421	3 130 390 (9,97%)
1990	56 475 035	7 046 200 (12,6%)

1995 gab es schätzungsweise 8,21 Millionen Kurden bzw. Kurdisch-Muttersprachler; die Prognose für das Jahr 2000 lag bei 9,57 Millionen.[4] Nach einer von dem nichtstaatlichen Umfrage-Institut KONDA durchgeführten Repräsentativbefragung, in der ca. 50 000 Personen in der ganzen Türkei befragt wurden, gab es in der Türkei im Jahr 2007 11,5 Millionen Kurden (15,6 % der Bevölkerung).[5]

Da die GAP-Region Gegenstand mehrerer Studien gewesen ist, verfügen wir über einen großen Datenbestand, der einen Großteil der Kurdengebiete erfaßt. Im Jahr 1993 wohnten hier Kurden, Türken, Turkmenen, Araber und Assyrer. Die kurdischsprachige Gruppe war die größte in allen Provinzen dieses Gebiets – mit Ausnahme von Gaziantep. Türken und Araber wohnten eher in Städten, besonders in Şanlı Urfa, Siirt und Batman, während einige ländliche arabischsprachige Gruppen in der Provinz Mardin zu finden waren. Kurdisch als Muttersprache herrschte in folgenden Provinzen vor: 87,5% der Dörfer in der Provinz Diyarbakır, 83,3% in Mardin, 80% in Adıyaman, 77,8% in Şanlı Urfa. In Gaziantep wurde in 83,3% der Dörfer Türkisch als Muttersprache gesprochen, in den anderen Dörfern Kurdisch.[6] Insgesamt gaben fast 73% der Befragten Kurdisch als Muttersprache an, 17,4% Türkisch, 8,1% Arabisch.[7] Als zweite oder dritte Sprache gaben 5% der Befragten Kurdisch an, aber fast 71% Türkisch.

Kurdisch wird in mehr als der Hälfte der Städte in der GAP-Region am häufigsten gesprochen. Nur etwa ein Drittel der Befragten gaben Türkisch als Muttersprache an. Ein ganz anderes Bild zeigte sich in der Stadt Gaziantep, wo 93% der Befragten Türkisch als ihre Muttersprache bezeichneten. Türkisch als zweite Sprache wurde jedoch von fast zwei Dritteln der befragten städtischen Haushaltsvorstände gesprochen.[8]

Geschätzter Anteil der Einwohner kurdischer Muttersprache (1990)

nach Mutlu (Hochrechnung auf Grundlage der Volkszählung von 1965) *

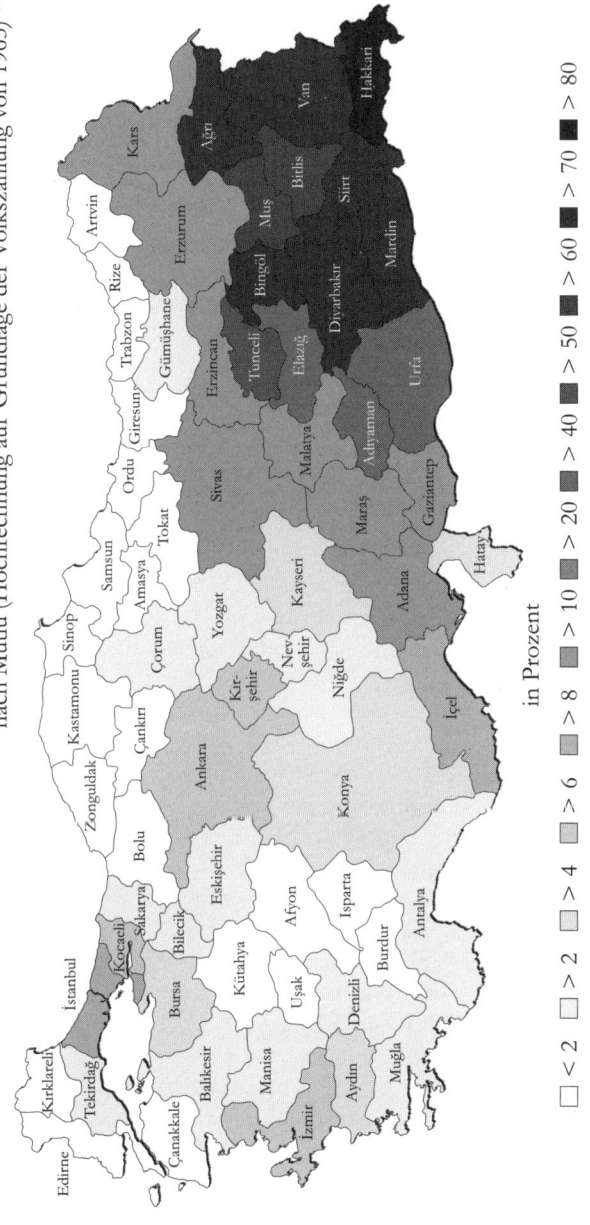

in Prozent

□ < 2   □ > 2   □ > 4   □ > 6   ■ > 8   ■ > 10   ■ > 20   ■ > 40   ■ > 50   ■ > 60   ■ > 70   ■ > 80   ©Schüler

* Mutlu, S.: "Population of Turkey by Ethnic Groups and Provinces", *New Perspectives on Turkey*, 12 (Spring 1995), S. 44.

Dem nationalen Bevölkerungsregister des Jahres 2008 zufolge hatte die Türkei 71 517 100 Einwohner; die Bevölkerungswachstumsraten der östlichen Provinzen fallen unterschiedlich aus (Tabelle 6, S. 243). Von 1990 bis 2008 zeigen insgesamt vier Provinzen einen absoluten Bevölkerungsverlust, auch wenn 2008 die Netto-Migrationsrate und die jährliche Wachstumsrate positiv waren (z. B. Tunceli). Die durchschnittliche Bevölkerungsdichte der Türkei betrug 93 Personen pro Quadratkilometer im Jahr 2008; von den 24 östlichen Provinzen (der insgesamt 81 Provinzen der Türkei) hatten nur drei eine überdurchschnittliche Bevölkerungsdichte, 19 Provinzen der Resttürkei besaßen dagegen überdurchschnittlich hohe Werte.

Gemäß dem Bevölkerungszensus des Jahres 2000 gab es 15 Provinzen mit negativem Bevölkerungswachstum; nur 4 von diesen lagen im Osten der Türkei. Die Hälfte aller Provinzen mit überdurchschnittlich hohen Bevölkerungswachstumsraten (im Jahr 2000 betrug die Durchschnittsrate für die Türkei 18,28 Promille) befanden sich in östlichen und südöstlichen Regionen der Türkei. Dies kann mit der überwiegend ländlichen Struktur dieser Region erklärt werden; nur wenige Provinzen dieser Region, wie beispielsweise Gaziantep und Kilis, haben eine städtische Mehrheitsbevölkerung.

Ein häufig genanntes Argument ist, daß die Fruchtbarkeitsrate des türkischen Ostens höher als die des Westens sei, weil die Kurden sich mehr Kinder wünschen als die Türken. Die regionalen Unterschiede hinsichtlich der erwünschten Kinderzahl wurden in einer Bevölkerungsbefragung des Jahres 1993 untersucht. Demnach wünschten sich die Bewohner der am weitesten entwickelten westlichen und nordwestlichen Provinzen im Durchschnitt 2,2 Kinder, die der östlichen und südöstlichen Provinzen 2,9 Kinder. Es besteht somit keine allzu große Differenz zwischen den beiden Regionen. Auch auf den Durchschnitt der Gesamttürkei bezogen (2,4) ist der Unterschied nur geringfügig.[9]

Auch wenn sich die gewünschte Kinderzahl im Osten und Westen der Türkei nicht sehr unterscheidet, zeigt die faktische Fruchtbarkeitsrate im Osten einen enormen Unterschied zum gesamttürkischen Durchschnitt. Im Jahr 2000 war die durchschnittliche Fruchtbarkeitsrate von 24 Provinzen des Ostens und Südostens der Türkei mit 4 Geburten pro Frau deutlich höher als der

Durchschnitt in der Türkei von 2,53. Einige Provinzen wie Hakkari und Şırnak gehörten mit Fruchtbarkeitsraten von jeweils 6,69 und 7,06 Geburten pro Frau zur Spitze.

Zwischen der Ost- und West-Türkei gab es nicht nur bei der Fertilitätsrate große Unterschiede, sondern auch die Säuglingssterblichkeit betreffend: Nach einer Studie war die Säuglingssterblichkeit (1993) in den östlichen Untersuchungsgebieten jeweils mindestens anderthalb mal so hoch wie im Westen.[10] Die Werte der östlichen und südöstlichen Provinzen lagen erheblich über den Gesamtwerten der Türkei. Auch im Jahr 2000 lagen die Zahlen der Säuglingssterblichkeit immer noch über den Gesamtwerten der Türkei. In diesem Jahr starben durchschnittlich 43 von 1000 Säuglingen. 17 der 24 östlichen und südöstlichen Provinzen hatten überdurchschnittliche Werte, d. h. eine höhere Säuglingssterblichkeit als die Resttürkei. Ein weiteres Drittel der restlichen Provinzen der Türkei besaß ebenfalls überdurchschnittlich hohe Werte.

Die Altersstruktur im GAP-Gebiet zeigt eine junge Bevölkerung: In sechs GAP-Provinzen waren, gemäß der Volkszählung von 1990, 42,5 % der Bevölkerung unter 15 Jahre alt. In einigen Provinzen des GAP-Gebiets näherte sich diese Zahl der 50 %-Marke.[11] Im Jahr 2008 waren 26,3 % der Gesamtbevölkerung der Türkei unter 15 Jahre alt; in den östlichen und südöstlichen 24 Provinzen lag der Anteil dieser Altersgruppe fast immer über dem Durchschnitt. In einem Drittel dieser Provinzen waren mindestens 40 % der Bewohner jünger als 15 Jahre.

Binnenmigration und Verstädterung

Seit der Mitte des 20. Jahrhunderts führte das Bevölkerungswachstum zu einer starken Binnenmigration und Urbanisierung in der Türkei. Der Anteil der Stadtbevölkerung an der Gesamtpopulation stieg von 20% im Jahr 1955 auf 50% im Jahr 1985 und auf 75% bei der letzten Volkszählung im Jahre 2008.[12] Die wichtigsten Gründe für diese Binnenmigration sind: (1) Die ländlichen Ressourcen waren ausgeschöpft, da man sie nicht mit besserer Technologie bearbeiten konnte. (2) Die Abhängigkeit zwischen Stadt und Land wurde durch neue Technologien erhöht. (3) Nach 1950 betrieb der

Staat eine Wirtschaftspolitik, die überwiegend städtische Investitionen begünstigte. (4) Staatliche Sozialdienste wie Bildung und Gesundheit entwickelten sich am schnellsten in städtischen Räumen. (5) Wegen besserer Bildungs- und Arbeitschancen sahen viele Familien ihre Zukunft in den Städten. (6) Viele urbane Zentren waren durch verbesserte Straßen- und Transportnetzwerke von ländlichen Gebieten aus leichter zu erreichen.

Die einzelnen Regionen der Türkei sind von Zuwanderung und Abwanderung in unterschiedlichem Maße betroffen. In den Jahren 1975–1990 nahmen westliche Regionen mehr Einwohner auf, als sie abgaben; die östlichen, nördlichen und zentralen Regionen verzeichneten mehr Abwanderung als Zuwanderung. In der nördlichen Region war bis in die neunziger Jahre der negative Wanderungssaldo höher als in der Ost-Region.[13] Im Jahr 2008 hatten beinahe alle gering besiedelten Provinzen im Osten und Südosten eine negative Migrationsrate, d.h. mehr Personen verließen diese Provinzen, als Personen in diese umzogen. Fast die Hälfte der Provinzen mit niedriger Bevölkerungsdichte und negativer Migrationsrate hatte auch negative Wachstumsraten im Jahre 2008, d.h. sie verloren in absoluten Zahlen an Bevölkerung.

Der Migrationsprozeß darf nicht ausschließlich als Verlust vorhandener Bindungen oder als Isolation vom bisherigen sozialen Milieu verstanden werden, da die Migranten in schon vorhandene soziale Bezüge hineinkommen und sie auch vor der endgültigen Migration (alleine oder mit der Familie) einige Kenntnisse durch saisonale und temporäre Arbeit in der Stadt haben. Es ist also keine völlig neue und fremde Welt für sie. Für viele sind bessere Bildungsmöglichkeiten für ihre Kinder und allgemein bessere Lebensbedingungen ausschlaggebend für den Wunsch, in die Stadt zu ziehen. Andererseits sind sich die Migranten bewußt, daß das Stadtleben beträchtliche Nachteile mit sich bringt, wozu hohe Lebenshaltungskosten und Mietausgaben sowie Arbeitslosigkeit zählen. Mit anderen Worten: Die Chance der sozialen Mobilität der Kinder durch bessere Erziehung scheint der wichtigste Grund für den Wunsch zu sein, in eine Großstadt zu ziehen.[14]

Die Kurden sind von diesen Wanderungsprozessen stark betroffen und leben nicht nur in den „traditionell" kurdischen Gebieten.[15] Der Anteil der kurdischen Bevölkerung ist in industriell sich schnell entwickelnden Großstädten wie Adana, Mersin und

İzmir besonders hoch, in zentralanatolischen Städten wie Konya, Kayseri und Ankara eher niedrig. So sind die Kurden zwischen 1965 und 1990 in einem signifikanten Maße in die westlichen Provinzen migriert (Tabelle 7, S. 244–245). In einigen westlichen und zentralen Provinzen der Türkei hat sich ihr Anteil mehr als verdoppelt, sogar verdrei- oder vervierfacht, wenn auch die Prozentzahl immer noch niedrig bleibt. In Kocaeli z.B. ist die Zunahme enorm: Der Anteil von Kurden in dieser Provinz ist von 0,49% auf 7,94% gestiegen. Auch in den Provinzen, die sonst als traditionelle kurdische Siedlungsgebiete gelten, sind die Kurden sehr unterschiedlich stark vertreten. Die Abwanderung aus den kurdischen Gebieten in die West-Türkei hat seit den achtziger Jahren stark zugenommen. Hier spielten neben den allgemeinen Ursachen auch manche Sonderfaktoren eine Rolle: Die militärischen Auseinandersetzungen verursachten die Migration aus Dörfern in die nächstgelegenen und sichereren Städte, aber auch in Städte wie İzmir, Antalya, Bursa oder Istanbul. Die Abwanderung aus der GAP-Region z.B. erfolgte zuerst in die Städte Gaziantep, Adana und Mersin im Süden der Türkei, dann nach İzmir und Istanbul, aber kaum nach Ankara.[16] Entgegen der gängigen Meinung lebt die Mehrheit der Kurden jedoch nicht im Westen bzw. in westlichen und südlichen Metropolen, sondern immer noch im Osten und Südosten der Türkei.

Die Migration innerhalb des GAP-Gebiets vollzieht sich meist aus Dörfern in der Ebene in die Klein- und Großstädte, die Migration in andere Regionen (meist in Großstädte im Süden oder Westen) aus Bergdörfern.[17] Innerhalb des GAP-Gebiets gibt es auch unterschiedliche Land-Stadt-Migrationsbewegungen und Urbanisierung: Während die Städte Gaziantep, Diyarbakır und Şanlı Urfa Migranten anziehen, verlieren die Provinzen von Mardin, Adıyaman und Siirt Bevölkerung an die Provinzen außerhalb des Ostens und Südostens.[18] Der Volkszählung von 1990 zufolge lebten 63% der Bevölkerung im GAP-Gebiet in den Städten Gaziantep, Diyarbakır und Şanlı Urfa.[19] Die Gründe für die Migration aus den Dörfern in diesem Gebiet sind vielfältig: wirtschaftliche Not, Streit um Besitz, Blutrache oder allgemeine Sicherheitsprobleme (besonders nach Beginn des Krieges gegen die PKK). Außerdem gibt es saisonale Arbeitsmigration aus der Hälfte der Dörfer besonders im Bereich der Bauwirtschaft.[20]

Der Verstädterungsprozeß in kurdischen Gebieten der Türkei ist insgesamt von einigen Besonderheiten gekennzeichnet: (1) Die Migration in die südöstlichen Städte verursacht eine im Vergleich zu den im Westen gelegenen Städten schwerere Krise des städtischen Arbeitsmarktes, der nicht alle Migranten aufnehmen kann. (2) Die Migration aus den ländlichen Gebieten in die Städte der kurdischen Gebiete oder in den Westen der Türkei verläuft parallel zu der Abwanderung lokaler Eliten in den Westen, die eigentlich das nötige materielle und soziale Kapital für Investitionen im Südosten haben, aber der Unsicherheit und Instabilität der Kriegsökonomie in der Region entfliehen wollen. Diese Abwanderung führt z.B. zu erhöhtem Verkauf von Immobilien der reicheren Schicht und gleichzeitig zu rasanten Mietsteigerungen für die einkommensschwachen Gruppen in kurdischen Städten. (3) Die Städte im Südosten der Türkei sind Sprungbrett für die Abwanderung nach Westen. Auch die Stadt Gaziantep, die das größte Potential zu wirtschaftlicher Blüte hat, ist hiervon nicht ausgenommen.[21] (4) Die Städte im Südosten entwickeln sich nur langsam zu neuen industriellen Zentren; sie haben eine hohe Konzentration von Militär, die ihren Charakter stark prägt.

Die Migranten vom Land haben unterschiedliche Bindungen und Erwartungen an das städtische Leben. Viele Landlose oder Vertriebene bedienen sich weiter der Beziehungen zu mächtigen Aga- oder Scheich-Familien oder sie suchen die Unterstützung von Personen in Machtpositionen, welche städtische oder staatliche Leistungen für sie „anzapfen" können. Migranten sind besonders offen für Einflüsse klientelistischer und religiöser Personen und Interessengruppen und schwer zugänglich für eine Parteipolitik, die sich nicht auf solche Dienstleistungen und protektionistischen Angebote einlassen will.[22]

Exkurs: Der Fall Diyarbakır[23]

Eine beträchtliche Zwangsmigration findet in die Stadt Diyarbakır statt. Laut der Diyarbakır-Studie des türkischen Architekten- und Ingenieursverbandes waren 36 % der Befragten Einheimische, 30 % waren vor 1990 migriert und 34 % nach 1990 zwangsmigriert; d. h. sie sind nicht aus individuellen Gründen zugezogen oder weil sie das Stadtleben attraktiv fanden, sondern wegen der kriegerischen Auseinandersetzungen und Vertreibungen, die sie zur Migration gezwungen hatten. Von den nach 1990 zwangsmigrierten befragten Haushaltsvorständen gaben fast die Hälfte direkt den Krieg und die Vertreibung aus dem Dorf als Grund für ihre Migration an.[24] Mit anderen Worten: Ab 1990 änderten sich die Hauptgründe der Migration vom Land in die Stadt drastisch.

Die Provinz Diyarbakır hatte 1965–1990 einen negativen Wanderungssaldo (– 7,6 %);[25] dies änderte sich nach 1990. Die jährliche Rate des Migrationszuwachses von 1990 bis 1997 betrug + 2,2 %.[26] Gleichwohl setzte sich die Abwanderung aus der Stadt auch nach 1990 fort. Zugleich verwandelten diejenigen, die aus der ländlichen Umgebung nach Diyarbakır zwangsmigrierten, die Stadt gewissermaßen in ein großes Dorf, trotz der mehrstöckigen Billighäuser, die sie bewohnen: Neben den Hochhäusern oder auf den Balkonen dieser Häuser z.B. gibt es einen *tandır*, einen traditionellen Backofen, den man im Dorf als ein Loch in die Erde baut.

Die Diyarbakır-Studie unterstreicht die Kritik an der Planlosigkeit staatlicher Maßnahmen und den Kürzungen verschiedener Etats der Provinz: Investitionen stagnieren, nur Projekte im militärischen und Sicherheitsbereich werden finanziert.[27] Während Kapital aus Diyarbakır nach Westen abgezogen wird, werden die verbliebenen Investoren kaum mit ausreichenden Krediten unterstützt. Vetternwirtschaft und Korruption werden von der Regierung zumindest toleriert; es existiert ein akuter Wohnungsmangel, und die Wohnungen, die für die Zugezogenen gebaut wurden, wurden zumeist ohne Genehmigung errichtet.

Ab- und Zuwanderungen bilden einen Teil der Migrationsbewegungen und sind oft langfristig oder endgültig. Es gibt aber auch eine saisonale Migration, die das Leben bestimmter Bevölkerungsgruppen in den Provinzen, die mehrheitlich von Kurden bewohnt werden, betrifft. Saisonale Migration findet zwischen Provinzen innerhalb und außerhalb der GAP-Region statt. Fast 10% der Bevölkerung dieses Gebiets nahmen an saisonaler Migration teil.[28] Saisonale Migration betrifft hauptsächlich die junge Generation von Männern. Wegen der hohen Bevölkerungszuwachsrate, der durch das Erbsystem verursachten Verkleinerung des Grundbesitzes, der Arbeitslosigkeit und der Mechanisierung in der Landwirtschaft arbeiten meist junge Männer saisonal in westlichen oder in der Nähe liegenden Städten und Großstädten in der Bauindustrie oder in kleineren Betrieben des produzierenden Gewerbes.[29] Diese Mobilität eröffnet nicht nur neue Einkommensmöglichkeiten und Unterstützung der betroffenen Familien, sondern hat auch eine Wirkung auf die Autoritätsstruktur in den traditionellen Familien. Die jungen Männer z.B. wollen nicht mehr in Drei-Generationen-Familien leben und möchten ihr Einkommen für sich selbst behalten, anders als in traditionellen ländlichen Familien, wo der Vater die Entscheidungen für den Haushalt allein getroffen hatte.

Bildung

In den östlichen und südöstlichen Regionen ist der Bildungsstand der Bevölkerung relativ niedrig. Die Ostregion der Türkei hat die niedrigsten Werte für Männer und Frauen (Tabelle 8, S. 245–246). Die Frauen im Südosten sind dabei besonders benachteiligt; einen Gymnasialabschluß erreichen im Vergleich zu den Männern im Osten, aber auch im Vergleich zu den Frauen im Westen kaum halb so viel Frauen. Fast dreimal soviel Frauen im Westen und viermal soviel Männer im Osten erreichen einen Universitätsabschluß.

In Diyarbakır stellen Kinder und Jugendliche im Schulalter von 7–18 Jahren ungefähr 35 % der Stadtbevölkerung. In dieser Altersgruppe besuchten mehr als die Hälfte weder eine Schule noch standen sie in einem Beschäftigungsverhältnis.[30] Die Angaben zur GAP-Region kontrastieren jedoch stark mit den Angaben aus der Diyarbakır-Studie: Demnach gab es eine sehr geringe Zahl der Kinder im schulpflichtigen Alter, die nicht zur Schule gingen (40 von 2782 Befragten).[31]

Die Prozentzahl der Analphabeten im städtischen Milieu der GAP-Region lag bei etwa einem Viertel der Befragten.[32] In diesem Gebiet konnten im Jahr 1990 nur 60 % der Bevölkerung lesen und schreiben, 45 % der Frauen und 76 % der Männer.[33]

Gesundheit

Ein Vergleich der ärztlichen Versorgung nach verschiedenen Regionen der Türkei ist ein weiterer Indikator des Entwicklungsstandes der kurdischen Gebiete (Tabelle 9, S. 246). Die Zahl der Patienten pro Arzt liegt in östlichen und südöstlichen Regionen stets über dem Durchschnittswert. Die Marmara-Region besitzt die höchste Anzahl Patienten pro Arzt. Dies kann dadurch erklärt werden, daß sich die Zahlen nur auf die Ärzte der staatlichen Polikliniken und Gesundheitszentren beziehen, während private und staatliche Krankenhausärzte in die Untersuchung nicht einbezogen wurden. Weiter zeigt die Tabelle, daß es in den östlichen und südöstlichen Regionen die geringste Anzahl von Krankenhausbetten gab. Diese Regionen besaßen auch die höchsten Raten von Polikliniken ohne Ärzte (jeweils für Südosten und Osten 20 %, Türkeidurchschnitt 13 %).

Industrie und Arbeitsmarkt

Allgemein hat in den urbanen Zentren der Türkei die verarbeitende Industrie den größten Anteil am Bruttosozialprodukt, gefolgt vom Dienstleistungssektor und Handel. Der Dienstleistungssektor in der GAP-Region liegt etwas unter dem Durchschnittswert für türkische Städte.[34] Sein Anteil an der Gesamtwirtschaft der Region beträgt 37 %.[35] In der GAP-Region lag jedoch die Differenzierung innerhalb dieses Sektors unter dem Wert für die Gesamt-Türkei, was für die Einseitigkeit der Entwicklung dieses Bereichs spricht.[36]

Der Anteil der Beschäftigten in der verarbeitenden Industrie in der GAP-Region liegt jedoch auffällig unter dem Durchschnittswert für die urbane Türkei: In der GAP-Region arbeiteten etwa 12 % (nach anderen Quellen 16 %) der Beschäftigten in diesem Sektor, während der Durchschnittswert für die Türkei 29 % (im Jahr 1990) betrug.[37] 1980–1985 waren nur 2 % der verarbeitenden Industrie der Gesamt-Türkei in dieser Region angesiedelt. Im gleichen Zeitraum hatte sich der Anteil der Kleinbetriebe in dieser Region im Vergleich zur Gesamt-Türkei sogar verringert. Nach der Liberalisierungspolitik der Özal-Ära hat sich der Staat aus Investitionen zurückgezogen, was verheerende Auswirkungen auf die Industrie in dem Gebiet hatte. Privatisierungsmaßnahmen hatten keinen Erfolg, weil die nötige Infrastruktur fehlte. Wegen der Instabilität durch die kriegerischen Auseinandersetzungen mußten immer mehr Firmen und Betriebe schließen und wurden meist in den Westen des Landes verlegt.[38] Eine wichtige Ausnahme bildet die Stadt Gaziantep, in der die Beschäftigung in diesem Sektor den Durchschnittswert westlicher türkischer Städte erreichte.

In städtischen Zentren der Türkei kann man kaum eine landwirtschaftliche Produktion beobachten. In der GAP-Region jedoch waren 13 % der Beschäftigten im Agrarsektor tätig. Andererseits hatte das Baugewerbe in türkischen Städten allgemein einen Anteil von 7,6 %, während diese Zahl für die GAP-Region 18 % erreichte.[39]

Auf dem Arbeitsmarkt in den kurdischen Provinzen sieht es bedrückend aus. Genauere Zahlen liegen für Diyarbakır vor, wo etwas mehr als ein Fünftel der befragten Erwerbsbevölkerung arbeitslos war.[40] Allerdings muß solchen Angaben mit Zurückhaltung begegnet werden, weil Arbeitslosigkeit nicht durch Anmeldung registriert wird. Der informelle ist der wichtigste Sektor in städtischen Milieus dieser Region. Arbeitssuche und -vermittlung läuft in typischer Weise in diesem Sektor über eine Mischung von Vermittlung durch Verwandte, Bekannte oder private Arbeitsvermittler von Leihfirmen, die Anteile vom Lohn für ihre Dienste einbehalten.

Das Einkommen ist von zentraler Bedeutung für die gesamte Lebenslage von Menschen. 1996 betrug das jährliche Pro-Kopf-Durchschnittseinkommen in der Türkei 2 138 $[41] und in Diyarbakır 283 $[42] (im März 1996 entsprach 1$ 75 000 Türkischen Lira). Fast 24 % der befragten Haushalte hatten ein Einkommen von maximal 4 Millionen Lira = ca. 53 $ im Monat).[43] Nur 2 % der Haushalte gehörten zur höchsten Einkommensgruppe (50–100 Millionen Lira = 666–1332 $ im Monat). Wenn man berücksichtigt, daß im Jahr 1996 6 Millionen Lira im Monat dem offiziellen Mindestlohn in der Türkei entsprachen, bedeutet das, daß in Diyarbakır 41 % der Haushalte weniger als diesen Betrag verdienten. Fast 47 % dieser Mindestlohngruppe waren Zwangsmigranten. Die Diyarbakır-Studie zeigt außerdem, daß nur 0,1 % der Befragten in dieser Stadt ein überdurchschnittliches Einkommen hatten.[44]

Einer Armutsstudie in türkischen Städten von 1994 zufolge lag die Armutsgrenze bei 384 $ im Jahr pro Person, d.h. dies war die Mindestsumme einer Person für Grundbedürfnisse wie Lebensmittel. In Diyarbakır wurde diese Armutsgrenze mit 432 $ im Jahr pro Person festgelegt. Fast 88 % der Bevölkerung und 95 % der Zwangsmigranten in Diyarbakır lebten unter diesem Limit.[45]

Eine aktuelle Studie von TESEV, die von einer Gruppe bekannter türkischer Ökonomen und Sozialwissenschaftler durchgeführt wurde, weist auf ähnliche Entwicklungsindikatoren hin. In der Analyse sozioökonomischer Entwicklungsindikatoren von 1996 bis 2003 wurde festgestellt, daß 17 Provinzen der Südost- und Osttürkei die niedrigste sozioökonomische Entwicklung innerhalb aller 81 Provinzen hatten (2006, S. 13, Tabelle 1.1). Darüber hinaus vermuteten die Autoren, daß im Jahr 2004 rund 60 % der Bevölkerung dieser Region unter der Armutsgrenze lebten (TESEV 2006, S. 102). Laut einer anderen Studie aus dem Jahr 2002 hatten 2,4 % der Bevölkerung in der Türkei ein Tageseinkommen von unter einem US-Dollar. In der Ost- und Südosttürkei traf dies auf 14 % der Bevölkerung zu.[46]

Südost-Anatolien: Ein Fall von Unterentwicklung?

Die Unterentwicklung der südöstlichen und östlichen – mehrheitlich von Kurden bewohnten – Provinzen in der Türkei ist seit Mitte der sechziger Jahre ein wissenschaftliches und politisches Diskussionsthema. Mit der Verbreitung sozialistischer Ideen unter Politikern und Sozialwissenschaftlern, die meist der Arbeiterpartei (TİP) nahestanden, wurde die Unterentwicklung dieser Provinzen im Vergleich zu den westlichen Provinzen als ein aus der „Logik des Kapitalismus" hervorgehender Prozeß verstanden. Dagegen setzte der Soziologe Beşikçi die These der Ethnizität: Eine ungleiche Entwicklung des Kapitalismus könne nicht die Lage der Kurden in der Türkei erklären, da es sich um Unterdrückung und Ausbeutung von Volksgruppen handele. Kritiker von Beşikçis These argumentieren, daß Ethnizität als einziger Erklärungsansatz für die Unterentwicklung des Ostens und Südostens Klasseninteressen und -schichtungen unter den Türken, den Kurden und anderen ethnischen Gruppen übersehe; kapitalistische Entwicklung finde ohne Rücksicht auf ethnische Zugehörigkeit statt. Kapitalbildung führe zu weiterer Ausbeutung der kurdischen Bevölkerung durch ihre „eigenen" herrschenden Schichten von Großgrundbesitzern, Agas und Scheichs.[47] Diese seien in der Lage, von der Mechanisierung der Landwirtschaft und der Erweiterung der Märkte zu profitieren, indem sie ihre traditionellen Führungspositionen den neuen Herrschaftsstrukturen des Kapitalismus anpassen könnten.[48] Letzterem stimmt Beşikçi durchaus zu. Gleichwohl stellt sich die Frage, ob Ethnizität eine primäre Rolle bei der Unterentwicklung spielte bzw. spielt. Beşikçi führte sein Argument der gezielten ethnischen Unterdrückung der Kurden durch den Staat fort und sprach von „internem Kolonialismus" sowie von Kurdistan als „internationaler Kolonie"; dieses Modell wurde sogleich von kurdischen nationalistischen Gruppen und Theoretikern übernommen. Kritiker argumentierten, daß dieses Modell der Ausbeutung und Unterdrückung theoretisch und empirisch nicht genügend entwickelt sei, um das komplexe Verhältnis zwischen Klassenherrschaft und ethnischer Herrschaft im Fall der Kurden zu erklären.[49]

Sicherlich spielt Urbanisierung eine wichtige Rolle im Prozeß der Unterentwicklung und für das West-Ost-Gefälle. Durch sie sank der Anteil der Landwirtschaft am Bruttosozialprodukt von 50% in den fünfziger Jahren auf 15% im Jahr 1990. Die Industrialisierung begann in den dreißiger Jahren während des instabilen Weltmarktes mit staatlicher Unterstützung und wurde in den sechziger Jahren im Rahmen einer gemischten Planwirtschaft fortgesetzt. Die Wirtschaft wuchs rasch, ohne daß dies zu einer Vollbeschäftigung der städtischen Bevölkerung geführt hätte.

Die südöstlichen und östlichen kurdischen Provinzen haben mehr als zwanzig Jahre lang einen Sonderstatus (*Kalkınmada Öncelikli Yöreler*) in dieser Planwirtschaft gehabt. Da aber der Staat nicht genügend investierte und die Entwicklung in diesen Provinzen nicht effizient genug unterstützte, konnte die Abwanderung von Kapital und Eliten wie z.B. aus Diyarbakır nicht verhindert werden. Es ist sogar bestritten worden, daß der Kapitalismus überhaupt Eingang in diese Region gefunden hat.[50]

Einige Probleme dieses unterentwickelten Gebietes gibt es auch in der übrigen Türkei. Die Region weist aber auch Besonderheiten auf:[51] (1) Eine effiziente Förderung der Region wurde nicht erreicht. Obwohl das Gebiet für Viehwirtschaft sehr geeignet ist, ist eine wirksame Unterstützung im wesentlichen ausgeblieben. Durch den Krieg gegen die PKK und durch das damit einhergehende Weideverbot ist die schwache Viehwirtschaft in eine schwere Krise gestürzt worden. (2) Die Landbesitzstrukturen stellen ein großes Hindernis für eine nachhaltige und profitable landwirtschaftliche Entwicklung dar. 42% der ländlichen Bevölkerung in diesem Gebiet sind landlos.[52] (3) Weil der Staat die Entwicklung der Industrie durch Aufbau der Infrastruktur unterstützen muß und die Industrie sich für den Markt und die Produktion günstige

Orte aussucht, wurden immer wieder die schon entwickelten städtischen Zentren für industrielle Neuansiedlungen vorgezogen. (4) Auch die Einführung einiger Industrien, wie z.B. der ölverarbeitenden, hat die Hoffnung auf Arbeitsplätze nicht erfüllt. (5) Das Bevölkerungswachstum im Südosten der Türkei ist ein Hindernis für die Wirtschaftsförderung. (6) Die Verteilung staatlicher Kredite und Förderungsmaßnahmen haben trotz der bevorzugten Behandlung dieses Gebiets nicht zu den erhofften Ergebnissen geführt.[53] (7) Staatliche Investitionen in der GAP-Region sind ungleich verteilt; etwa die Hälfte kommt der Energiewirtschaft zugute, andere Sektoren werden dagegen vernachlässigt.[54] Gewinne aus der Energieerzeugung werden nicht in der GAP-Region reinvestiert. Die Argumentation des Staates gegen den Vorwurf absichtlicher Unterentwicklung lautete jedoch, daß die Kosten für das GAP-Gebiet derzeit bei niedrigen Gewinnen sehr hoch seien.

Der Soziologe Özer, der selbst im GAP-Projekt arbeitete, ist der Auffassung, daß die türkischen Regierungen eine kapitalistische Entwicklung und Industrialisierung in diesem Gebiet verhindert hätten, weil dies die Verstärkung ethnisch-nationaler Bewegungen, d.h. des kurdischen Nationalismus, hätte verursachen können.[55] Staatliche Ressourcen flossen daher vor allem in den Ausbau der Infrastruktur und in das Militär.[56]

Obwohl die GAP-Region seit den siebziger Jahren von verschiedenen neuen Kommunikationstechnologien und von der Entwicklung der Kleinindustrie profitierte, hat die gesellschaftliche Entwicklung nicht mit diesen wirtschaftlichen und technologischen Entwicklungen Schritt halten können. In der Gesellschaft herrschen immer noch alte Werte- und Normenmuster vor, die sich nur sehr langsam an die Erfordernisse industrieller Entwicklung wie z.B. die Ausbildung einer qualifizierten Arbeitnehmerschaft anpassen. Dadurch wird ein koordinierter sozialer und ökonomischer Wandel in dieser Region verhindert.[57]

Die GAP-Studie untersucht außerdem den Zusammenhang zwischen Beruf und sprachlichen Kompetenzen: Diejenigen, die Türkisch als Muttersprache gelernt haben, sind meist in der verarbeitenden Industrie oder im Dienstleistungssektor tätig und spielen auch eine wichtige Rolle im Handel, während jene mit Kurdisch als Muttersprache meist in der Landwirtschaft, im Bau-

oder Dienstleistungsgewerbe tätig sind.[58] Die Handeltreibenden haben in der Mehrheit Kurdisch als Muttersprache. Die Überrepräsentation türkischer Muttersprachler in der Industrie und im Dienstleistungssektor rührt von einer Koinzidenz zweier Faktoren her: Die Türkisch-Muttersprachler leben mehrheitlich in Gaziantep, und diese Stadt ist in diesen Sektoren am meisten entwickelt.[59] Die Gruppe mit Türkisch als Muttersprache ist in sozioökonomischer Hinsicht in einer etwas besseren Position, während die Gruppe mit Kurdisch als Muttersprache und die mit Arabisch und Zaza folgen. Jedoch gehören alle diese Gruppen zu der untersten Einkommensgruppe städtischer Bevölkerung in der Türkei. Keine dieser Sprachgruppen liegt über der städtischen Armutsgrenze. Die Differenzierung zwischen den Sprachgruppen unterstützt die Theorie der ethnischen Schichtung aber nicht, weil jene eher den Linien der unterschiedlichen regionalen, wirtschaftlichen und städtischen Entwicklungen folgt.[60]

Widersprüche in den Erklärungsansätzen zur Unterentwicklung Südost-Anatoliens sind offensichtlich. Einerseits heißt es, die Region sei absichtlich vernachlässigt worden, andererseits, daß große Investitionen getätigt worden seien. Daß diese nicht zu den erhofften Ergebnissen führten, erklären Politiker mit den schwierigen Bedingungen, nämlich den sogenannten feudalistischen Strukturen, Stammesstrukturen und -loyalitäten, Mangel an Bildung und Qualifizierung in allen beruflichen und Lebensbereichen. In diesen Argumenten werden sozialstrukturelle Gegebenheiten entweder auf ethnische Merkmale reduziert oder ignoriert, was der Komplexität der sozialen Realität nicht gerecht wird und die Lösung der Probleme erschwert.

Andere halten die Migration aus allen Schichten der Bevölkerung in die entwickelteren Gebiete und Städte der Türkei für das wichtigste Problem des Südostens, weil dadurch in allen Berufen und Lebensbereichen soziales und materielles Kapital verloren geht.[61] Der stetige strukturelle Wandel des Humankapitals führt zu einer mangelhaften Übertragung von Wissen zwischen den Generationen. Kaum jemand übt den Beruf seiner Vorfahren aus. In diesem Vakuum von Wissen und Werten, wo alles immer wieder neu, aber oft nur oberflächlich erlernt wird, kann von Stabilität kaum die Rede sein.[62] Die ungeplante und rasante soziale Mobilität bringt Ungleichheiten, unrealistische Erwartungen und

Anpassungsprobleme für Individuen und die Gesellschaft mit sich. Sie stellt ein massives Problem dar, das kaum mit instabilen Koalitionen von Parteien und militärischen Maßnahmen zu lösen ist.

2.

Bauerntum, ländliche Produktionsformen und Landbesitz

Bis in die achtziger Jahre war die Türkei in erster Linie ein Agrarland, in dem Landwirtschaft und ländliche Bevölkerung dominierten. Die Tendenz seitdem wurde schon durch die Volkszählung von 1997 bestätigt: 65% der Bevölkerung der Türkei lebten heute in Städten. Die ländliche Produktionsweise und Lebensform(en) gelten jedoch immer noch als bedeutsam für die kurdischen Gebiete.[1] Die dortigen ländlichen Strukturen weisen folgende Charakteristika auf:[2]

– Die ländlichen Siedlungen sind – im Vergleich zur übrigen Türkei – sehr verstreut. Dies erschwert die Ausbreitung von Dienstleistungen und Infrastruktureinrichtungen, schränkt die Möglichkeit ein, von diesen Dienstleistungen zu profitieren, und erhöht deren Kosten für den Zentralstaat und die lokale Verwaltung.

– Im Grenzgebiet zum Irak und zu Iran sind kleine Bergdörfer die häufigste Siedlungsform. Wegen des knappen und ungenügend ausgebauten Straßennetzes und ihrer geographisch ungünstigen Lage sind sie schwer zu erreichen.

– Die Hauptbeschäftigung in diesen Dörfern ist Viehzucht, häufig in Verbindung mit Ackerbau. Die Produktivität der Viehzucht ist niedrig. Die Dörfer, die Viehzucht betreiben, sind oft am stärksten von dem bewaffneten Konflikt zwischen der PKK und der türkischen Armee betroffen und zeigen die stärksten Tendenzen zur erzwungenen oder geplanten Abwanderung.

– In den landwirtschaftlich genutzten Gebieten ist die Verteilung des Landbesitzes durch starke Ungleichheit gekennzeichnet. Es gibt viele Kleinbauern neben wenigen Großbauern mit großem Landbesitz. Dies bedeutet die Existenz einer größeren Zahl von *yarıcı* und *ortakçı* („Pächter") sowie vieler landloser Bauernfamilien.

– Die Großgrundbesitzer führten kapitalistische Formen der Landwirtschaft und bezahlte Landarbeit ein. Auch Handelskapital findet langsam den Weg in die landwirtschaftliche Produktion.

– Die Zahl der Nomaden, die Weidewirtschaft betreiben, verringert sich stetig. Auch die verbliebenen werden wohl bald zur Landwirtschaft übergehen und sich ansiedeln.

– Es gibt immer noch eine Gruppe von fast 60 000 Dorfschützern (*korucu*), die keiner produktiven Beschäftigung nachgehen, die aber, nach Zusagen der türkischen Regierung an EU und UN, aufgelöst werden sollen. Wie sie in das wirtschaftliche Leben reintegriert werden müssen, ist noch unklar.

Bauerntum war die traditionellste Lebensform in Kurdistan und ist immer noch weit verbreitet. Die Typen des Bauerntums in kurdischen Gebieten variieren je nach geographischen und klimatischen Faktoren sowie wirtschaftlicher Entwicklung und Integration in die Marktwirtschaft. Subsistenzlandwirtschaft, in der die Bauernfamilie nur für den eigenen Lebensunterhalt wirtschaftet, ist selten geworden. Bauerntum in der Ebene oder Bergbauerntum sind die häufigsten Formen. Beide produzieren teilweise für den Verkauf, teilweise für die Tauschökonomie und schließlich für den Konsum des eigenen Haushalts. Darüber hinaus koexistiert Feldwirtschaft mit Viehzucht. Diese Mischform entstand aus der Notwendigkeit, die Rentabilität einzelner Wirtschaftsformen zu verbessern. Die Zahl der Haushalte mit großen Herden ist niedrig. Die gehaltenen Tiere haben eher die Funktion einer Absicherung, denn unerwartete sowie vorhersehbare Kosten des Haushalts wie bei einer Hochzeit oder bei Landkauf werden durch Verkauf von Tieren gedeckt.[3]

Trotz ihrer Flexibilität ist die Tierhaltung seit den achtziger Jahren zurückgegangen. Die Gründe dafür liegen vorwiegend in der Abnahme des Weidelandes und in allgemeinen wirtschaftlichen und politischen Problemen. Weitere Gründe sind der Kauf von Traktoren, Tierkrankheiten und die Verkleinerung des Besitzes durch Erbgang. Der Rückgang der Tierhaltung muß jedoch nicht unbedingt als Verschlechterung der Lage der Bauern angesehen werden; er kann auch als Zunahme der Anbauproduktion auf Kosten der Viehwirtschaft verstanden werden.[4]

Eine andere Mischform ist die Kombination von Bauerntum und bezahlter Arbeit, oft in Städten. Zusätzliche Lohnarbeit wird nicht nur von einem Mitglied, sondern von mehreren Mitgliedern des Haushalts übernommen. Die Lohnarbeit findet hauptsächlich in der Landwirtschaft statt und wird vorwiegend im selben Dorf und in geringerem Maße in Nachbardörfern und -provinzen betrieben. Lohnarbeit wird manchmal von der ganzen Familie wahrgenommen, wenn all ihre Mitglieder als saisonale Landarbeiter meist in die Çukurova-Ebene zur Baumwollernte migrieren. Bauerntum in Verbindung mit saisonaler Migration als Landarbeiter hat eine lange Tradition im Südosten der Türkei, die mit der Produktion für den Markt, etwa von Baumwolle und Zuckerrüben, begonnen hat. Die Modernisierung der Landwirtschaft durch Traktoren und Mähdrescher in den fünfziger Jahren führte zu einer Erweiterung der Anbauflächen, die sich hauptsächlich zum Vorteil der Großgrundbesitzer und Agas auswirkte. Durch ihre Machtposition und bessere Kontakte zu den politischen Machtzentren konnten sie ihre Landansprüche auf die bis dahin als traditionell kommunal oder stammeszugehörig geltenden Weideflächen erweitern.

Die Verteilung des Besitzes landwirtschaftlicher Geräte zeigt Ungleichheiten im Südosten der Türkei. Die Besitzverhältnisse und der Zugang zu neueren Technologien bildeten und bilden immer noch einen zentralen Aspekt der Machtverhältnisse in den kurdischen Gebieten.

Dörfer lassen sich nach den Besitzverhältnissen und der Zugehörigkeit zu einer Stammesgruppe klassifizieren.[5] Demnach gibt es vier Typen von Dörfern: (1) Aga-Dörfer, in denen das Land einem Aga gehört und von Pächtern, die einen Teil der Ernte als Pacht abgeben müssen, bearbeitet wird; (2) Dörfer von Stammesgruppen, in denen verschiedene Familiengruppen eines Stammes zusammenwohnen und das Land besitzen; (3) Bauerndörfer, in denen das Land mehr oder weniger gleich verteilt und im Besitz von Bauern ist; (4) Mischdörfer, in denen es neben dem Aga auch Kleinbesitzer und/oder landlose Pächter geben kann und in denen das Land ungleich verteilt ist.

Zu den Besitzverhältnissen in kurdischen Gebieten gibt es sehr unterschiedliche Angaben.[6] Die feudalen Abhängigkeitsverhältnisse zwischen Großgrundbesitzer-Agas und Landlosen gibt es heute nur noch selten. Die Verpachtung von Land und die Bearbeitung durch andere ist weit verbreitet. Die Bauern in einem Pachtverhältnis heißen *ortakçı*. Die Landbesitzer verpachten ihr Land meist für die Hälfte der Ernte an Teilbauern. Sie sind oft selbst nicht in der Lage, das Land zu bearbeiten, weil sie in der Stadt leben.

In kurdischen Gebieten gibt es unterschiedliche landwirtschaftliche Produktionsverhältnisse, die jeweils Besitzstrukturen und Produktionsformen widerspiegeln. Man unterscheidet neun Formen dieser Verhältnisse, die teilweise gleichzeitig existieren oder sich überschneiden:[7]

(1) *Marabacılık* ist die Produktionsform, in welcher der *maraba*-Haushalt, meist eine Familie, die landwirtschaftliche Arbeit und der Landbesitzer die Produktionsmittel Land und Saatgut einbringen. Die Ernte geht häufig zu zwei Dritteln an den Besitzer und zu einem Drittel an die *maraba*-Familie. Die Familie wohnt meist auf dem Gut des Landbesitzers, bei dem es sich oft um einen Aga handelt.

(2) Bei *yarıcılık* wird das Land vom Landbesitzer zur Verfügung gestellt, aber anders als beim *maraba*-Verhältnis werden verschiedene Phasen der landwirtschaftlichen Arbeit zwischen Landbesitzer und Landarbeiterfamilien geteilt. Diese Form existiert oft zwischen zwei Familien, die beide wenig Besitz haben, ihre Arbeitskräfte zur Produktionserhöhung zusammenbringen und am Ende die Ernte teilen.

(3) *Ortakçılık* (engl. „share-cropping") ist dem *yarıcılık* ähnlich, da beide Seiten, Besitzer und Landarbeiter, Arbeit und Ernte teilen. Der Unterschied liegt darin, daß die Teilung genau abgesprochen und verhandelt wird.

(4) In der Produktionsform der *icarcılık* („Verpachtung") wird das Land eines Groß- oder Mittelgroßgrundbesitzers von einem Haushalt bzw. einer Familie gepachtet und bearbeitet. Der Besitzer hat dann mit dem Gewinn oder Verlust beim Ernteausfall nichts zu tun. Diese Form existiert oft zwischen Kleinbesitzern und dem Staat, wenn der Staat seinen Besitz (*hazine arazisi*) verpachtet.

(5) Landwirtschaftliche Tagelöhner oder saisonale Landarbeiter (*gündelik ve mevsimlik tarım işçisi*) sind meist Familien, die oft sehr wenig Land haben und ihre Arbeitskraft gegen Lohn für Landbesitzer einsetzen. Ihre Arbeit ist jedoch von modernisierter Landwirtschaft, d.h. von erhöhter Mechanisierung, bedroht, und diese Arbeiter sind auch oft Tagelöhner in den Städten der Region.

(6) *Civelek* („Landarbeiter") ist die Form des Produktionsverhältnisses, bei dem die *civelek*-Familie auf dem Gut des Landbesitzers wohnt und ihre Unterkunfts- und Nebenkosten vom Besitzer bezahlt werden. Dafür arbeitet die Familie als Tagelöhner für den Landbesitzer und zahlt eigene Lebens- und andere Kosten von diesem Lohn. Das Verhältnis kann kurz- oder langfristig sein; solche Familien jedoch werden kaum in die Dorfgemeinschaft integriert und haben einen niedrigeren Status als die normalen Bauernfamilien.

(7) *Traktör müteahhitliği* („Traktor-Unternehmertum") ist eine Form des ländlichen Produktionsverhältnisses, die durch Mechanisierung in der Landwirtschaft entstanden ist. Ein Traktorbesitzer kann beispielsweise das Land anderer bearbeiten gegen die Hälfte der Ernte. Er bezahlt das Saatgut und andere Produktionskosten, während der Besitzer sein Land zur Verfügung stellt. Diese Art des Verhältnisses scheint eine Zwischenlösung für die Bauern zu sein, die etwas Kapital, aber wenig Land besitzen und die Situation anderer Mittelgroßbauern, die zwar Land, aber keinen Traktor besitzen, ausnutzen.

(8) *Rıpçılık* ist die Form der Produktion, in der die Landwirtschaft nur mit traditionellen Methoden und Geräten betrieben wird und alle Kosten der Produktion vom Landbesitzer übernommen werden. Der *rıpçı* ist der Landarbeiter, der für seine Leistung und Arbeitskraft 1/4 des Ernteaufkommens erhält.

(9) *Azap* („Gutsknecht") wiederum ist ein Arbeitsverhältnis zwischen dem Landbesitzer und dem Landarbeiter, das allerdings meist nur für begrenzte Zeit, wie z.B. eine Erntesaison, dauert. Dem *azap* wird seine Arbeit in Naturalien und/oder durch die Bereitstellung eines Stücks Land zur Bearbeitung für den Eigenbedarf entgolten. Der Besitzer übernimmt alle Kosten, und der *azap* ist gewissermaßen als sein Knecht für eine Saison verantwortlich für alle landwirtschaftlichen Produktionsarbeiten.

Staatliche Unterstützung für landwirtschaftliche Produktion und Produkte spielt vor allem in kurdischen Gebieten eine wichtige Rolle. Die Bauern werden mit Krediten zu günstigen Zinsen unterstützt, damit sie ihre Technologie und Produktion verbessern können. Nun wird die Vergabe der Kredite nicht nur von politischen Beziehungen und Vergünstigungen beeinflußt, sondern es gibt marktwirtschaftliche Gründe, größere landwirtschaftliche Einheiten bei der Kreditvergabe vorzuziehen. Dies scheint besonders die Viehwirtschaft zu betreffen, da viele Viehzüchter eher kleine landwirtschaftliche Unternehmer sind. In der GAP-Region ist die Mechanisierung durch Traktoren weit fortgeschritten, auch wenn die Mechanisierungsrate das ländliche Potential nicht ausschöpft. In der Harran-Ebene bräuchte man die doppelte Zahl der zur Zeit vorhandenen Traktoren, um das Potential voll zu nutzen.[8]

In Kurdistan wird Kleintierhaltung und Weidewirtschaft traditionell vorwiegend von Halbnomaden und Nomaden betrieben. Diese Lebensformen, die früher mit Stammesstrukturen eng verbunden waren, sind jedoch seit den achtziger Jahren von einem schnellen Niedergang betroffen. Dafür gibt es mehrere Gründe: Erstens ist der Niedergang von Nomadismus und Halbnomadismus nicht ganz neu, da mit Urbanisierung, Verstädterung und Modernisierung landwirtschaftlicher Produktionsformen die Existenzgrundlagen dieser Lebensformen untergraben wurden. Zweitens wurde die Weidewirtschaft von Nomaden und Halbnomaden nur unzureichend mit Fördermaßnahmen wie richtig plazierten und billigen Krediten oder technischen Entwicklungsprogrammen zur Qualitäts- und Produktivitätssteigerung unterstützt.

Drittens wurden die Anbaugebiete auf Kosten der Weiden, die für nomadische und halbnomadische Produktion nötig sind, erweitert. Dies hing teils mit dem raschen Bevölkerungswachstum, teils mit der Modernisierung der Landwirtschaft in den letzten fünfzig Jahren zusammen.

Viertens waren die Märkte für Produkte der Weidewirtschaft nicht stabil genug, um die Kontinuität dieser Produktion zu fördern. Die inländischen Märkte waren dünner und geographisch ungünstiger verteilt als die Märkte in Irak, Iran und Syrien. Mit der erhöhten Kontrolle dieser Grenzen und der Verhinderung des

*Abb. 6: Semi-Nomaden aus dem Stamm der Doski auf der Bergweide (zoma)
im Cilo-Gebiet, 1983/84*

illegalen Verkaufs von Schafen und Ziegen über die Grenzen hinweg wurde die Viehwirtschaft unattraktiver als in früheren Jahren. Die Preise der ehemaligen staatlichen Fleischkombinate lagen immer unter denen des Weltmarktes, jene waren daher als Käufer unbeliebt.

Fünftens wurde der Niedergang der Weidewirtschaft erheblich beschleunigt durch die Eskalation des politischen Konflikts im Kurdengebiet und durch die militärischen Maßnahmen gegen die PKK-Kämpfer, insbesondere durch das Weideverbot.

Sechstens waren die Futtermittelindustrie und die an sie gebundenen Nebengewerbe zu schwach, um den Erhalt dieser Produktionsweise zu fördern.[9]

3.

Haushalt und Familie

Haushalt und Familie sind sehr bedeutsame Begriffe für die kurdische Gesellschaft wie für andere nahöstliche Gesellschaften. In vielen Kontexten überlappen sich die beiden Begriffe, indem man die Mitglieder eines Haushalts (kurd. *mal*) auch als eine Familie versteht. Soziologisch gesehen müssen diese Begriffe jedoch nicht immer synonym sein. In einen Haushalt können auch Nicht-Familienmitglieder temporär oder langfristig integriert sein. Haushalte mit Nicht-Familienmitgliedern waren und sind noch üblich in der Oberschicht. Hier fanden Dienstpersonal, auch Schutzbedürftige und/oder arme entfernte Verwandte und Stammesangehörige – und sogar Mitglieder anderer Ethnien und Glaubensgemeinschaften wie Armenier, Juden oder Nestorianer – die Möglichkeit, gegen Dienstleistungen als Haushaltsmitglieder aufgenommen zu werden. Besonders bei Agafamilien sind männliche und weibliche Angehörige solcher Minderheiten und gegebenenfalls deren Kinder oder Geschwister sehr oft zu finden. Bestehende Verwandtschaft erleichtert und legitimiert die Aufnahme und Integration von Nicht-Familienmitgliedern in den Haushalt; sie ist jedoch keine Voraussetzung und kann im Prozeß der Entwicklung eines Haushalts erzeugt werden.

Wie unten ausführlich erklärt werden wird, bedeutet der kurdische Begriff *mal* auch die kleinste soziale Einheit einer Stammesgruppe, in der deren Mitglieder ihre Abstammung von einem Ahnen/Urahnen ausdrücken können. Der engere Begriff von *mal* als Haushalt und Familie ist Gegenstand vieler kurdischer Redewendungen und Aussprüche und damit symbolisch und folkloristisch reich in seiner Bedeutung.

Wenn *mal* als Haushalt verstanden wird, sind die Hauptmerkmale dieser Bezeichnung gemeinsames Wohnen und die gemeinsame wirtschaftliche bzw. produktive und konsumtive Einheit.

Diese Merkmale bilden auch die Kriterien für die soziologische Definition eines Haushalts und seiner Größe. Die durchschnittliche Haushaltsgröße in der Türkei betrug 4,8 Personen.[1] In kurdischen Gebieten ist diese Zahl deutlich höher. Der Großhaushalt ist der häufigste Haushaltstyp in ländlichen Gebieten der GAP-Region. Die durchschnittliche Haushaltsgröße in dieser Region betrug 6 Personen.[2]

Die Haushalte im städtischen Milieu bestehen meist aus einer Kernfamilie.[3] Jedoch sind die städtischen Haushalte der GAP-Region kaum mit städtischen Haushalten der West-Türkei zu vergleichen. Nur ein Viertel der Haushalte in den Städten der GAP-Region haben vier oder weniger Mitglieder. Die größte Gruppe der städtischen Haushalte (43,5 %) zählt 7 oder mehr Personen zum Haushalt. Diese Haushalte bedeuten nicht unbedingt die Dominanz der erweiterten Familie (d. h. Drei-Generationen-Familie), sondern eher die der großen bzw. kinderreichen Kernfamilie.[4]

Familientyp und -größe sind auf dem Land und in der Stadt unterschiedlich. Dörfliche Familien sind eher Groß- und erweiterte Familien mit durchschnittlich 10 Personen, während in den Städten der Region die Familien mit durchschnittlich 4–5 Personen eher klein sind. Die Familiengröße ändert sich im dörflichen Milieu dem sozioökonomischen Status der Familie entsprechend. Bei den Familien mit niedrigerem Status sind die Familien größer. Ähnliche Unterschiede gibt es im städtischen Milieu; in den *gecekondu-* (schnell und ohne Baugenehmigung errichtete Billighäuser) Gebieten am Rand der Großstädte der GAP-Region sind die Familien größer als in den zentralen und alten Stadtteilen, die meist länger bzw. seit mehreren Generationen von einzelnen Familien bewohnt werden.[5]

Haushalte gehen durch verschiedene Phasen des Wachstums, die zyklisch verlaufen. Ein Haushalt ist bestimmt durch Kernfaktoren wie gemeinsames Wohnen und Wirtschaften. Während des Prozesses des haushaltlichen zyklischen Wachstums werden diese Aspekte eines *mals* unterschiedlich stark betont. Das gemeinsame Wohnen kann saisonal oder jährlich unterbrochen werden.

Abb. 7: Hochzeitszug in der Stadt Hakkari im Winter 1981/82

Besonders bei den seminomadischen und nomadischen weide-
wirtschaftlichen Produktionsweisen werden Haushalte im Sommer zwischen Weidesiedlungen (*zoma*) auf den Bergen und Dorf-
siedlungen im Tal oder in der Ebene geteilt. Obwohl es zwischen
den Haushalten im Dorf und auf der Weide eine lebhafte Mobilität gibt, werden erwachsene Mitglieder zwischen Weidesiedlung
und Dorf den Arbeitsanforderungen entsprechend eingesetzt. In
der seminomadischen Produktion ist der Sommer auch die Jah-
reszeit, in der die meiste und härteste landwirtschaftliche Arbeit
anfällt. Es kommt daher manchmal vor, daß die jungen Erwachse-
nen auf der Weidesiedlung monatelang nicht in das Dorf zurück-
kommen und erst im Herbst wieder das Zelt der Weidesiedlung
mit dem Haus im Dorf vertauschen.

Darüber hinaus trennen sich manchmal die Haushaltsmitglieder
aufgrund der Arbeitsmigration für mehrere Jahre voneinander.
Der Haushalt bleibt jedoch weiter als ein *mal* bestehen, solange
die Güter im gemeinsamen Besitz sind. Die endgültige Teilung
eines Haushalts bewirkt meist der Fortzug des ältesten Sohnes
vom männlichen Familienoberhaupt oder die Trennung der Familien von Brüdern. Diese Trennung, die auf Kurmandschi als *mal*

cuda bûn (Haushalt getrennt) bezeichnet wird, ist oft ein konflikt-
reicher und schmerzvoller Prozeß. Nun werden nicht nur die
wirtschaftlichen und produktiven Ressourcen wie Land, Haus,
Vieh, Felder und andere Güter, sondern auch das soziale Kapital
geteilt. Ab diesem Punkt sind die getrennten Haushalte für ihren
jeweiligen Ruf, ihr Ansehen und ihre soziale Anerkennung sowie
für die eigene wirtschaftliche Existenz verantwortlich.

Das gemeinsame Wohnen im Haushalt ist die erwünschte und
ideale Form des Zusammenlebens in der kurdischen Gesellschaft.
Nach der Heirat bleiben die Söhne oft zuerst mit ihren Ehefrauen
im Haushalt des Vaters. Dies kann solange andauern, bis die Paare
mehrere Kinder haben. So entwickeln sich die Haushalte zu Drei-
Generationen-Familien. Die entscheidenden Faktoren für den
Zeitpunkt der Aufspaltung eines Haushalts sind vielfältig: Zum
einen ist die wirtschaftliche Rentabilität des Haushalts in bezug
auf Einkommen pro Mitglied entscheidend. Zum anderen ist die
Produktionsweise wichtig, da alle Haushaltsmitglieder an der
Produktion beteiligt sind. Wenn die ländliche Produktion z.B.
mehrere männliche Arbeitskräfte für die Heuernte oder für die
Viehwirtschaft braucht, dann wird die Trennung verschoben, bis
die jüngste Generation männlicher Arbeitskräfte herangewachsen
ist. Ähnlich ist die Existenz genügend weiblicher Arbeitskräfte ein
Faktor für die Entscheidung, einen Haushalt zu teilen. Weibliche
Arbeitskraft kann aber durch Heirat gewonnen werden, während
die männliche meist erst erzeugt und großgezogen werden muß.

Haushalte werden größer und kleiner im Prozeß ihrer zyklischen Entwicklung. Mit der Trennung von dem Ursprungshaus-
halt des Vaters oder des älteren Bruders ist ein Haushalt auf sich
gestellt und umfaßt stets die oft kinderreiche Kernfamilie des
neuen männlichen Familienoberhaupts. Wenn die Söhne dieser
Familie groß sind und heiraten, erreicht dieser Haushalt das Stadium der erweiterten Familie: Nun wohnen verheiratete Söhne,
ihre Ehefrauen und Kinder zusammen mit dem alten Vater, seiner
Frau und unverheirateten Kindern. Diese Drei-Generationen-
Familie stellt oft die Phase der größten Ausdehnung eines Haushalts dar. Mit dem wirtschaftlichen und sozialen Druck auf
die älteren Söhne kann jetzt – muß aber nicht – die Phase der
Haushaltsaufspaltung eintreten. Je nachdem, wie viele verheiratete
Söhne mit ihren eigenen Frauen und Kindern unter dem Dach des

elterlichen Haushalts zusammenleben, kann die Trennung früher oder später eintreten. Wenn der Vater früh stirbt, kann der Haushalt weiter als erweiterte Familie zusammenbleiben. Dies kommt besonders in Fällen vor, in denen die landwirtschaftliche Produktion den Zusammenhalt der Arbeitskräfte erfordert und die Familien der verheirateten Brüder noch jung und relativ klein sind. Der soziale Druck des Zusammenhalts als Brüderfamilien in einem Haushalt ist jedoch weniger stark als in dem Fall eines Vaters und seiner Söhne, die zusammen in einem Haushalt wohnen. Mit der Gründung eigener Haushalte durch die Söhne bzw. Brüder und ihre Familien ist der Zyklus der Entwicklung eines Haushalts abgeschlossen.

Diese Prozesse der Erweiterung und Aufspaltung von Haushalten sind eng mit der Ideologie der patrilinearen Solidarität verbunden. Diese Ideologie besagt, daß männliche Mitglieder eines Haushalts zusammenhalten und möglichst lange auch zusammenbleiben sollen. Frauen werden mit der Ehe das Haus der elterlichen Familie verlassen und kommen in den Haushalt des Ehemannes. Je nach der Art der Ehe und der räumlichen sowie sozialen Nähe zwischen den Familien der Ehepartner kann dieser Wechsel einen Umzug in das Haus eines Onkels in der Nachbarschaft oder aber einen Umzug in einen Haushalt in einem anderen Dorf, in einer anderen Stadt oder sogar in einem anderen Land bedeuten. Die Mobilität der Frauen durch Heirat in die (bekannte) Fremde ermöglicht die Herstellung, Wiederbelebung und Pflege sozialer Kontakte zwischen Haushalten und Verwandtschaftsgruppen. Auch wenn die Frauen durch die Ehe endgültig ihr Dorf oder die Heimatstadt verlassen, erhalten sie Besuch meist von männlichen Verwandten, wodurch soziale und informelle Kontakte gepflegt werden. Wenn die Ideologie der patrilinearen Solidarität nachläßt, besonders infolge von Prozessen der Urbanisierung, Bildung und Individualisierung, werden die häufigen Kontakte zwischen Verwandtschaftsgruppen und Haushalten zwischen Land und Stadt und manchmal auch über Grenzen hinweg gefährdet. Diese Prozesse haben Konsequenzen für die Entwicklung eines Haushalts. Im städtischen Milieu nimmt die Zahl von Großhaushalten mit erweiterten Familien und Haushalten mit mehreren verheirateten Brüdern und deren Familien ab. Diese Tendenz wird durch städtische Wohnungs- und Baustrukturen verstärkt.

In der republikanischen Türkei verzeichnen die Städte im Südosten besonders seit den fünfziger Jahren eine rasante Entwicklung. Mit der Land-Stadt-Migration entwickelten sich die Städte jedoch weniger als Gegenpol zu ländlichen Lebensformen, sondern eher als deren Fortsetzung. Migranten aus den Dörfern pflegen Kontakte zu ihrem Herkunftsort auf vielfältige Weise. Die Kontakte bestehen in beide Richtungen, besonders wenn es sich um eine Migration vom Dorf in die nahegelegenen Städte handelt. Reiche Migranten wie Großgrundbesitzer, Agas und Scheichs werden zu kleineren oder größeren Händlern, Unternehmern oder Angestellten in der Stadt, ohne ihre verwandtschaftlichen und produktionsbezogenen Verbindungen zum Dorf aufzugeben. Wenn diese genügend Kapital akkumuliert haben, migrieren sie oft in die westlichen und südlichen Großstädte der Türkei. Reiche Grundbesitzer ziehen häufig in Städte der West-Türkei, während solche mit mittlerem Grundbesitz eher in die südöstlichen und östlichen Städte abwandern und ihr Kapital dort anlegen.

Verwandtschaft ermutigt und erleichtert die Entscheidung, vom Land in die Stadt zu ziehen. Verwandtschaftliche Beziehungen sind wichtig für die Wahl des Wohnortes in der Stadt. Verwandtschaft und *hemşerilik* bilden die Grundlage für alle sozialen Bezüge in der Land-Stadt-Migration und in den kurdischen Gebieten. *Hemşerilik*, ein türkisches Wort, bezieht sich auf die Verbindung zwischen Menschen, die sich meist in der Migration befinden und aus dem gleichen Ort bzw. der gleichen Region stammen. Es entsteht ein Beziehungsgefüge von Verwandten und *hemşcri*, in dem verwandtschaftliche Beziehungen aus dem Dorf auch im städtischen Milieu und bei der Arbeit gepflegt werden. Migranten wohnen in der Nähe von und arbeiten oft zusammen mit Verwandten und *hemşeris*.[6] Mit anderen Worten: Das Gemeinschaftsleben des dörflichen Milieus setzt sich in der Stadt kaum verändert fort. Soziale Beziehungen in andere Städte bzw. ins Ausland zeigen ähnliche Tendenzen.

Das städtische Milieu eröffnet Möglichkeiten für Bildung, Beruf und neue Lebensformen. Inwieweit diese zu einer Änderung des Werte- und Normensystems führen, ist nicht eindeutig zu beurteilen: Einerseits werden durch Bildung und berufliche Qualifikation die Erwartungen von urbanen Kurden erhöht, indem sie sich mit den Standards der westlichen Türkei und Europas messen. Andererseits ermöglichen die städtischen Strukturen keinen sofortigen gesellschaftlichen Aufstieg, wenn der einzelne Aufsteiger auf die Unterstützung seiner Familie und seiner Verwandten verzichten muß. Die Individualisierungsprozesse der Moderne in urbanen Kontexten werden hier zur kritischen Instanz. Sich von traditionellen und mit dem Herkunftsort verbundenen Beziehungen, Verpflichtungen und Erwartungen ganz zu lösen, ist riskant, wenn man in der weiteren Gesellschaft einen Status erwerben möchte. Die Wertevorstellungen in der weiteren Gesellschaft der Türkei beziehen sich nicht nur auf durch Bildung und Arbeit erworbenen Status, sondern immer noch auch auf den von der Familie u.ä. primären Gruppen ererbten. Daher ist es für die soziale Mobilität in städtischen Milieus notwendig, verschiedene Wertesysteme und Beziehungsgefüge gleichzeitig zu pflegen.

4.

Stamm und Herrschaft in Kurdistan

Aus der Geschichte kurdischer Gebiete wissen wir, daß Stämme und Stammesstrukturen eine dominante Rolle in der sozialen Organisation dieser Gebiete hatten. Es gab Stämme, die unter einem starken *mîr* vereinigt waren; andere waren durch rivalisierende Führer gespalten; ein dritter Typ von Stämmen ging Allianzen mit benachbarten Großreichen ein. In Kurdistan lebten Stammes- und Nichtstammesgruppen, Christen und Muslime.

In der Gegenwart überlappen sich Stammesstrukturen, seminomadische Produktionsweise und nomadische Wanderungen häufig, aber nicht immer. Die wichtigste Existenzgrundlage in vielen kurdischen Gebieten ist die seminomadische Weidewirtschaft, die durch Getreide- und Gartenanbau ergänzt wird. Die seminomadische Wirtschaftsform beruht auf Bergweiden (kurd. *zoma*, türk. *yayla*), die von den Stämmen gemeinsam genutzt werden, und auf Heuernten, die aufgeteilt werden entsprechend den Stammesgrenzen. Die Stammeszugehörigkeit gewährleistet das individuelle Nutzungsrecht und wird vom Vater auf den Sohn übertragen. Stammesstrukturen und Beziehungen zwischen Stämmen sind von Bedeutung für die Weidewirtschaft und den Handel der Getreide- und Gartenprodukte.

Die grundlegende Einheit der Stammesorganisation wird als *mal* bezeichnet. *Mal* heißt soviel wie Haushalt, eine Verwandtschaftsgruppe, die zusammen wohnt, sowie *lineage*. *Lineage* bezeichnet eine auf gemeinsamer Genealogie beruhende Abstammungsgruppe, die allein über den rechtlichen Status eines Individuums entscheidet. *Mal* als *lineage* ist eine patrilineare Verwandtschaftsgruppe, die von einem fiktiven Vorfahren abstammt. Die Zugehörigkeit zu einem Stamm wird definiert durch die Mitgliedschaft in einem *mal* (*lineage*). Stammesangehörige lernen durch ihre Sozialisation die anderen Mitglieder ihres *mal* kennen, die Verwandte und manchmal, aber nicht immer, Nachbarn sind. Manche *mals* umfassen Hunderte von Familien, trotzdem behauptet man, daß man sich untereinander kennt. Je mehr Mitglieder ein *mal* hat, desto einflußreicher ist seine Position innerhalb des Stammes. Nur wenn ein *mal* (*lineage*) einen adligen Status beansprucht oder sich auf einen Heiligen bzw. die Familie des Propheten zurückführt, kann der *mal* außerhalb des Stammes Einfluß ausüben. Die soziale Einheit *mal* bezeichnet am klarsten die Zugehörigkeit einer Person oder eines Haushaltes zum Stamm. Die beste Möglichkeit, die Stammeszugehörigkeit eines Individuums zu ermitteln, besteht darin, die Zugehörigkeit zu einem *mal* darzulegen oder gegebenfalls in Zweifel zu ziehen. Die Zugehörigkeit zu einem *mal* verpflichtet auch die Mitglieder, zusammen zu handeln; z.B. um die Nutzungsrechte einer Weide zu verteidigen, um den Brautraub einer Frau aus dem eigenen *mal* gemeinsam zu rächen oder an der Hochzeit eines Mitglieds mit passendem Geschenk teilzunehmen.

Die nächsthöhere Einheit eines Stammes wird *ocax* oder *qabile* („Klan") genannt. Mehrere *mals* werden zu *ocax/qabile*s zusammengefaßt. *Ocax/qabile* werden in der Regel zurückgeführt auf Brüder oder patrilineare Vettern. Die Größe eines *ocax/qabile* ist variabel. Darüber hinaus sind die Grenzen zwischen einem *ocax/ qabile* und einer *eşiret* („Stamm") in einigen Fällen umstritten. Im allgemeinen geht man von einer Zahl von 4–8 *mals* pro *ocax/qabile* aus. Das bedeutet, daß die Anzahl der Mitglieder beträchtlich variieren kann. Wie *mal* ist auch *qabile* keine territoriale Einheit. Heiraten zwischen Mitgliedern verschiedener *qabile*s sind häufig.

Die höchste Organisationsstufe ist der Stamm (*eşiret*). Mitglieder von *mal*s und *qabile*s sind Mitglieder eines Stammes. Das wichtigste Kriterium für die Zugehörigkeit zu einer *eşiret* ist die tatsächliche, vorgestellte oder gemeinsam beanspruchte patrilineare Abstammung. Im Gegensatz zu *qabile* und *mal* kann allein der Stamm die Nutzung von Weiderechten regeln.

Stämme waren früher teilweise in Stammeskonföderationen organisiert, wobei die Allianzen und Rivalitäten zwischen den Stämmen unter der Führung eines *mîr*s geregelt wurden. Die Rangordnung zwischen den Stämmen in der Gegenwart wird auf frühere Beziehungen zurückgeführt und in Begriffe wie „Distanz" und „Nähe" gekleidet. Demnach werden einige Stämme als „nah" empfunden und beschrieben, andere als entfernt oder sogar rivalisierend verstanden. Solche Beschreibungen von sozialer Distanz weisen oft auch auf die Linie der Solidarität und Konkurrenz zwischen verschiedenen Stämmen hin.

Das *Territorium* ist ein wichtiges Element für die Bezeichnung von Stämmen. Denn es sind häufig Stämme und nicht etwa die erwähnten kleineren Organisationsformen, die mit einem überlieferten Anspruch auf ein bestimmtes Territorium in Verbindung gebracht werden. Die Zuschreibung eines bestimmten Territoriums zu einem Stamm bedeutet nicht, daß dort nicht auch Gruppen anderer Stämme oder nichttribale Gruppen leben würden. Es ist davon auszugehen, daß früher Dörfer und *zoma*-Gruppen („Weidesiedlungen") überwiegend von Mitgliedern ein- und desselben Stammes bewohnt waren. In den letzten Jahrzehnten, die von landwirtschaftlicher Transformation, Migration, aber auch Krieg geprägt waren, hat sich teilweise eine Vermischung verschiedener Stämme ergeben.

Die Macht der Tradition: Die Verbindung zwischen einem bestimmten Territorium und einem Stamm ist lebensnotwendig für die tribale Gruppe, weil Weiderechte aus Traditionen folgen, d. h. aus dem Anspruch eines Stammes, er habe schon immer dieses Weideland benutzt. Heutzutage können die Nutzungsrechte von Weiden verkauft werden. Dies führt häufig zu Konflikten innerhalb eines Stammes sowie zwischen unterschiedlichen Stammesgruppen.

Geschichte: Stammeszugehörigkeit beruht zu einem guten Teil auf einem gemeinsamen Geschichtsbewußtsein bzw. einem kollektiven Verhältnis zur Vergangenheit, das von den Mitgliedern eines Stammes geteilt wird. Alle Stammesgruppen haben tatsächliche oder fiktive Geschichte(n) über ihre Ursprünge, die sie von anderen Gruppen unterscheiden. Im Gegensatz zu Stämmen können nicht-tribale Gruppen keinerlei hervorgehobenen Status beanspruchen, weil sie keine Wurzeln, keine ruhmreichen Vorfahren und keine heroischen Kämpfe in ihrer Vergangenheit haben. Wer nicht zu einem Stamm bzw. einem Klan gehört, ist entweder aus einem anderen Gebiet zugezogen oder hat seine Stammeswurzeln verloren.

Kulturelle Symbole: Neben gemeinsamer Abstammung, Lokalität und Geschichte gibt es unter den Kurden eine Reihe von kulturellen Symbolen, durch die Stammesleute sich identifizieren und die ihnen Identität verleihen. Dazu zählen u.a. Kleidung, bestimmte Zelttypen und der Gebrauch bestimmter Redewendungen. Die Symbole sind auch sozial differenziert, z.B. tragen die führenden und gebildeten Mitglieder eines Stammes dieselben Kleider wie städtische Nichtstammesleute. Für führende Mitglieder eines Stammes ist traditionelle Kleidung, die bei Familienfesten wie Hochzeiten und Beschneidungszeremonien und in der letzten Zeit auch bei politischen Veranstaltungen getragen wird, ein Symbol.

Etische Kriterien: Stammesgruppen werden von zugezogenen Bewohnern kurdischer Gebiete wie etwa Verwaltungsangestellten und -beamten, zivilem und militärischem Dienstpersonal, Lehrern und Händlern noch andere Charakteristika zugeschrieben. Die Zuschreibung und Beschreibung von Stammesstrukturen und -beziehungen von außen stehen in einer Wechselbeziehung mit denjenigen von innen. Stammesführer (Agas) erklären häufig, daß sie gegen Tribalismus (*aşiretçilik*) seien, auch wenn sie selbst die ausbeuterische Stammespolitik der Patronage, der Vetternwirtschaft und des Überschußgewinns praktizieren. Solche Außenansichten werden häufig von denjenigen übernommen, die soziale Mobilität suchen und sich zentralstaatlicher Ressourcen bedienen wollen. Für diese sind Stämme hauptsächlich „rückwärtsgerichtet", „feudalistisch" oder „primitiv", auch wenn sie selbst die tribalen Netzwerke ausnutzen.

Stammeszugehörigkeit wird von Außenstehenden oft zu vereinfacht mit einem Verhalten und einer Mentalität assoziiert, die blinden Gehorsam und Unterwürfigkeit gegenüber dem Stammesführer (Aga), Banditentum, Ignoranz und Blutrache beinhalten. Dieser Ansicht zufolge hält ein Stamm zusammen, paradoxerweise jedoch befinden sich Stammesmitglieder stets in Konflikt und Spannung miteinander. Ohne ihre Stammesführer, die sie ausbeuten, gelten Stämme bei Außenstehenden als unkontrollierbar und schwer zu lenken. Darüber hinaus sind aus dieser Sicht die Unterschiede zwischen *qabile*, *mal* oder *eşiret* meist bedeutungslos oder kaum bemerkbar; oft nur durch Zufall werden sie „entdeckt", wenn z. B. zwei Stammesangehörige, die unterschiedlichen *qabile*s angehören, einen Streit miteinander anfangen. Üblicherweise wird dann angenommen, daß in solchen Fällen eine irrationale, unerklärbare und tief verwurzelte Feindschaft zwischen verschiedenen *qabile*s besteht und daß der Streit nur die Neubelebung dieser Feindschaft ist.

Solche Ambiguitäten hinsichtlich der Terminologie und der Zuordnung der Stammeszugehörigkeit oder Nichtzugehörigkeit existieren bekanntlich nicht nur in der kurdischen, sondern auch in anderen nahöstlichen Gesellschaften. Zum Beispiel wird seit dem 13. Jahrhundert in schriftlichen Quellen erwähnt, daß Stämme in der kurdischen Region wie z. B. in Hakkari siedelten und in der Wahl der Führung dieser Region einen wichtigen Einfluß ausübten. Diese Stämme (es ist nicht klar, ob es sich um Stammesgruppen oder -konföderationen handelte) wurden zusammen als Hakkariya bezeichnet.

Historische Quellen des 19. und des 20. Jahrhunderts, beispielsweise die Berichte von Missionaren und Reisenden, nennen wiederum Stammesnamen, die z. T. heute noch existieren. Wie diese Quellen aber eine Stammesgruppe identifizieren und ihre Unter- oder Obergruppierungen unterscheiden, bleibt oft unklar. Häufig ist in diesen Quellen von der Anwesenheit verschiedener Stämme mit nomadischen und angesiedelten Segmenten und von Stammeskonföderationen die Rede; die genauen Details dieser Strukturen werden aber kaum geschildert. Wenn man die Flexibilität der gegenwärtigen lokalen Verwendung von Stammesterminologie betrachtet und die strategische Anwendung der Verwandtschaftstermini und lokaler Konstrukte berücksichtigt, ist zu vermuten, daß die Verhältnisse damals nicht viel anders waren als heute.

Die Klassifizierungssysteme der Stammesmitglieder selbst sind sowohl empirisch als auch konzeptionell flexibel. Die Abstammungsideologie ist am signifikantesten auf der Ebene des Stammes (*eşiret*), wo die Stammesgruppe die kollektiven Nutzungsrechte für bestimmte Weiden aufrechterhält. Weil kollektive Nutzungsrechte für die Weiden das Territorium eines Stammes beschreiben, werden diese Rechte nicht untergeordneten Stammesgruppierungen zugeteilt. Damit bleibt *eşiret* die einzige territorial festlegbare Einheit der Stammesorganisation.

Wenn andere Stämme oder Nichtstammesgruppen einen Anspruch auf Stammesgebiete erheben, ist der Nachweis eigener Abstammung und der tatsächlichen Nutzung von Weiden notwendig, um Nutzungsrechte verteidigen zu können. Zuletzt hat Stammeszugehörigkeit verschiedene Konnotationen für Nichtstammesangehörige und Außenstehende. Der kulturelle Kontext für die Definition der Stammeszugehörigkeit wird durch dialektische kognitive Prozesse unter verschiedenen Gruppierungen von Einheimischen und Zugezogenen bestimmt. Die Frage, was und wer mit Stämmen oder Nichtstammesgruppen zu tun hat, reflektiert schließlich kulturelle Kategorien.

Stammesidentität in Kurdistan ist nur eine der dort vorhandenen Identitäten. Das Land hat immer mehrere und verschiedene Identitäten und Gruppen beheimatet: Stammes- und Nichtstammesgruppen, verschiedene ethnische und religiöse Gruppen. Unter letzteren hat ein Homogenisierungsprozeß stattgefunden, so daß in der Gegenwart nicht-muslimische einheimische Identitäten eine Ausnahme geworden sind. Andere Identitäten, die sich auf eine ethnische Zugehörigkeit (wie Türke, Kurde, Araber) gründen, sind wie früher sehr wichtig, aber häufig mit anderen Aspekten der Identität wie Verwandtschaft, Stammeszugehörigkeit, Wohnort und ländliche Herkunft gekoppelt. Die Rolle der Stammesideologie ist im Kontext sozialer Prozesse von großer Bedeutung.

In kurdischen Gebieten werden allein die Begriffe *eşiret* oder *eşir* („stammesangehörig") für stammesbezogene Angelegenheiten verwendet: Begriffe wie *Diyarbakırlı, Vanlı* oder *doğulu* („aus Diyarbakır", „aus Van" oder „Ostanatolier") beziehen sich auf andere Prinzipien der Zuordnung, nämlich Lokalität und Regionalität. Stammesgruppen können bestimmten Gebieten zugeordnet werden. Diese Gebiete sind jedoch nie homogen, sondern umfassen auch soziale Gruppen außerhalb der Stämme und/oder Gruppen aus anderen Stämmen. Darüber hinaus erhält ein Stammesgebiet durch Mischehen zwischen Stammesmitgliedern und Partnern außerhalb der Stämme sowie zwischen Personen aus unterschiedlichen Stämmen eine gemischte Struktur.

Stammesideologie verlangt patrilineare Solidarität innerhalb der Stammesgruppe und insbesondere zwischen engen patrilinearen Verwandten. Diese Solidarität besteht zwischen engen Verwandten und teilt sich entlang der Linie der Klans und *lineages*. Brüder, Väter und Söhne halten zusammen gegen die Brüder des Vaters und dessen Söhne, und sie alle verbünden sich gegen andere entferntere Vettern väterlicherseits. Alle Vettern, engere und entferntere, d. h. alle patrilinearen Vettern, halten, jedenfalls nach der Idealvorstellung, zusammen gegen andere Stammesgruppen. In der Praxis jedoch sieht der Zusammenhalt anders aus. Wenn Stammesleute konkrete Beispiele der Solidarität und der Spaltung innerhalb der Stammesgruppe nennen, fangen sie meist oben in der Hierarchie an: Bei Konflikten innerhalb eines Stammes funktioniert diese Segmentation – oder das Prinzip segmentärer Gesellschaft – weniger als zwischen den Stämmen.

Gemeinsamer Wohnort und Abstammung sind zwei Kernpunkte der Theorien korporativer Gesellschaftssysteme. Ein Argument lautet, daß der Zusammenhalt durch Abstammung unwichtiger wird, je länger Gruppen gemeinsam wohnen. Abstammungsbeziehungen gehen jedoch nicht sofort verloren und können wiederbelebt werden, wenn ökologische und demographische Zwänge dies erforderlich machen. Abstammung kann unter bestimmten Zwängen bestimmte Handlungsweisen legitimieren. Wie gemeinsames Wohnen und Abstammung als wichtige Prinzipien bei der Gründung von Nachbarschaften und von *zoma*-Gruppen („Weidesiedlungen") wirken, geht aus dem folgenden Beispiel hervor:

In Sisin, einem Bergdorf in Hakkari, beruhte die Siedlung von zwei Nachbarschaften im allgemeinen auf topographischen, klimatischen und physischen Bedingungen, dem Vorhandensein von bewässerten Feldern und dem Siedlungsmuster der früheren Bewohner des Dorfes, der Nestorianer. Als das Dorf um 1943 von muslimischen Kurden neubesiedelt wurde, breiteten sich die *lineages* im Dorf aus und mischten sich mit anderen *lineages*. So wurden die zwei Nachbarschaften aus gemischten Abstammungsgruppen gebildet. Die Entwicklung von Nachbarschaften erreichte bald darauf ihre physischen und klimatischen Grenzen. Die physische Grenze zwischen den Nachbarschaften entsprach jedoch nicht der sozialen Grenze zwischen den *zoma*-Gruppen. Nach ungefähr 35 Jahren der Neusiedlung im Dorf Sisin spaltete sich die Dorfgemeinschaft in zwei *zoma*-Gruppen. Dies wurde durch einen Konflikt um einen Brautraub verursacht. Die Spaltung in verschiedene *zoma*-Gruppen zeigt, daß Spaltungen auf territorialer Basis, z. B. Teilung von Feldern, Nachbarschaften und Immobilien, viel schwieriger ist als die Gründung von neuen *zoma*-Gruppen bzw. neuen sozialen Interessengruppen, die temporär miteinander kooperieren.

Wenn gemeinsame finanzielle Interessen und gemeinsamer Landbesitz zerstrittene Haushalte zum Zusammenhalt zwingen, wird die Formierung von *zoma*-Gruppen zum Ausdruck unterschiedlicher und neuer Allianzen zwischen verwandten und benachbarten Haushalten. Dies kann zu weiteren permanenten Spaltungen führen. Ein anderes Beispiel aus einem Bergdorf im Westen von Hakkari stellt die Komplexität und Intensität solcher Konfliktsituationen dar:

Das Dorf Anitos befand sich in der Nähe der Stadt Hakkari und hatte eine Bevölkerung von Nichtstammesangehörigen. Bis zur Gründung der Türkischen Republik wurde es von Nestorianern bewohnt. Die zuziehenden kurdischen Bewohner von Anitos gaben verwandtschaftliche Beziehungen zu Personen und Gruppen in Nachbardörfern an, ohne eine Stammeszugehörigkeit zu behaupten. Das Dorf war in zwei Teile gespalten, was sich in den sozialen Beziehungen und in dem Siedlungsmuster der Nachbarschaften niederschlug. Beziehungen zwischen den Bewohnern waren gespannt; es gab keine Besuche zwischen manchen Nachbarhaushalten. Einige Dorfbewohner vermieden den Kontakt zu anderen Dorfbewohnern, da sie auf der Flucht vor der Gendarmerie waren und Spitzel im Ort befürchteten. Unter dem Einfluß von anderen politischen Auseinandersetzungen, aber auch wegen der steten Spannung und der Konflikte zwischen rivalisierenden Gruppen im Dorf spaltete sich Anitos mehrmals in *zoma*-Gruppen. Zuletzt enthielten manche *zoma*-Gruppen nur noch vier Haushalte.

Die sozialen Prozesse bei der Gründung einer Siedlung besonders in seminomadischen Stammesgebieten trugen unterschiedliche Züge: Nachbarschaftssiedlungen sind weniger flexibel als *zoma*-Siedlungen. Andererseits sind *zoma*-Siedlungen eher von sozialen Konflikten und Spannungen betroffen als Nachbarschaftssiedlungen. Je nach topographischen, wirtschaftlichen und politischen Grenzen bringen *zoma*-Siedlungen die sozialen Beziehungen in einer Gruppe stärker zum Ausdruck.

Dispute verursachen oft neue Allianzen und Fragmentierungen innerhalb eines Stammes. Der segmentäre Charakter der kurdischen Stammesorganisation wird primär in Konflikten sichtbar. Andererseits ist zu vermuten, daß die Segmentation der Stammesorganisation nicht nur durch Konflikte deutlich wird, sondern sich Allianzen und Spaltungen entlang anderer sozialer Grenzen, z.B. in einem tribalen Zwei-Parteien-System, zeigen. Stammesstrukturen spalten sich oft in zwei gegnerische Fraktionen auf, was meist auf zentralstaatliche Einflüsse zurückzuführen ist. Dieses Modell des sozialen und politischen Handelns funktioniert zwischen verschiedenen Stämmen und setzt sie in eine hierarchische und politisch-symbolische Beziehung zueinander. Daher werden einige Stämme zusammen als dem „linken" und andere als dem „rechten" Block zugehörig klassifiziert und aufeinander bezogen. Manchmal werden diese Bezeichnungen aus der einheimischen Stammesorganisation auf politische Parteien übertragen, in dem Sinne, daß manche „linke" Stämme „linke Politik" unterstützen und „rechte" die „Rechte".

Die kurdische Stammesorganisation kennt segmentäre Opposition und Fraktionalismus. Einheimische Vorstellungen von Blockallianzen zwischen den Stämmen schreiben „traditionelle" Feindschaft oder Freundschaft bestimmten Stämmen zu. Wenn es tatsächlich zu einem Streit kommt, halten jedoch nicht alle Stämme zusammen, die nach der Vorstellung miteinander alliiert sind. Einige Stammesuntergruppierungen werden sich dann doch stellvertretend für den ganzen Stamm mit der betroffenen Stammesgruppe solidarisieren. Diese Stammesgruppen sind oft eng mit der betroffenen Gruppe verbunden; z.B. sind sie Nachbarn oder haben zahlreiche Heiratsbeziehungen untereinander. Darüber hinaus sind die Stämme nicht gleich groß oder gleich einflußreich. Wenn ungleiche Stammesgruppen miteinander in Konflikt geraten, dann müssen ihre Partner und Alliierten – nach dem segmentären Oppositionsmodell – Kosten und Nutzen bei ihrer Teilnahme an der Konfliktlösung kalkulieren. Hier spielen die Geschichte und Führungspersönlichkeiten eine wichtige Rolle. Inwieweit die Gruppen in einen Konflikt hineingezogen werden, hängt vor allem von der Fähigkeit der Führungspersönlichkeit ab, sich für die Interessen seiner Gruppe einzusetzen.

Oft spielt auch der Zentralstaat eine wichtige Rolle in der Entwicklung eines Konflikts zwischen den Stämmen. Wenn der Führer einer Gruppe zentralstaatliche Instanzen auf seine Seite ziehen kann, wird die Ungleichheit zwischen verschiedenen Stämmen und Stammesgruppen stärker. Stämme im Nahen Osten sind kaum unabhängig von staatlichen Strukturen, die an der Peripherie auf sie einwirken. In diesen Beziehungen zwischen Staat und Stamm galten die Prinzipien der Opposition und Feindschaft nur begrenzt, da früher die Stämme in bezug auf ihre Loyalität zwischen Sultan und Staatsapparat unterschieden haben. Diese Differenzierung zwischen dem Sultan und seinem Verwaltungspersonal wurde oft in der Geschichte kurdischer Stämme beobachtet, wenn die Stämme gegen den vom politischen Zentrum geschickten Verwalter rebellierten, aber sogleich durch ein Versprechen oder eine Vergünstigung von seiten des Sultans beschwichtigt werden konnten. Die Stammesführer machten diese Differenzierungsmöglichkeit zu einem zentralen Element ihrer politischen Strategien.

Kurdische Stämme haben im allgemeinen eine breite Palette wirtschaftlicher Beziehungen zu den umgebenden Staaten und können mit ihnen abwechselnd Allianzen schließen. Sie können jedoch nicht auf Dauer eine Existenzbasis ohne die Unterstützung von Handelszentren, von der Getreidewirtschaft in den Ebenen und von den Nomaden, die den Tauschhandel mit Bauern pflegten, schaffen. Wegen der Fraktionierung untereinander sind die kurdischen Stämme unfähig, langfristig eine gemeinsame Front gegen den Zentralstaat zu bilden. Der Staat fördert dies durch bevorzugte Behandlung von bestimmten Stämmen und andere politische Strategien.

Stammesuntergruppierungen wie *lineages* oder *qabiles* („Klans") haben keine klar erkennbar ausgewählten Stammesführer, die im Konfliktfall zwischen diesen Gruppierungen vermitteln können. Die Stammesorganisation ist so in das Staatssystem eingebettet, daß Konflikte auf verschiedenen Stammesebenen von staatlichen Instanzen wie Gendarmerie und Zivilbehörden beeinflußt werden. Die staatliche Verwaltung wendet das Prinzip der Sippenhaftung an, indem sie die Verwandten eines Angeklagten für dessen Taten mitverantwortlich macht und so versucht, Personen, die geflüchtet sind, unter Druck zu setzen. Diese Praktiken verstärken die kollektive Verantwortung für die Tat eines Mitglieds der Gruppe – diesmal verstärkt durch die Politik des Zentralstaates. Dies zeigt, wie staatliche und stammesbezogene Praktiken miteinander verwoben sind.

Dispute können aber nicht nur zu Segmentierung, sondern auch zu stärkerem Zusammenhalt unter den *lineages* führen. In dem obengenannten Fall des Bergdorfes Sisin gab es eine *zoma*-Siedlung. Mit dem Konflikt um den Brautraub jedoch wurde das Dorf nicht nur geteilt, sondern es verstärkten sich die blutsverwandtschaftlichen Beziehungen zwischen den Haushalten, die derselben *lineage* angehören. Diese Verstärkung der Verwandtschaftsbeziehungen führte zu Blockallianzen zwischen mehreren *lineages*, so daß Vorstellungen von „Wir-Gruppen" gegenüber den „anderen" entstanden. Diese Blockallianzen schreiben den „anderen" bestimmte Attribute wie Uneinigkeit oder Konservativismus zu. Die eigene Gruppe, die sich aus einer engen *lineage*-Gruppe von verwandten Haushalten zusammensetzt, wird dann als homogen und einig dargestellt. Man legt Wert darauf, gemeinsame Entscheidungen in wirtschaftlichen und politischen Angelegenheiten zu treffen, und achtet darauf, daß Konflikte innerhalb der Gruppe nicht nach außen bekannt werden und die Gruppe möglichst einheitlich wirkt.

In der Geschichte Kurdistans haben Stammesführer oft die Rolle politischer Führer ausgefüllt. Heute müssen Stammesführer ganz andere Methoden und Mechanismen anwenden, um ihre Macht zu behaupten und sie in einem komplexen politischen Milieu zu verteidigen. Heute wie in der Geschichte gibt es mehrere Führertypen nebeneinander. Die Frage in diesem Zusammenhang ist: Wie sind diese Führertypen miteinander verbunden und was ist ihr Verhältnis zu Macht- und Autoritätsstrukturen in Kurdistan, das Teil unterschiedlicher Staaten ist? Was ist ihr Verhältnis zu den einfachen Leuten?

Die Art der Führerschaft bringt die strukturelle Zusammensetzung von Stammesgruppen, die Gleichheit und Hierarchie unter ihnen sowie das Verhalten des Zentralstaates gegenüber diesen Stämmen zum Ausdruck. Das Verhältnis zwischen Stamm und Staat kann sehr unterschiedliche Führertypen hervorrufen. Wenn der Zentralstaat schwach ist, wird die Entstehung des „Banditen" als Führertyp begünstigt. Der „Bandit" ist eine Führungspersönlichkeit, die seine Anhänger „kauft", indem sie sie an den Gewinnen seiner Beutezüge beteiligt. Wenn aber Stamm und Staat sich gegenseitig anerkennen, ist der Führer jemand, der in Disputen und Konflikten vermittelt und die „Gläubigen" durch moralische

Bindungen hält. In der Praxis sind die Führer oft eine Mischung dieser beiden Typen. Die tatsächlichen Macht- und Kontrollbeziehungen zwischen den Stämmen, dem Staat und den Führungspersönlichkeiten sind sehr komplex. Wenn der Zentralstaat sehr schwach und der Führer kein „Bandit" ist, dann ist er oft eine Verwaltungsperson, die mit dem Staat verhandelt und vermittelnd tätig ist. Der „Bandit" als Führertyp entsteht, wenn der Staat stark genug ist, um die Autonomie der Stämme zu verhindern, aber nicht stark genug, um den Banditen festzusetzen. Starke Führertypen treten auf, wenn der Staat sehr schwach ist oder gar nicht existiert oder im Gegenteil sehr stark ist und damit den lokalen Führer selbst auswählt.

Andererseits dürfen die Abhängigkeit und die Beziehungen zwischen zwei Typen von Führern, nämlich Landbesitzern und Scheichs, nicht unterschätzt werden. Scheichs können Führer von Abstammungsgruppen und Sippen sein und ähnliche Mengen von Ressourcen, von Männern, Waffen und Rechten an Weiden und Wasser besitzen. Unterstützung für diese Führer zeigt sich in Geld und Naturalien, was mit politischer Mobilisierung und gegenseitiger Respektsbezeugung (z. B. zwischen Landbesitzern und Scheichs) erwidert wird.

Es gibt parallele historische Entwicklungen in den Beziehungen zwischen Landbesitzern, Stammesführern und Scheichs in Kurdistan. In der Gegenwart jedoch hat die politische Gewichtung der Macht dieser Führer sich zu Gunsten der Stammesführer verlagert. Obwohl die traditionellen Titel von Scheich, Sayyid oder Aga in den Staaten, in denen Kurden leben, keine politischrechtliche Anerkennung mehr finden, haben sie in der soziopolitischen Ordnung immer noch eine Bedeutung. Die Stammesführer – in höherem Maße als Scheichs und Sayyids – können durch eine strategische Mobilisierung ihrer Basis und durch den Erwerb moderner staatlicher Qualifikationen wie Bildung, Beruf und Status weiter als politische Kraft im staatlichen System funktionieren.

Ein weiterer Aspekt von Führerschaft zeigt sich in deren konsolidierender Funktion innerhalb des Stammessystems. Die Stammesorganisation und das segmentäre System kurdischer Stämme beruhen auf (realer oder imaginärer) Verwandtschaft und auf dem Prinzip der segmentären Opposition. Verschiedene Segmente eines Stammes haben jeweils Führer mit unterschiedlich großer

Macht und Autorität. Die Eigenschaften dieser Führer, ihr Einfluß, Ansehen und Charisma tragen zur Entstehung einer geeinten Stammesgruppe bei: Weil die kleineren Führer von Untergruppierungen eines Stammes miteinander um Macht und Gefolgschaft konkurrieren, müssen sie bestehende Rivalitäten und Feindschaften zwischen möglichen Anhängern überwinden. Im Prozeß der Gruppenbildung kann die Loyalität zu einem Führer wichtiger sein als die zu einem Stamm. Entsprechend hat sich der historische Wandel von einem despotischen und mächtigen Führertyp hin zu einem weniger mächtigen und weniger despotischen „kleineren" Führertyp vollzogen. Letzterer ist zugleich mit Teilen seiner Anhängerschaft verwandt, wodurch die Rolle von Verwandtschaft und Segmentierung gestärkt wird.

Ein weiterer Punkt, der in diesem Zusammenhang genannt werden muß, ist die Wirkung externer und interner Faktoren auf die Führerrollen. Die externen Faktoren (entwickelte literarische Traditionen, Weltreligionen, die Existenz eines Zentralstaates und anderer Stammeskonföderationen) könnten im Falle Kurdistans die Entstehung von Stammeskonföderationen verursacht haben. So haben die Führer dieser Konföderationen, mächtige *mîr*s, die Macht, die vom Staatszentrum ausging, monopolisiert. Andererseits können die internen Faktoren (Produktionsverhältnisse, Ökologie) wie die oben diskutierte segmentäre Opposition die Entstehung bestimmter Führertypen bewirkt haben.

Die grundlegenden Entwicklungen von Herrschaft in Kurdistan können wie folgt zusammengefaßt werden:

(1) Schon im 12. und 13. Jahrhundert erwähnten Historiker muslimische kurdische Stämme oder Stammeskonföderationen, die mit ihren Führern an militärischen Angriffen türkischer *Atabeg*s (Fürsten) verschiedener Kleinstaaten in Kurdistan, im heutigen Anatolien und im Nord-Irak teilnahmen. Die Stammesgruppen zahlten diesen Führern Steuern für ihren Schutz; wir wissen aber nicht, ob diese Stammesgruppen auch eigenen „kleineren" Führern Steuern oder andere Abgaben zahlen mußten. Daß abhängige Bauern (*reaya*) Abgaben entrichteten, ist bekannt; die Unklarheit betrifft die Angehörigen der Stammesgruppe, d. h. die Art der Beziehungen zwischen dem Stammesführer und den Stammesangehörigen.

(2) Seit der Mitte des 14. Jahrhunderts berichteten einige Historiker von dem Zusammenschluß einiger Stämme und Stammeskonföderationen wie der Şembû-Dynastie in der Region Hakkari unter einem Fürsten (*mîr*). Obwohl man nun von kurdischen Stammeskonföderationen sprechen kann, führte die Familie des Fürsten wie auch einige andere kurdische Familien in früheren Jahrhunderten ihre Abstammung auf die – nicht-kurdische – Abbasiden-Dynastie zurück. Darüber hinaus wurde dieses Gebiet vom 11. bis zum 14. Jahrhundert von türkischen und mongolischen nomadischen Volksgruppen besiedelt.

(3) Die umfassendste Auflistung kurdischer Stämme und Stammeskonföderationen sowie autonomer Fürstentümer findet sich im *Scharafname*. Kurdische Stämme und ihre Führer wurden durch die Anwendung unterschiedlicher politischer Strategien in die Verwaltung des Osmanischen und des Perser-Reiches inkorporiert. Der Prozeß der Inkorporation scheint jedoch die führenden Familien und Stammesdynastien mehr betroffen zu haben als die anderen Schichten der Stammesorganisation. Die *mîr-i mîran* (türk. *beylerbeyi*, „Statthalter einer Großprovinz"), welche die osmanischen Provinzen in Kurdistan regieren sollten, konnten die Rivalitäten zwischen den konkurrierenden Führerdynastien kurdischer Prinzen (*mîrs*) ausnutzen und sie gegeneinander ausspielen, was nicht ohne Konsequenzen für die Stammesgruppen dieser Führer blieb.

(4) Ab dem 17. Jahrhundert gibt es zahlreiche Hinweise darauf, daß kurdische Stämme unterschiedliche Arten und Grade von Autonomie besaßen und ihre Führer, obschon der osmanischen Verwaltung hierarchisch untergeordnet, immerhin Steuern für sich einnehmen konnten und dem Sultan Loyalität durch die Stellung von bewaffneten Stammesangehörigen demonstrierten.

(5) Stammesorganisation und -führung waren keineswegs nur für Kurden relevant. Andere ethnische und religiöse Gruppierungen in Kurdistan und Anatolien waren zum Teil auch stammesgesellschaftlich organisiert. Sie hatten Führer, die den Titel eines Stammesführers (wie Aga, *reis*, *malik*) bekamen; andere Führer (wie Scheich und Sayyid für die muslimischen ethnischen Gruppen der Kurden und Türken oder *Mar Shimun* für die christlichen Nestorianer) leiteten hauptsächlich ihre religiösen Gemeinden und Bruderschaften. Die Teilung der Stammesorganisation in zwei

Blöcke kann auch bei einigen nichtmuslimischen Stammesgruppierungen wie den Nestorianern beobachtet werden. Alle diese sozialen Organisationsprinzipien existierten gleichzeitig neben sozialen Gruppen außerhalb der Stammesorganisation, z. B. Bauern (*reaya*) und anderen abhängigen Gruppierungen.

(6) Die Reformmaßnahmen und nationalistischen Bewegungen im Osmanischen Reich des 19. Jahrhunderts trugen zu den Aufständen verschiedener Oberhäupter von semiautonomen kurdischen Provinzen bei. Besonders wirkten sich die Verwaltungsreformen auf die Macht kurdischer Führer aus. Da europäische Großmächte die Interessen christlicher Minderheiten des Osmanischen Reiches vertraten und auch eigene wirtschaftliche Interessen im Nahen Osten verfolgten, kamen die kurdischen Führer leichter in Kontakt mit den Vertretern dieser Großmächte. Die Existenz mehrerer Machtzentren gab den kurdischen Führern und *mîr*s Möglichkeiten, stammesinterne Rivalitäten und Konflikte durch die Einmischung dieser Machtzentren zu manipulieren und sie dadurch eskalieren zu lassen. Die internen Rivalitäten und der intensivierte Druck des zentralisierenden Staates erhöhten nicht nur die Politisierung und Inkorporation verschiedener Ebenen der Stammesorganisation; nun konnten sich auch kleinere Stammesuntergruppierungen unter einem politisch ehrgeizigen Führer vereinigen und ihre Gefolgschaft von einem Stammesoberhaupt auf ein anderes übertragen.

(7) Die Reformmaßnahmen im 19. Jahrhundert führten zu der Abschaffung politischer und traditioneller Führungsämter wie *mîr* und Aga. Durch das Machtvakuum, das so entstanden war, konnten neue Führertypen wie z. B. religiöse Führer als Vermittler zwischen den in Konflikt geratenen Parteien verstärkt auftreten. Machtkämpfe zwischen den neuen und traditionellen kleineren Führertypen in Kurdistan wirkten sich zum Nachteil von Bauern aus, die nun nicht nur den Stammesführern, sondern auch oft den Scheichs Abgaben zahlen mußten. Wenn sie dem nicht nachkamen, konnten sie von den bewaffneten Milizen und Stammeskriegern dieser Führer ausgeplündert und vertrieben werden. Hier sehen wir den Typ des Banditen-Führers, der sich in einem Machtvakuum nach der Eliminierung mächtiger *mîr*s profilieren konnte. Seine Anhänger ähneln wiederum dem Typ eines Mietlings, der bereit war, sowohl für die Interessen des Stammes als

auch aus eigenem Interesse Bauern und andere Stammesgruppen auszuplündern und zu vertreiben.

(8) Die panislamistische Politik Sultan Abdülhamids am Ende des 19. und Anfang des 20. Jahrhunderts hat die Macht religiöser Führer verstärkt. Der Sultan unterstützte die Oberhäupter religiöser Orden gegenüber den Verwaltungsbeamten. Damit konnten die Scheichs ihre Einflußgebiete ausweiten und Steuern von den Nomaden und Bauern erheben. Durch die Netzwerke religiöser Orden wie die der Naqschbandiya oder Qadiriya konnten sie politische Kräfte organisieren und religiöse und/oder nationalistische Aufstände anzetteln.

(9) Die Ereignisse in den ersten Jahrzehnten des 20. Jahrhunderts, nämlich die Welt- und regionalen Kriege, Invasionen und Vertreibungen sowie wirtschaftliche und politische Not prägten die kurdischen Gebiete und das Schicksal ihrer Bevölkerung. Kurdische Stämme wurden auch selbst initiativ in der Vertreibung und Bekämpfung christlicher (z. B. Armenier und Nestorianer) oder anderer ethnischer und tribaler Gruppen. In diesem Prozeß gab es sowohl Stämme und Stammeskonföderationen, die die türkische Nationalbewegung unterstützten, als auch andere, die entweder passiv blieben oder gegen die Nationalbewegung kämpften. In diesen turbulenten Jahrzehnten entstanden neue Führungspositionen. Es gab neue Grenzen, manche Führungspersönlichkeiten wurden ins Exil geschickt, die neu entstehenden Staaten kontrollierten die Grenzgebiete strenger, boten aber gleichzeitig neue Möglichkeiten sozialer Mobilität durch Gründung politischer Parteien und berufliche Bildung. Damit vermehrten sich die politischen Machtzentren, so daß in Konflikten nicht mehr nur traditionelle Führer wie Agas, *beys*, Scheichs oder Sayyids, sondern auch lokale Verwaltungsbeamte, Richter oder die Gendarmerie vermittelten. Dadurch wurden die Legitimation und die Gültigkeit des Rechtssystems herausgefordert: Die Stammesleute konnten sich nun auf verschiedene Systeme stützen, die auf Tradition (*adat*), auf der *scharia* oder auf dem Zivilrecht beruhten, und Rechtsansprüche erheben.

5.

Geschichte und Gegenwart eines kurdischen Dorfes oder: Ausblick auf das „Lokale" in der „globalisierten" Welt

Die Kurden in der Türkei sind in letzter Zeit durch erzwungene oder wirtschaftlich veranlaßte Binnenmigration zunehmend in die westlichen Großstädte der Türkei, aber auch in die östlichen und südöstlichen kleineren Städte abgewandert. Anhand eines Bergdorfes in der Provinz Hakkari läßt sich veranschaulichen, wie diese Binnenmigration vonstatten geht und welche sozialen und individuellen Gründe sowie Konsequenzen diese haben kann. 1984 begann die Arbeiterpartei Kurdistans (PKK) einen Krieg gegen den türkischen Staat und die traditionellen kurdischen Eliten. Die ersten bewaffneten Aktionen fanden in den Provinzen Hakkari und Şırnak statt. Seitdem wurden über 30 000 Menschen in diesem unerklärten Krieg (aus der Sicht des türkischen Staates gegen die „separatistischen Terroristen", aus der Sicht der PKK gegen die „türkischen Kolonialisten" und gegen den „Staatsterror") getötet und mehrere tausend Dörfer zwangsevakuiert oder freiwillig verlassen.

Das Dorf, das ich Sisin nenne, existiert nicht mehr. Seine Bewohner mußten Sisin verlassen und leben jetzt teilweise in benachbarten Kleinstädten oder sind in ein anderes Dorf in der Ebene umgezogen. Das Beispiel Sisin zeigt, daß die politische Lage in den kurdischen Gebieten sehr komplex ist. Es war schon vor dem Militärputsch von 1980 schwierig, über ein lokales Ereignis lückenlose und verläßliche Informationen zu erhalten. Eine harmlose Auseinandersetzung zwischen Nachbarn um das Wasserrecht im Dorf wurde zu einem blutigen Kampf zwischen mehreren Parteien „aufgeblasen", bis die Nachricht das nächste Dorf erreichte. Oder es war umgekehrt: Bestimmte Spannungen und Auseinandersetzungen wurden von dritten Parteien verheimlicht oder unterschiedlich interpretiert – je nachdem, wer der Berichterstatter war. Wenn z. B. eine Frau aus einem Dorf entführt wurde, verstanden ihre Verwandten und Nachbarn dies als Brautraub gegen den Willen der Frau. Im Dorf des Entführers war dies jedoch eine Entführung mit Zustimmung der Frau. Die Betrachtungsweise eines Ereignisses ist sicher immer von der Subjektivität des Erzählers geprägt; jedoch war dies besonders extrem in der Provinz Hakkari. Die Zuverlässigkeit einer Information hing überwiegend von der Vertrautheit der Beziehung zwischen dem Erzähler und dem Zuhörer ab.

Die Verortung des Lokalen im Globalen bedeutet, die Individuen aus dem herrschenden und depersonalisierten politischen Diskurs herauszuheben und ihnen ein Gesicht zu geben: Personen können nicht einfach als „PKK-Anhänger" oder „Regierungstreue und Kurdenverräter" gesehen werden. Sie handeln eher aus pragmatischen als aus ideologischen Gründen und versuchen im allgemeinen, den Krieg zu überleben. Sie sympathisieren bereits mit den Guerillas, jedoch wissen sie sehr genau, daß ihre Verwandten und Stammesangehörigen auch von Guerillas getötet werden.

Nun zur Geschichte des Dorfes: Sisin war im Jahr 1982 ein Bergdorf mit ungefähr 250 Personen, die sich auf 23 Haushalte verteilten. Hakkari ist eine gebirgige Region (ganz in der Nähe von Sisin ist der mit über 4000 m höchste Gipfel des Südostens der Türkei), so daß Siedlungen sehr verstreut und klein sind und die Weiden und Heuwiesen die seminomadische Produktionsweise bestimmen. Die Bergdörfer lebten hauptsächlich von Kleinviehwirtschaft. Die Bewohner brachten ihre Schafe und Ziegen meist „illegal" über die Grenze in den Irak und nach Iran zum Verkauf. Der grenzüberschreitende Handel war für die Beziehungen zum türkischen Staat und dessen Vertretern in Hakkari von großer Bedeutung, ebenso wie für die Kontakte zu den Kurden im Irak und in Iran, besonders da diese zugleich den Informationsaustausch über Politik und Wirtschaft in den betroffenen Ländern ermöglichten. Der Ursprung des Mißtrauens zwischen der lokalen Gendarmerie und den Dorfbewohnern hing mit dieser „illegalen" Viehwirtschaft zusammen. Die Dorfbewohner beobachteten jede Bewegung des Gendarmeriekommandeurs, die Gendarmerie war ihrerseits mißtrauisch gegenüber jeder Reise in Richtung Grenze. Es gab sporadische Kontrollen, wobei manchmal im Irak gekaufter und geschmuggelter (*kaçak*) Tee oder andere Konsumgüter beschlagnahmt wurden. Jedoch konnte man das Verhältnis zwischen

Abb. 8: Das Dorf Anitos in der Provinz Hakkari, 1981/82

der Gendarmerie und den Dorfbewohnern auch als eine Art erzwungener Symbiose bezeichnen, weil die ökologischen und entwicklungsspezifischen Bedingungen die Kooperation beider Seiten notwendig machten. Im Winter z.B. waren die Soldaten der Gendarmeriehauptwache genauso von der Kälte und vom Schnee eingeschlossen wie die Dorfbewohner. Sie mußten ihre Wintervorräte genauso mit Mauleseln transportieren wie die Einheimischen. Dadurch gewannen der menschliche Kontakt und die Zusammenarbeit zwischen den Dorfbewohnern und den Soldaten Normalität, auch wenn dieses Gebiet die Geschichte eines Aufstandes und dessen Unterdrückung in den dreißiger Jahren kennt.

Sisin lag in einem Gebiet, das von einem Stamm als traditionelles Siedlungs- und Sommerweidegebiet beansprucht wurde. Dies ist jedoch nur die halbe Wahrheit. Das Dorf war bis 1915 ein nestorianisches, d.h. christliches Dorf, so wie viele andere Dörfer in diesem Stammesgebiet. An der Stelle einer Moschee stand vor 85 Jahren eine nestorianische Kirche. Die Nestorianer wurden zu dieser Zeit – im Zusammenhang mit den Auseinandersetzungen des Ersten Weltkrieges und der Gründung der Türkischen Republik – von den Stammesangehörigen und anderen Kurden sowie türkischen Militärkräften aus diesem Gebiet vertrieben. Die Abkömmlinge dieser Nestorianer lebten bis zum Golfkrieg 1991 im Nord-Irak und flüchteten nach dem gescheiterten Aufstand der Kurden gegen Saddam Husain zurück in Richtung Hakkari.

Die Stämme in Hakkari haben unterschiedliches Gewicht und verschiedenartige Größe. Sie sind eigentlich eher lose, fiktive Verwandtschaftsgruppen, die in bestimmten Situationen zusammenhalten und -handeln können, aber nicht immer müssen. Jedoch ist und war die Wahrnehmung von Stämmen immer ein politischer und sozialer Akt. Aus der Sicht der türkischen Regierung sind die Stämme ein Überbleibsel alter „feudaler" Strukturen, die eine wichtige Rolle in diesem Gebiet spielen und/oder anti-zentralistischen Widerstand und kurdischen Nationalismus symbolisieren. Man glaubt, daß die Stammesgruppen fast immer zusammenhalten und -handeln und von ihren Führern gnadenlos kontrolliert und ausgebeutet werden. Die Beziehungen innerhalb einer Stammesgruppe weisen allerdings sehr unterschiedliche Strukturen und Charakteristika auf. Sie können egalitäre Praktiken innerhalb der Gruppe darstellen oder eben hierarchische Strukturen widerspiegeln. Was die Vertreter der zentralen Regierung schlecht nachvollziehen und verstehen konnten, war die Tatsache, daß es in jedem Gebiet verschiedene Stämme, aber auch keinem Stamm angehörende Personen und Schichten gab, und daß zwischen diesen Gruppen ein delikates Gleichgewicht von Macht und Einfluß existierte. Verwandtschaftliche Beziehungen und die dadurch entstandenen Netzwerke deckten sich mit Stammesbeziehungen, weil diejenigen, die keinem Stamm angehörten, und sogar von außerhalb Hakkaris stammende Menschen in diese Beziehungen eingebunden wurden. Jedoch bestanden zwischen städtischen und ländlichen Gruppen Vorurteile und Distanz, auch wenn sie demselben Stamm angehörten.

Die Urteile von Dorfbewohnern über die „Türken" wurden hauptsächlich von Erfahrungen mit Soldaten während des Militärdienstes oder mit Lehrern, Hebammen und Bürokraten in der Stadt geprägt. Trotzdem gab es vielfältige Kontakte, besonders wenn diese „Türken" im Dorf lebten und arbeiteten.

Die Bauern von Sisin wurden von den Angehörigen ihres eigenen Stammes als besonders religiös bezeichnet. Sie waren fromm und bestrebt, ihren Ruf als aufrichtige Dorfgemeinde zu behalten. Es gab unter ihnen eine Mehrheit von Familien, deren Vorfahren beim Aufstand in den dreißiger Jahren auf Seiten der Regierung standen. Sie waren nur in den siebziger Jahren gespalten, als die Mehrheit der Männer Süleyman Demirel – damals Vorsitzender der Gerechtigkeitspartei (*Adalet Partisi*, AP) und heute Staatspräsident – und eine Minderheit Bülent Ecevit – seinerzeit Vorsitzender der Republikanischen Volkspartei (*Cumhuriyet Halk Partisi*, CHP) und gegenwärtig Premierminister – unterstützten. Sie hatten Waffen, die sie von ihren Vätern geerbt hatten und die zu ihrem männlichen Selbstverständnis gehörten. Sie hatten Konflikte mit anderen Klans des Stammes, aber diese Konflikte diskutierte man nicht mit Fremden. Man erfuhr darüber nur in privaten Gesprächen oder während einer Krise. Die Bewohner in Sisin waren konservative Bauern, die mit der für sie abenteuerlichen linken Politik ihres Stammesführers und seines Bruders nichts zu tun haben wollten. Sie erhofften eher Unterstützung und Patronage von einem anderen Stammesführer, der immer der jeweiligen regierenden Partei angehörte.

1986 ergriffen sie die Waffen des türkischen Staates, um Dorfwächter (*korucu*) zu werden. Bei meinem Besuch im Jahre 1987 begrüßten mich die Männer in Sisin mit Schüssen aus ihren automatischen Waffen. Sie waren glücklich, wieder Waffen zu haben, weil sie ihre eigenen Waffen nach dem Militärputsch 1980 hatten abgeben müssen. Sie waren fast die ersten ihres Stammes, die Dorfwächter wurden. Dafür wurden sie auch aus ihrer eigenen Stammesgruppe kritisiert. Der gebildete Stammesführer, der heute im politischen Exil in der Bundesrepublik lebt und sich immer für eine linke kurdische Politik eingesetzt hatte, war eine dieser kritischen Stimmen. Die Bewohner von Sisin ihrerseits hofften auf

Vermittlung und Einflußnahme des Führers der Demokratischen Partei Kurdistans im Irak. Das Gebiet, in dem Sisin liegt, kannte vor dem Militärputsch im Jahr 1980 kaum politische Gewalt. Jedoch fand die Barzani-Bewegung der siebziger Jahre und deren Zusammenbruch viel Resonanz in und aktive Teilnahme aus diesem Gebiet. Viele Dorfbewohner und Stammesangehörige wurden besonders durch Barzanis Bewegung und den Krieg im Nordirak stark politisiert. Die politische Kultur, die vom Bild romantischer Banditen (*eşkıya*) geprägt war, fand in dem Bild des *Peschmerga* („Todgeweihter", d.h. kurdischer Kämpfer) ihre Entsprechung. Heute pflegt die Sprache den euphemistischen türkischen Begriff *dağdakiler*, d.h. diejenigen, die in den Bergen kämpfen; dies ist der Terminus für PKK-Kämpfer, wenn man sie nicht so nennen möchte.

Zurück zu Sisin: Die Dorfwächter ahnten die Schwierigkeit ihrer Aufgabe, hofften aber, daß eine direkte Konfrontation mit der PKK vermeidbar wäre, wenn sie ihren Kontakt zu Barzani – der damals sehr einflußreich in der Umgebung von Hakkari war – weiter pflegten. Immerhin blieben die Dorfwächter von Sisin bis Juni 1994 in ihren Ämtern, d.h. sie kämpften fast sieben Jahre lang als Dorfwächter zusammen mit den Soldaten der türkischen Armee gegen die PKK.

Im Juni 1994 gab es eine massive militärische Auseinandersetzung, an der alle zehn Dorfwächter aus Sisin und andere aus dem Nachbardorf beteiligt waren. 1992 hatten die Dorfwächter die gleichen Uniformen wie die Kommandos der türkischen Armee bekommen. In diesem Kampf gab es zahlreiche Tote unter den Soldaten; von den zehn Dorfwächtern fiel ein junger Mann, den ich als kleinen Jungen gekannt hatte. Er war Waise, und da er alleine mit seiner uralten Großmutter nicht leben konnte, war er sehr früh, im Alter von 13 Jahren, verheiratet worden. Dieser Zübeyd war also der einzige Gefallene unter den Dorfwächtern, für die dies kein geringer Verlust war. Das Militär sah dies angesichts seiner eigenen Verluste offensichtlich anders und mit Mißtrauen. In derselben Auseinandersetzung waren vier Dorfwächter von der PKK als Geiseln genommen worden, wurden jedoch nach zwei Wochen wieder freigelassen. Laut Hüseyin, meinem Gastgeber im Dorf, behauptete der Kommandeur des Kommandobataillons, daß er sein Vertrauen in die Bewohner von Sisin verloren habe, weil es unter ihnen nur ein Opfer gab. Er habe deswegen beschlossen, die Bewohner aus dem Dorf zu vertreiben.

Dies ist selbstverständlich die subjektive Wahrnehmung Hüseyins über die Gründe der Vertreibung aus dem Dorf. Der Kommandeur hatte sicher eigene Gründe. Die Denkweise von Hüseyin ist aber bemerkenswert: Er glaubte fast, Glück gehabt zu haben. Nach einer Aufforderung des Militärs mußten alle Dorfwächter ihre Waffen zurückgeben. Da sie nun nicht mehr unbewaffnet
im Dorf wohnen konnten, müßten sie alle das Dorf verlassen. Hüseyin empfand Glück im Unglück: Sie durften ihre Vorräte mitnehmen. Die Häuser wurden von ihren Bewohnern selbst abgerissen, und einige nahmen Balken und andere Baumaterialien mit, um neue Häuser in anderen Dörfern bauen zu können. Andere zogen in die Stadt. Laut Hüseyin haben sie die Verschlechterung der Lage und die Eskalation der Gewalt täglich gespürt und voraussehen können. Deswegen trafen einige bereits vor Juni 1994 Vorbereitungen für einen Umzug. Anderen erging es schlechter. Einen weiteren Bekannten aus Sisin, Hasan, habe ich im Herbst 1994 in der Stadt besucht. Er hat eine große Familie; zur Zeit des Besuches wohnten acht Kinder und die Eltern in einem ärmlichen Zimmer eines alten Hauses. Hasan war der einzige Erwerbstätige. Er verdiente etwa zwei Euro pro Tag als ungelernter Bauarbeiter bei der städtischen Straßenbaufirma, und da er nicht fest angestellt war, mußte er immer um neue Arbeitsverträge bangen.

Im September 1998 erfuhr ich, daß die Familien, die in das Dorf in der Ebene umgezogen waren, auch ihre Kleinviehwirtschaft aufgeben mußten. Der Grund ist, daß die PKK-Guerillas häufig die Schaf- und Ziegenherden stehlen. Jetzt möchten sie Rinder züchten, denn die müssen sie nicht auf die Weide bringen. Unter der jungen Generation von Sisin gibt es unterschiedliche Entwicklungen: Einerseits gingen zum ersten Mal aus dem Dorf junge Männer als Lohnarbeiter über eine große Entfernung nach Istanbul. Andererseits gab es unter den jungen Menschen (auch Frauen) solche, die sich den Guerillas anschlossen.

Die seminomadische Lebensweise mit Subsistenzlandwirtschaft der Bewohner von Sisin war bis in die siebziger Jahre des letzten Jahrhunderts von Traditionen und Unterentwicklung, aber auch von einem gewissen Maß an Selbständigkeit gekennzeichnet. Mit der Zwangsmigration in die Kleinstadt sind vorerst Landwirtschaft und Kleinviehwirtschaft aufgegeben worden. Die Land-Stadt-Migration, die bereits durch Bevölkerungswachstum und Modernisierung eingesetzt hatte, beschleunigte sich rasend schnell und völlig unvorbereitet. Die neuen Stadtbewohner können nur schwer ins Stadtleben integriert werden; sie sind zum einen unqualifiziert für städtische Beschäftigungsmöglichkeiten, zum anderen sind diese Möglichkeiten ohnehin begrenzt. Zu dem Prozeß der Verstädterung gehört auch die Auflösung alter Familien- und Stammesstrukturen, wobei die heranwachsende Generation Diskriminierung und Benachteiligung nicht mehr hinnehmen wird. Sie entfremdet sich zusehends den alten Verhältnissen: Die Jüngeren wandern aus in die Metropole oder beteiligen sich aktiv an der Guerillabewegung. Dies war der Stand bis zum Aufruf Öcalans, den Krieg gegen die türkischen Militärkräfte zu beenden. Wie und mit welchen Mitteln die junge Generation der Kurden in der Türkei weiter um ihre kurdische Identität und um eine gleichberechtigte Teilnahme auf allen gesellschaftlichen Ebenen kämpfen wird, ist offen.

6.

Postskriptum

Seit nunmehr zehn Jahren sitzt Öcalan im Gefängnis und beteiligt sich aus der Zelle heraus an den Diskussionen zur Lösung des Kurdenproblems in der Türkei. In vieler Hinsicht haben sich die Lage und die Wahrnehmung der Auseinandersetzung um die Kurden geändert. Von einer Verleugnung kurdischer Identität und Sprache in der Türkei kann kaum mehr die Rede sein. Auch wenn die staatlichen Volkszählungen in der Türkei die Zahlen über ethnische Zugehörigkeit oder nicht-türkische Sprachen nicht publizieren, so ist dies gang und gäbe bei privaten Repräsentativbefragungen (laut einer KONDA-Studie, in der fast 50 000 Erwachsene im ganzen Land befragt wurden, leben über 11 Millionen Kurden in der Türkei).[1]
Indes sind die materiellen und immateriellen Schäden des Krie-

ges seit 1984 beträchtlich. Trotz des Drängens von Menschen-rechtsorganisationen innerhalb und außerhalb der Türkei akzep-tierte die Regierung erst 2002 die Existenz von ‚internally displa-ced persons' (innerhalb des eigenen Staates vertriebenen Personen). Seit 2003 wird die Lage der Vertriebenen in den jährli-chen Berichten der EU („accession process yearly assessment re-port") beurteilt. Seit 1998 gibt es Projekte, um ihre Rückkehr in sichere Gebiete zu ermöglichen. Im Juli 2004 hat die Regierung ein

Gesetz verabschiedet (Nr. 5233), nach dem Personen, die unter Terror gelitten haben, entschädigt werden sollen. Zur Genugtu-ung vieler Kurden sprach Präsident Abdullah Gül von der Mög-lichkeit, die alten kurdischen Ortsnamen wieder zu benutzen. Alle diese Reformschritte und geänderten Einstellungen rufen aber auch Skepsis hervor; „Mütter der gefallenen Soldaten" wer-den gegen die Politik der AKP-Regierung mobilisiert, auch wenn nur einige Wenige den Mut zu einem Friedenstreffen mit Müttern gefallener PKK-Kämpfer hatten. All diese Entwicklungen stim-men zuversichtlich, aber eine ‚road map' für die Lösung des Kur-denproblems gibt es noch nicht. Indes ist offensichtlich, daß die Kurden in der internationalen und nationalen Politikarena einen festen Platz gefunden haben und man ohne ihre Mitsprache nicht mehr über sie entscheiden kann.

Anhang

Anmerkungen

(Die Titel außerhalb der Anmerkungen stellen grundlegende Literatur dar, deren vollständige bibliographische Angaben im Literaturverzeichnis zu finden sind.)

Einleitung

1 Kadri Cemil Paşa (Zinar Silopi): *Doza Kurdistan (Kürdistan Davası). Kürt milletinin 60 yıllık esaretten kurtuluş savaşı hatıraları*, hrsg. von Mehmet Bayrak, 2. Aufl. Ankara 1991 (1. Aufl. Beirut 1969), S. 36.
2 Roosevelt, Jr., Archie: „The Kurdish Republic of Mahabad", in: *Middle East Journal* I/3, July 1947, S. 247–269, hier: S. 247.

Erster Teil

1. Das Land

1 Le Strange, Guy (Übers.): *The Geographical Part of the Nuzhat al-Qulub composed by Hamd-Allah Mustawfi of Qazwin in 740 (1340)*, Leyden/London 1919, Repr. Frankfurt/M. 1993 (Publications of the Institute for the History of Arabic-Islamic Science, Islamic Geography, vol. 103), S. 105–107.
2 Véliaminof Zernof, Vladımır (Hrsg.): *Scheref-Nameh ou Histoire des Kourdes par Scheref, Prince de Bidlis*, Tome I, Texte Persan-Première Partie, St.-Pétersbourg 1860, S. 13 f. Charmoy, François Bernard (Übers.): *Chèref-Nâmeh ou fastes de la nation kourde par Chèref-ou'ddîne, Prince de Bidlîs...*, Tome I–IV, St.-Pétersbourg 1868–1875, S. 27.

2. Die Menschen

1 Istanbul 1969–1985.
2 Istanbul 1896, Bd. 5, S. 3840–3843.
3 *Firdosi's Königsbuch (Schahname)*. Übers. von Friedrich Rückert. Aus dem Nachlaß hrsg. von E. A. Bayer. Sage I–XIII. Berlin 1890. S. 34 f.
4 Edmonds, Cecil J.: *Kurds, Turks and Arabs. Politics, travel and research in north-eastern Iraq 1919–1925*, London u. a. 1957, S. 4.
5 Véliaminof-Zernof I, S. 13; Charmoy I/2, S. 27 (wie Anm. 2, Kap. 1).

233

3. Sprachen und Literaturen

Kreyenbroek, Philip G.: „On the Kurdish language", in: Kreyenbroek/Sperl 1992, S. 68–83.

1 McDowall 1996, S. 3 f. Diese Zahlen dürften sich eher auf Personen beziehen, die sich als Kurden verstehen, denn auf Kurdisch-Sprecher; deren Zahl liegt vermutlich darunter.
2 www.mirrors.ids.it/sol/Library/Struggle/kurds.html, 9. 11. 1998.
3 Bedirxan, Emir Celadet Ali: *Bir Kürt Aydınından Mustafa Kemal'e Mektup*, Istanbul 1992, S. 94 f.
4 Edmonds, Cecil J.: „A Kurdish lampoonist: Shaikh Riza Talabani", in: *Journal of the Royal Central Asian Society* Bd. 22, 1935, S. 111–123, hier: S. 116 f.
5 Anter, Musa: *Hatıralarım*, Istanbul 1990, S. 144.
6 Zaza, Noureddine: *Ma vie de Kurde, ou, le cri du peuple kurde*, Lausanne 1982.
7 Hassanpour, Amir: „The Creation of Kurdish Media Culture", in: Kreyenbroek/Allison 1996, S. 48–84, hier: S. 79.
8 Ahmad-i Chani: *Mam u Zin*, hrsg. v. M. B. Rudenko, Moskau 1962, S. 64, Vers 232.
9 Shakely, Ferhad: *Kurdish Nationalism in Mam u Zin of Ahmad-i Khani*, Brussels 1992, S. 140.
10 Nebez, Jemal (Hrsg.): *Ahmad-i Çhanie. Mam und Zin genannt Romeo und Julia der Kurden*, München 1969, S. 39 und 41.
11 Shakely (wie Anm. 10), S. 127.

4. Religionen

Kreyenbroek, Philip G.: „Religion and Religions in Kurdistan", in: Kreyenbroek/Allison 1996, S. 85–110.

1 Bruinessen, Martin van and Hendrik Boeschoten (Hrsg.): *Evliya Çelebi in Diyarbakır: The Revelant Section of the Seyahatname*, Leiden 1988 (Evliya Çelebi's Book of Travels, hrsg. v. Klaus Kreiser, Vol. I), S. 49.
2 Ebd., S. 145.

5. Die Kurden im Mittelalter

Behrendt 1993; Bruinessen 1989.

1 Schwarz, Paul: *Iran im Mittelalter nach den arabischen Geographen*, 9 Teile in einem Band, Hildesheim/New York 1969, S. 156.
2 Lewis, Bernard (Hrsg.): *Der Islam von den Anfängen bis zur Eroberung von Konstantinopel*, Bd. II, Zürich/München 1982, S. 96.
3 Minorsky, V.: „Kurds", in: *Encyclopaedia of Islam*, 2. Aufl., Bd. V, S. 451.
4 Nikitine, Basile: *Les Kurdes*, Paris 1956, Repr. 1975, S. 181.
5 Ehrenkreutz, Andrew S.: *Saladin*, Albany, N.Y. 1972, S. 63.

6. Kurden, Osmanen und Perser

Behrendt 1993; Bruinessen 1989.

1 Véliaminof-Zernof I, S. 416f.; Charmoy II/1, S. 296 (wie Anm. 2, Kap. 1).
2 Barb, H. A.: „Geschichte der kurdischen Fürstenherrschaft in Bidlis", in: *Sitzungsberichte der philosophisch-historischen Klasse der Kaiserlichen Akademie der Wissenschaften in Wien*, XXXII, Heft 1, 1859, S. 186.
3 Véliaminof-Zernof I, S. 360; Charmoy II/1, S. 231 (wie Anm. 2, Kap. 1).
4 Dankoff, Robert (Übers.): *The intimate life of an Ottoman statesman. Melek Ahmed Pasha (1588–1662). As portrayed in Evliya Çelebi's Book of Travels (Seyahat-Name)*, Albany, N.Y. 1991, S. 147 (SUNY Series in Medieval Middle East History).
5 Dankoff, Robert: *Evliya Çelebi in Bitlis. The relevant section of the Seyahatname edited with translation, commentary and introduction*, Leiden 1990 (Evliya Çelebi's Book of Travels, hrsg. v. Klaus Kreiser, Vol. II), S. 15.
6 Barb, H. A.: „Geschichte von fünf weiteren Kurden-Dynastien", in: *Sitzungsberichte der philosophisch-historischen Klasse der Kaiserlichen Akademie der Wissenschaften in Wien*, XXX, Heft 1, 1859, S. 97.
7 Ebd., S. 96.
8 Iskandar Beg Türkmen [Munschi]: *Tarih-i Alamara-i Abbasi*, Bd. 2, Teheran 1350/1971, S. 926f.; vgl. Savory, Roger M. (Übers.): *History of Shah Abbas the Great by Eskandar Beg Monshi*, Vol. II, Boulder, Col. 1978 (Persian Heritage Series, hrsg. v. Ehsan Yarshater, 28), S. 1144.

7. Das 19. Jahrhundert

Behrendt 1993; Bruinessen 1989.

1 Moltke, Helmuth von: „Das Land und Volk der Kurden", in: *Gesammelte Schriften und Denkwürdigkeiten*, Bd. 2: *Vermischte Schriften*, Berlin 1892, S. 288–298, hier: S. 289.

8. Der Beginn des 20. Jahrhunderts

Strohmeier 2003.

1 Nr. 1, 22. 4. 1898.
2 Nr. 27, 13. 3. 1901.
3 Ahmed Rıfat Babanzade: „Kürd gençlerine", in: *Hetav-i Kürd* („Kurdische Sonne") Nr. 3, 11. 1. 1914, S. 18f.
4 Kadri Cemil Paşa 1991, S. 57.

9. Die Kurden in der Türkei

Behrendt 1993; Bruinessen 1989.

1 Rumpf, Christian: „Minderheiten in der Türkei und die Frage nach ihrem rechtlichen Schutz", in: *Zeitschrift für Türkeistudien* 2, 1992, S. 173–209.

2 Beşikçi, İsmail: *Doğu Anadolu'nun Düzeni*, 2. Aufl. Ankara 1970, S. 299.

3 Sekban, Şükrü Mehmed: *Kürdler Türklerden ne istiyorlar? Nafia vekili ve Diyarbakır mebusu Feyzi beye doktor Şükrü Mehmed beyin bir mektubu*, Kairo 1923, S. 27.

4 Behrendt 1993, S. 384.

5 Abgedruckt in Bayrak, Mehmet: *Kürtler ve Ulusal-Demokratik Mücadeleleri. Gizli Belgeler-Araştırmalar-Notlar*, Ankara 1993, S. 499.

6 Bedirxan, Emir Celadet Ali 1992, S. 96 (wie Anm. 3, Kap. 3).

7 McDowall 1996, S. 200.

8 Nr. 2510, İskan Kanunu, *Sicilli Kavanini* Bd. 10, 14. 6. 1934, S. 406–423.

9 Schüler, Harald: *Die türkischen Parteien und ihre Mitglieder*, Hamburg 1998 (Schriften des Deutschen Orient-Instituts), S. 131 f.

10 Aus C. Gürsels Vorwort für die zweite Auflage des Buches *Doğu İlleri ve Varto Tarihi* (Ankara 1961), in dem der kurdischstämmige Verfasser Şerif Fırat die Kurden konsequent als „Bergtürken" anspricht, S. 3 f.

11 Anter, Musa: *Hatıralarım*, Istanbul 1990, S. 183.

12 *Sosyalizm ve Toplumsal Mücadeleler Ansiklopedisi*, Bd. 7, Istanbul 1988, S. 2129.

13 Zinar, Zeynelabidin: „Medrese education in Kurdistan", in: *Islam des Kurdes: Les Annales de L'autre Islam* No. 5, 1998, S. 51.

14 *Cumhuriyet* v. 9. 12. 1991.

15 Schüler (wie Anm. 9), S. 106.

16 Ebd., S. 58–60.

10. Die Kurden im Irak

Katzman, Kenneth: „The Kurds in Post-Saddam Iraq" (Congressional Research Service 7-5700, April 6, 2009), in: handle.dtic.mil/100.2/ADA498387 (Zugriff 28. 11. 2009).

McDowall 1996; Leezenberg, Michiel: „Irakisch-Kurdistan seit dem Zweiten Golfkrieg", in: Borck/Savelsberg/Hajo 1997, S. 45–78; Farouk-Sluglett/ Sluglett 1991.

1 Antonius, George: *The Arab Awakening. The Story of the Arab National Movement*, London 1938, Repr. New York 1965, S. 435.

2 McDowall 1996, S. 152.

3 Edmonds 1957, S. 59.

4 *The Near East and India*, 25. 9. 1930, S. 348.

11. Die Kurden in Iran

Bruinessen, Martin van: „Nationalismus und religiöser Konflikt: Der kurdi-sche Widerstand im Iran", in: Berliner Institut für vergleichende Sozialfor-schung (Hrsg.): *Religion und Politik im Iran. Mardom nameh – Jahrbuch zur Geschichte und Gesellschaft im Mittleren Orient*, Frankfurt/M. 1981, S. 372–409; McDowall 1996; Vali, Abbas: „Politische Herrschaft und Ideo-logie der kurdischen Nationalbewegung im Iran 1942–1979", in: Borck u.a. 1997, S. 327–357.

1 Die Karte bildet den vorderen Vorsatz des Buches Meiselas 1997.
2 Meiselas 1997, S. 286.

12. Die Kurden in Syrien und im Libanon

McDowall, David: *The Kurds of Syria*, London 1998 (Kurdish Human Rights Project).

13. Die Kurden in der Sowjetunion und ihren Nachfolgestaaten, insbesondere Armenien und Aserbaidschan

Flint, Julie: *The Kurds of Azerbaijan and Armenia*, London 1998 (Kurdish Human Rights Project).
Müller, Daniel: „The Kurds of Soviet Azerbaijan, 1920–91", in: *Central Asian Survey* 19(1), 2000, S. 41–77.

Zweiter Teil

1. Sozialstruktur und Entwicklung

1 Barkan, zit. nach Behar, Cem (Hrsg.): *Osmanlı İmparatorluğu'nun ve Türkiye'nin Nüfusu 1500–1927* (Die Bevölkerung des Osmanischen Rei-ches und der Türkei 1500–1927), DİE (Staatsinstitut für Statistik), Ankara 1996, S. 5, Tabelle 1.3.
2 Vgl. Behar, Cem in: DİE (Hrsg.): *Osmanlı Devleti'nin İlk İstatistik Yıllığı* (Das erste statistische Jahrbuch des Osmanischen Reiches), Ankara 1996, S. 29.
3 Vgl. Mutlu, Servet: „Ethnic Kurds in Turkey: A Demographic Study", in: *International Journal of Middle East Studies* 4, Nov. 1996, S. 517–541; hier S. 520, Tabelle 1, S. 525 und 532; Prozentangaben für 1935 nach eigener Be-rechnung; Mutlu, Servet: „Population of Turkey by Ethnic Groups and Provinces", in: *New Perspectives on Turkey* 12, Spring 1995, S. 33–60.
4 Mutlu 1995, S. 51.
5 *Milliyet*, 22. 3. 2007.
6 ODTÜ Sosyoloji Bölümü (Fachbereich Soziologie der Technischen Uni-versität des Mittleren Ostens) GAP Araştırması Ekibi: *GAP Bölgesi Nüfus Hareketleri Araştırması* (Forschung zu Bevölkerungsbewegungen in der GAP-Region), Ankara 1993, S. 17f.

7 Ebd., S. 64.
8 Ebd., S. 193 f.
9 Laut der Zuordnung in dieser Studie umfaßt die Region 1 (Westen) die am meisten entwickelten westlichen und nordwestlichen Provinzen der Türkei. In der Region 5 (Osten) liegen fast alle östlichen und südöstlichen Provinzen, wo die Kurden in der Regel mehrheitlich oder jedenfalls zahlreich wohnen: Hakkari, Şırnak, Siirt, Van, Bitlis, Mardin, Batman, Muş, Diyarbakır, Adıyaman, K.Maraş, Malatya, Sivas, Elazığ, Bingöl, Muş, Tunceli, Gümüşhane, Bayburt, Erzurum, Kars, Ağrı.

Tabelle 2: Mittelwert der erwünschten Kinder nach Regionen der Türkei (1993)

Region	Gesamt-Mittelwert	Land	Stadt
1. Westen	2,2		
2. Süden	2,5		
3. Zentral	2,3		
4. Norden	2,4		
5. Osten	2,9		
Türkei insgesamt	2,4	2,5	2,3

Quelle: Hacettepe Üniversitesi: *1993 Türkiye Nüfus ve Sağlık Araştırması* (Forschung zur Bevölkerung und Gesundheit in der Türkei) Ankara, mitgeteilt von A. Hancıoğlu.

10 Tabelle 3: Rate der Säuglingssterblichkeit und Fertilität nach ausgewählten Regionen der Türkei (1993 und 1998)

Region	Rate der Säuglings- sterblichkeit (Promille)	Fertilitätsrate
1. Westen	42,7 (1993)	2,0 (1998)
2. Süden	55,4 (1993)	2,6 (1998)
3. Zentral	57,9 (1993)	2,6 (1998)
4. Norden	44,2 (1993)	2,7 (1998)
5. Osten	60,0 (1993)	4,2 (1998)
Türkei insgesamt	52,6 (1993)	2,6 (1998)
	42,7 (1998)	

Quelle: Hacettepe Üniversitesi: *1993 Türkiye Nüfus ve Sağlık Araştırması*, Ankara; und vorläufige Ergebnisse der Untersuchung von 1998, mitgeteilt von A. Hancıoğlu.

11 ODTÜ 1993, S. 13.

12 Tabelle 4: Volkszählungen in der Türkei und Anteil der städtischen Bevölkerung an der Gesamtbevölkerung

Volkszählung	Anteil der städtischen Bevölkerung (%)
1927	16,4
1935	16,9
1940	18,0
1945	18,3
1950	18,1
1955	22,5
1960	26,3
1965	29,9
1970	35,8
1975	41,4
1980	45,4
1985	51,1
1990	56,3
1997	65,0
2008	74,9

Quelle: DİE: *Türkiye Nüfusu, 1923–1994 Demografi Yapısı ve Gelişimi,* (Bevölkerung in der Türkei, demographische Struktur und Entwicklung 1923–1994), Ankara 1995, S. 44, Tabelle 5–1; DİE-Ergebnisse der Volkszählung von 1997 im Internet v. 21. 9. 1998.

13 DİE: *Türkiye Nüfusu 1923–1994*, Ankara 1995, S. 47.

14 ODTÜ 1993, S. 105.

15 Tabelle 5: Hochrechnung des Anteils der kurdischen Bevölkerung in verschiedenen Regionen der Türkei (1990) (nach Mutlu 1996, S. 533, Tabelle 3)

Region	Provinzen dieser Region	Anteil an der Gesamtbevölkerung %
Marmara	(1)	6,09
Ägäische	(2)	3,93
Mittelmeer	(3)	8,95
Zentralanatolien	(4)	5,53
Schwarzmeer	(5)	0,50
Osten	(6)	41,96
Südosten	(7)	64,98
Insgesamt (7 046 250)		12,60

(1) Balıkesir, Bilecik, Çanakkale, Edirne, Istanbul, Kırklareli, Kocaeli, Sakarya, Tekirdağ
(2) Afyon, Aydın, Denizli, İzmir, Kütahya, Manisa, Muğla, Uşak
(3) Adana, Antalya, Burdur, Gaziantep, Hatay, Isparta, İçel, K. Maraş
(4) Ankara, Çankırı, Çorum, Eskişehir, Kayseri, Konya, Nevşehir, Niğde, Sivas, Yozgat

(5) Amasya, Artvin, Bolu, Giresun, Gümüşhane, Kastamonu, Ordu, Rize, Samsun, Sinop, Tokat, Trabzon, Zonguldak

(6) Ağrı, Bingöl, Bitlis, Elazığ, Erzincan, Erzurum, Hakkari, Kars, Malatya, Muş, Tunceli, Van

(7) Adıyaman, Diyarbakır, Mardin, Siirt, Şanlı Urfa

16 ODTÜ 1993, S. 88–90.

17 Ebd., S. 12.

18 Ebd., S. 6.

19 Ebd., S. 10.

20 Ebd., S. 13.

21 TMMOB: *Bölgeiçi Zorunlu Göçten Kaynaklanan Toplumsal Sorunların Diyarbakır Kenti Ölçeğinde Araştırılması*, Ankara 1996, S. 113. Dies ist eine Studie des türkischen Architekten- und Ingenieursverbandes, in der stichprobenartig die männlichen Bewohner von 1072 Haushalten in Diyarbakır befragt wurden.

22 Ebd., S. 114.

23 Diese Darstellung beruht überwiegend auf der Diyarbakır-Studie des TMMOB 1996.

24 TMMOB 1996, S. 28.

25 Ebd., S. 27.

26 DİE-Ergebnisse der Volkszählung von 1997 im Internet v. 21. 9. 1998.

27 TMMOB 1996, S. 29.

28 1981 *Köy Envanter Etüdleri*, zit. nach ODTÜ 1993, S. 24.

29 Özer, Ahmet: *Modernleşme ve Güneydoğu* (Modernisierung und der Süd- osten), Ankara 1998, S. 271f.

30 TMMOB 1996, S. 61.

31 ODTÜ 1993, S. 117.

32 Ebd.

33 Ebd., S. 15.

34 Ebd., S. 135.

35 Özer 1998, S. 37.

36 ODTÜ 1993, S. 137.

37 ODTÜ 1993, S. 135, und Özer 1998, S. 37.

38 Özer 1998, S. 237.

39 ODTÜ 1993, S. 135.

40 TMMOB 1996, S. 37. Die Arbeitslosenkategorie schließt in diesem Fall auch diejenigen aus, die gelegentlich oder im informellen Sektor zu sehr niedrigen Löhnen arbeiten.

41 Vgl. TMMOB 1996, S. 43 f. Im Jahr 1996 betrug das Pro-Kopf-Bruttosozial- produkt 2826 $/Jahr, DİE: *1997 Türkiye İstatistik Yıllığı* (Statistisches Jahrbuch), Ankara 1998, S. 505.

42 Unter den Zwangsmigranten war dies 204 $/Jahr. TMMOB 1996, S. 43f.

43 In dieser Gruppe lebten in jedem Haushalt durchschnittlich 6,5 Personen. 45% dieser Gruppe wiederum waren Zwangsmigranten. TMMOB 1996, S. 41–43.

44 TMMOB 1996, S. 42–43.

45 TMMOB 1996, S. 44. Das besonders hohe Maß an Armut in Diyarbakır hängt damit zusammen, daß in den sechs Jahren vor der Studie eine große Zahl von Zwangsmigranten in die Stadt kam, die fast 40% der Gesamtbevölkerung ausmachen; hinzukommt, daß 67% der Bevölkerung unter 25 Jahren alt sind.

46 Ergöçmen, B.A., Hancıoğlu, A., Koç, İ. & Ünalan, T.: *Binyıl Kalkınma Hedeflerine Demografik Bakış*, H.Ü. Nüfus Etüdleri Enstitüsü ve Birleşmiş Milletler Nüfus Fonu, Ankara 2004, S. 9.

47 Aydın, Zülküf: *Underdevelopment and Rural Structures in South-eastern Turkey*, London 1986, S. 25, und ODTÜ 1993.

48 Aydın 1986, S. 25.

49 Ebd., S. 26.

50 Özer 1998, S. 181.

51 Rıfat Dağ, zit. nach TMMOB 1996, S. 126–127.

52 Ebd., S. 126; nach anderen Quellen nur 25%: ODTÜ 1993, S. 22.

53 TMMOB 1996, S. 127.

54 Özer 1998, S. 332 f.

55 Ebd., S. 235.

56 Ebd., S. 297, Anm.

57 Ebd., S. 294 f.

58 ODTÜ 1993, S. 195.

59 Ebd.

60 Ebd., S. 197.

61 Ahmet Cengiz, zit. nach TMMOB 1996.

62 TMMOB 1996, S. 50.

2. Bauerntum, ländliche Produktionsformen und Landbesitz

1 Im Jahr 2008 lebten 75% der Gesamtbevölkerung der Türkei in Städten; in allen 24 Provinzen (außer Gaziantep) der kurdischen Regionen lag der Anteil der Stadtbevölkerung immer unter diesem Wert. Den niedrigsten Anteil an Stadtbevölkerung hatte mit 34,2% die Provinz Muş (Quelle: www.tuik.gov.tr). In Muş waren 83% der Arbeitskräfte (Jahr 2000) in der Landwirtschaft beschäftigt (TESEV, S. 73, Tabelle 3.2).

2 TMMOB 1996, S. 112 f.

3 ODTÜ 1993, S. 81.

4 Ebd., S. 82.

5 Özer 1998, S. 123.

6 Zu den Besitzverhältnissen in der GAP-Region werden am häufigsten, wie auch in dem Bericht der Republikanischen Volkspartei (CHP) über die Situation im Osten und Südosten der Türkei vom Mai 1998 (*Doğu ve Güneydoğu – Ön Rapor*), die folgenden Zahlen aus der Vorstudie des GAP-Projekts vom Jahr 1989 (DPT: *GAP Master Planı* 1989) zitiert:

Provinzen	Landlose	1–20 ha	20–100 ha	100+ ha
Adıyaman	21,2 %	75 %	3,5 %	0,3 %
Diyarbakır	41,3 %	51,6 %	2,8 %	0,5 %
Gaziantep	28,6 %	64,5 %	6,6 %	0,3 %
Mardin	41,3 %	56,3 %	2,1 %	0,3 %
Siirt	44,6 %	53,8 %	1,5 %	0,1 %
Şanlı Urfa	48,1 %	50,2 %	7 %	0,7 %

Quelle: *CHP Doğu ve Güneydoğu Raporu*, Ankara 1998, S. 23

In einer späteren GAP-Studie wird berichtet, daß 40 % der befragten Haushalte landlos waren. (ODTÜ 1993, S. 69) In einer dritten Studie fanden die Forscher, daß 25 % der Bauern in der GAP-Region landlos waren, während 75 % der Bauern eigenes Land bearbeiteten. In 83 % der Dörfer dieser letzten Studie gab es landlose Bauern. (Sencer 1993, zit. nach ODTÜ 1993, S. 22).

7 Özer 1998, S. 156–165. Alle türkischen bzw. kurdischen Begriffe hier haben mit Landarbeits- und Besitzverhältnissen zu tun und stammen aus ländlichen und historischen Kontexten.

8 Traktorbesitz ist nicht gleichmäßig verteilt. Laut der GAP-Studie 1993 besaßen fast 75 % der befragten Haushaltsvorstände keinen Traktor. Von den Bauernhaushalten, die einen Traktor hatten, nutzten nur 10 % einen Kredit von einer Institution, wie z. B. von der staatlichen Bank der Landwirtschaft. Von den Haushalten ohne Traktor hatten 51 % einen für ihre landwirtschaftliche Arbeit geliehen. ODTÜ 1993, S. 80.

9 Vgl. Özer 1998, S. 134–138.

3. Haushalt und Familie

1 DİE: *1997 Türkiye İstatistik Yıllığı*, Ankara 1998, S. 107, nach eigener Berechnung.

2 Laut der TESEV Studie (S. 40, Tabelle 2.5) betrug im Jahr 2000 die durchschnittliche Haushaltsgröße in der Türkei 5,1 Personen. Die durchschnittliche Haushaltsgröße im Südosten der Türkei war mit 6,7 Personen deutlich höher. Bei neun Provinzen dieser Region wurde sogar ein Durchschnitt von sieben oder mehr Personen pro Haushalt ermittelt.

3 ODTÜ 1993, S. 114, 126.

4 Ebd., S. 126.

5 Özer 1998, S. 370 f.

6 ODTÜ 1993, S. 191.

6. Postskriptum

1 http://www.milliyet.com.tr/2007/03/22/guncel/agun.html (aufgerufen am 20. 7. 2009)

Statistische Daten zu Kurden in der Türkei

1. Demographie

Auf der Basis der Erhebung von 1990 und dem Personenregister von 2008 werden die Bevölkerungsgröße und -dichte sowie Netto-Migrations- und jährliche Wachstumsrate von 24 Provinzen der Türkei, in denen traditionell die Mehrheit der Kurden wohnt, aufgezeigt.

Tabelle 6: Bevölkerungszahl, -dichte und -zuwachsrate sowie
Netto-Migrationsrate einiger Provinzen

Provinz	1990 Bevölke-rung	1990 Be-völke-rungs–dichte (pro km²)	2008 Bevölke-rung	2008 Be-völke-rungs-dichte (pro km²)	2007–2008 Netto-Migra-tionsrate (Promille)	2008 Jährliche Zu-wachs-rate (Pro-mille)
Adıyaman	513 131	67	585 067	83	– 14,96	3,95
Ağrı	437 093	38	532 180	46	– 28,96	2,45
Bingöl	250 966	31	256 091	31	– 4,73	17,88
Bitlis	330 115	49	326 897	47	– 27,86	– 3,02
Diyarbakır	1 094 996	71	1 492 828	99	– 10,73	21,75
Elazığ	498 225	54	547 562	59	– 6,41	11,58
Erzincan	299 251	25	210 645	18	– 4,73	– 13,64
Erzurum	848 201	34	744 967	31	– 31,23	– 12,79
Gaziantep	1 140 594	149	1 612 223	236	0,59	32,91
Kilis	–	–	120 991	85	3,20	21,17
Hakkari	172 479	24	258 590	36	3,18	48,01
Kars	349 834	36	312 128	31	– 28,02	– 0,25
Iğdır	–	–	184 025	51	– 20,42	11,80
Malatya	702 055	57	733 789	62	– 3,17	16,11
K.Maraş	892 952	62	1 029 298	72	0,55	25,10
Mardin	557 727	63	750 697	85	– 18,25	6,57
Muş	376 543	46	404 309	50	– 38,42	– 2,96
Siirt	243 435	45	299 819	55	– 2,52	28,04
Sivas	767 481	27	631 112	22	– 18,15	– 10,80
Tunceli	133 143	17	86 449	12	9,22	28,48
Şanlı Urfa	1 001 455	54	1 574 224	84	– 7,45	33,02
Van	637 433	33	1 004 369	52	– 9,01	24,9
Batman	344 669	73	485 616	104	– 6,57	27,41
Şırnak	262 006	37	429 287	60	– 6,16	31,44
Türkei	**54 473 035**	**71**	**71 517 100**	**93**	**0**	**13,10**

Quelle: DİE: *1997 Türkiye İstatistik Yıllığı* (Statistisches Jahrbuch), Ankara 1998, S. 70, Tabelle 37. Die Zahlen für 2008: www.tuik.gov.tr (die offizielle Webseite des türkischen Statistikamtes).

Im Jahr 2008 hatte die Türkei eine Bevölkerungswachstumsrate von 13,1‰ (1994 betrug sie 18,28‰); Hakkari gehörte zu den Provinzen mit der höchsten Wachstumsrate (48‰). 74,9 % der Bevölkerung lebten in Städten; 26,3 % der Bevölkerung gehörten zu der Altersgruppe von 0–14 Jahren.

Bis 1990 war Kilis ein Distrikt innerhalb der Provinz Gaziantep und wurde erst 1995 eine eigene Provinz.

Auch Iğdır war bis 1990 ein Distrikt innerhalb der Provinz Kars und wurde erst 1992 eine eigene Provinz.

2. Migrationsbewegungen und Anteil der Kurden in der Türkei (nach Provinzen)

Daß viele Kurden über mehrere Jahrzehnte, in erhöhtem Maße aber in den letzten fünfzehn Jahren in die westlichen und südlichen Provinzen und in die Großstädte der Türkei abgewandert sind, kann aus üblichen Bevölkerungszahlen nicht entnommen werden. Diese Migrationsbewegungen wurden von Mutlu anhand von Analysen der Bevölkerungswanderungen und -zuwachsraten wie folgt eingeschätzt:

Tabelle 7: Geschätzter Anteil der Kurden in verschiedenen Provinzen der Türkei in den Jahren 1965 und 1990 (nach Mutlu 1996, S. 526 f.)

Provinz	% der Kurden (1965)	% der Kurden (1990)
Adana	4,58	10,05
Adıyaman	46,40	43,69
Ağrı	70,45	70,45
Ankara	3,84	6,74
Antalya	0,04	3,22
Aydın	0,27	4,07
Balıkesir	0,08	2,48
Bilecik	0,12	3,93
Bingöl	76,52	76,63
Bitlis	64,03	64,03
Bursa	0,07	4,47
Çorum	3,89	3,89
Denizli	0,06	3,08
Diyarbakır	72,78	72,78
Elazığ	43,17	43,15
Erzincan	19,74	19,74
Erzurum	15,78	16,22
Eskişehir	0,54	3,10
Gaziantep	12,09	13,22
Hakkari	89,47	89,47
Hatay	2,12	5,48

Provinz	% der Kurden (1965)	% der Kurden (1990)
İçel	1,51	9,71
Istanbul	2,77	8,16
İzmir	1,04	6,91
K.Maraş	15,37	15,37
Kars	22,36	19,02
Kayseri	2,11	4,56
Kırşehir	6,61	6,61
Kocaeli	0,49	7,94
Konya	3,97	5,42
Malatya	17,19	17,20
Manisa	0,06	3,48
Mardin	74,90	74,84
Muğla	0,04	2,06
Muş	67,65	67,75
Sakarya	0,54	2,82
Şanlı Urfa	47,84	47,84
Siirt	78,78	78,78
Sivas	11,73	11,72
Tekirdağ	0,20	3,30
Tunceli	55,81	55,90
Van	70,70	70,70

3. Bildungsstand

Tabelle 8: Bildungsstand in der Türkei und im Südosten 1990

Geschlecht	Westen	Süden	Zentral	Norden	Osten
Bevölkerung mit mindestens Grundschulabschluß (%)					
Männer	97,1	95,2	97,6	96,7	87,0
Frauen	94,8	89,4	94,8	93,0	66,4
mit mindestens Gymnasialabschluß (%):					
Männer	28,2	24,9	34,1	29,0	23,6
Frauen	23,9	17,4	20,9	14,9	10,6
mit mindestens Universitätsabschluß (%):					
Männer	7,8	5,9	8,5	5,9	6,7
Frauen	5,3	3,2	4,6	2,3	1,8

Zahlen für die Türkei insgesamt:

mit mind. Grundschulabschluß	Männer	94,9 %
	Frauen	87,7 %
mit mind. Gymnasialabschluß	Männer	28,2 %
	Frauen	18,9 %
mit mind. Universitätsabschluß	Männer	7,3 %
	Frauen	3,9 %

Quelle: DIE: *Türkiye Nüfusu, 1923–1994*, Ankara 1995, S. 78–79, Tabellen 9–7A bis 7D.

Die Studie von TESEV im Jahr 2006 zeigt, daß 95,5 % der türkischen Bevölkerung die 8jährige Grundschule abgeschlossen hatten. Die entsprechenden Raten beliefen sich auf 93,2 % für die Südosttürkei und 85,6 % für die Osttürkei. Nur 85,5 % der Mädchen in der Südosttürkei besuchten die Grundschule (TESEV 2006, S. 107, Tabelle 4.5). Die Raten für den Mittelschulbesuch/abschluß desselben Jahres betrugen 66,5 % für die Türkei insgesamt, für die Südosttürkei 42,7 % und die Osttürkei 45,1 %. Mädchen im Südosten und Osten der Türkei hatten mit 28,8 % und 31,3 % die niedrigsten Mittelschulabschlußraten überhaupt (TESEV 2006, S. 112, Tabelle 4.6).

4. Gesundheitsversorgung in der Türkei

Tabelle 9: Zahl der Patienten pro Arzt (A) und Krankenbetten pro 10 000 Personen (B) nach Regionen der Türkei (2002)

	A	B
Türkei	4708	23,30
Mittelmeer-Region	3595	19,20
Ägäische Region	3565	23,50
Zentralanatolien	3985	26,60
Schwarzmeer-Region	3747	26,40
Marmara-Region	7651	27,50
Ostanatolien	5223	18,00
Südostanatolien	7304	10,90

Quelle: TESEV 2006, S. 119, Tabelle 4.10.
Die Zahl der Ärzte bezieht sich nur auf diejenigen, die in staatlichen Polikliniken und Gesundheitszentren arbeiten.

Glossar

Aga (urspr. mongol.): Im Osmanischen Reich militärischer Rang; hier: Stammesführer, (Groß-) Grundbesitzer.

AKP: Adalet ve Kalkınma Partisi (Partei für Gerechtigkeit und Entwicklung), gegr. 2001. Entstanden aus der Fazilet Partisi. Der Vorsitzende der AKP, Recep Tayyip Erdoğan, ist seit 2003 türkischer Ministerpräsident.

Aleviten (auch: Alevi): „Anhänger und Verehrer Alis", in osmanisch-safawidischer Zeit auch als *Qızılbasch* bezeichnet; Religionsgemeinschaft in der Türkei, die sich von den Lehren der Zwölfer-Schia sehr weit entfernt hat und viele unter Sunniten und Schiiten verbindliche Vorschriften nicht anerkennt.

AP: Adalet Partisi (Gerechtigkeitspartei), gegr. 1961, verboten nach dem Militärputsch vom 12. 9. 1980.

Aschiret (türk. *aşiret*, kurd. *eşiret*): Stamm.

Assyrer: V. a. im Grenzgebiet zwischen der Türkei und Iran siedelnde Nestorianer, deren Liturgiesprache Aramäisch (Altsyrisch) ist.

Azadi (kurd. „Freiheit"): Ca. 1923 gegründete, nationalistisch ausgerichtete Geheimorganisation kurdischer Offiziere und Stammesführer mit vagen Vorstellungen über die Gründung eines eigenen Staates.

Azeri (das sind Aserbaidschanisch-Sprecher): Schiiten türkischer Zunge im Kaukasus-Gebiet, besonders in der Republik Aserbaidschan und in Nordwest-Iran; ihre Sprache steht dem in der Türkei gesprochenen Türkisch nahe.

Baath (arab. „Sendung", „Wiedererweckung"): Partei mit „sozialistischer" und panarabischer Programmatik und zeitweise verfeindeten Flügeln in Syrien und im Irak.

Bey (türk., auch: *Beg*): Militärischer Anführer, Stammesführer, hoher Verwaltungsbeamter (z. B. in der Verbindung *beylerbeyi*, d. i. Statthalter einer Großprovinz), entspricht ungefähr dem Begriff Emir.

Chaldäer: Seit dem 16. Jahrhundert zum Katholizismus übergetretene Nestorianer, die eine semitische Sprache (Aramäisch) sprechen und in jüngerer Zeit ihre Heimat im Südosten der Türkei verlassen haben.

Chan (türk.): Fürst, Herrscher.

Choibun (kurd. „Unabhängigkeit"): 1927 gegründete kurdische nationalistische Allianz, Organisatorin des Ararat-Aufstandes im Jahr 1930 und zahlreicher Bemühungen um kurdische Sprache und Literatur.

CHP: Cumhuriyet Halk Partisi, Republikanische Volkspartei (seit 1935 unter diesem Namen), gegr. 1923 als Halk Fırkası bzw. Cumhuriyet Halk Fırkası, aufgelöst 1980, neugegründet 1992.

Chutba (arab.): Freitagspredigt.

DDKO: Devrimci Doğu Kültür Ocakları, Revolutionäre Ost-Kulturklubs.

DEP: Demokrasi Partisi, Demokratie-Partei; kurzlebige pro-kurdische Partei (1993–94) in der Türkei.

Dhimmi (arab.): „Schutzbefohlener" (der Status des Schutzbefohlenen heißt *dhimma*), nichtmuslimischer Untertan in islamischen Staaten, der sich zu einer der vom Islam anerkannten Offenbarungsreligionen bekennt (*ahl al-kitab*, arab. „Schriftbesitzer").

DP: Demokrat Parti, Demokratische Partei, gegr. 1946, nach dem Staatsstreich der Militärs vom 27. 5. 1960 verboten.

DPK: Demokratische Partei Kurdistans im Irak, gegr. 1946. Vorsitzender seit den fünfziger Jahren Mulla Mustafa Barzani (bis 1975), heute: Masud Barzani.

Dschahsch (arab. „junger Esel"): Pejorative Bezeichnung für „regierungstreue" Kurden im Irak durch ihre kurdischen Gegner.

Dschihad (arab., türk. *cihat*): „Kampf", „heiliger Krieg" gegen Ungläubige, allgemein jegliche Bemühung zur Ausbreitung und Verteidigung des Islams.

DTP: Demokratik Toplum Partisi (Partei der demokratischen Gesellschaft), 2005 gegründete pro-kurdische Partei der Türkei, die mit 21 Abgeordneten im Parlament vertreten war. Verbot durch das Verfassungsgericht am 11. 12. 2009.

Emir (arab. *amir*, „Fürst", „Befehlshaber", im kurdischen Kontext *mîr*): Herrscher eines kurdischen Fürstentums im Osmanischen Reich und in Iran.

Fetva (arab. *fatwa*, türk. *fetva*): Rechtsgutachten.

Fursan (arab. „Helden", Sing. *faris*): Idealisierende Bezeichnung für „regierungstreue" Kurden durch das Regime in Bagdad.

GAP: Güney Doğu Anadolu Projesi (Südost-Anatolien-Projekt), Großprojekt zur Stromerzeugung durch Wasserkraft und zur landwirtschaftlichen Nutzung.

HADEP: Halkın Demokrasi Partisi (Demokratie-Partei des Volkes), 1994–2003, kurdisch orientierte Partei in der Türkei.

Hamidiye: Ab 1890 von Sultan Abdülhamid eingerichtete kurdische Stammesregimenter.

HEP: Halkın Emek Partisi (1990–1993), pro-kurdische Arbeitspartei des Volkes in der Türkei.

Hiwa („Hoffnung"): Kurdische Partei im Irak der vierziger Jahre.

Kalif (arab.): „Nachfolger" des Propheten Muhammad in seiner Eigenschaft als Oberhaupt der islamischen Gemeinde, Inhaber des Kalifats.

Kurmandschi: Nordkurdische Dialektgruppe, gesprochen in der Türkei, im äußersten Westen Irans entlang der Grenze zur Türkei, in Syrien und im Nord-Irak; Kurmandschi wird in Lateinschrift geschrieben.

Madhhab (arab. „Weg", Pl. *madhahib*): Rechtsschulen im sunnitischen Islam, in denen islamisches Recht zusammengefaßt wurde; man unterscheidet vier Rechtsschulen, die nach prominenten Juristen benannt wurden: der schafiitische, hanbalitische, hanafitische und malikitische *madhhab*.

Medrese: Höhere islamische Lehranstalten, an denen Theologen und Juristen ausgebildet wurden; in der Türkei 1924 gesetzlich abgeschafft.

MHP: Milliyetçi Hareket Partisi, Partei der Nationalistischen Bewegung (1972–1980) unter dem Vorsitz von Alparslan Türkeş, 1992 wieder gegründet.

Millet: Religionsgemeinschaft im Osmanischen Reich (v. a. Armenier, Griechen, Juden) mit Selbstverwaltung und eigener Gerichtsbarkeit.

Molla (türk., kurd. *mela*): Islamischer Oberrichter, Rechtsgelehrter; im kurdischen Kontext auch Vorbeter.

MSP: Milli Selamet Partisi, Nationale Heilspartei (gegr. 1972) des Necmettin Erbakan, nach dem 12. 9. 1980 aufgelöst.

Naqschbandiya: Sufi-Orden mit großem Einfluß in Kurdistan.

Nestorianer: Christliche Glaubensgemeinschaft im Orient seit dem 5. Jahrhundert, s. a. Assyrer und Chaldäer.

Newroz: Neujahrsfest im iranischen Kulturbereich (21.3.), von Kurden als nationaler Feiertag begangen.

Nurculuk (türk. „Bewegung der Anhänger des Lichtes"): Ordensähnliche Bewegung überwiegend unter türkischen und kurdischen Muslimen mit beträchtlichem Einfluß in politischen Parteien, gegr. von Said-i Nursi.

Pascha (aus pers. *padischah*): Titel im Osmanischen Reich für hohe militärische und zivile Würdenträger.

Pasdaran (pers. Pl. „Wächter"): Revolutionsgarden in der Islamischen Republik Iran.

Peschmerga (pers./kurd. „der vor dem Tod ist", d. h. todesmutig): Kurdischer Guerillero.

PKK: Partiya Karkeren Kurdistan, Arbeiterpartei Kurdistans, Vorsitzender Abdullah Öcalan („Apo"), in der zweiten Hälfte der siebziger Jahre entstandene marxistisch-leninistische Guerilla-Organisation, die seit 1984 den Kampf gegen die „koloniale Unterdrückung" durch die türkische Regierung und für einen kurdischen Staat führte; nach dem Appell Öcalans vom August 1999 hat die PKK den Kampf in der Türkei für beendet erklärt, was aber von ihren Nachfolgeorganisationen immer wieder rückgängig gemacht wurde.

PUK: Patriotische Union Kurdistans im Irak, gegr. 1975; Vorsitzender Dschalal Talabani.

Qadi: Richter, der nicht nur islamisches Recht sprach, sondern auch die Funktion einer Art Notar wahrnahm.

Qadiriya: Mystischer Orden mit bedeutender Anhängerschaft in Kurdistan.

Qızılbasch (türk. „Rotköpfe"): Seit dem Ende des 15. Jahrhunderts gebräuchliche, im allg. abwertende Bezeichnung für die Aleviten.

Reaya (arab/türk. „Herde", koll.): Ursprünglich in der Bedeutung: nichtmuslimische Untertanen im Osmanischen Reich, dann auch allgemein: steuerzahlende Untertanen, d. h. Christen und Muslime.

Rizgari (kurd. „Befreiung"): Kurdische Partei im Irak.

RRKI: Regional-Regierung Kurdistan-Irak.

Sayyid (arab. „Herr", türk. *seyit*): Nachkomme des Propheten Muhammad; vielfach in der Bedeutung: heilige Person.

Scharia (arab., türk. *şeriat*): Islamisches Recht.

Scheich (arab. „alter Mann"): Titel für hohe geistliche Würdenträger, bes. spirituelle Führer von Sufi-Orden.

Schia (arab. „Partei"): Eine der beiden Konfessionen des Islams, die – im Gegensatz zur Sunna – auf der Nachfolge des Propheten Muhammad durch seinen Schwiegersohn Ali besteht; Schiiten sind also jene, die sich zur *Schia* bekennen.

Sorani (mitunter Zentralkurdisch genannt): Kurdische Dialektgruppe, die im Irak zwischen Mosul und Halabdscha und in Iran zwischen Mahabad und Sanandadsch gesprochen wird; Sorani wird in arabischer Schrift geschrieben; wichtigster Dialekt ist der von Sulaimaniya.

SHP: Sosyaldemokrat Halkçı Partisi, Sozialdemokratisch-populistische Partei, gegr. 1985, schloß sich 1995 mit der CHP zusammen.

Sunna (arab. „Brauch"): Die größere der beiden Konfessionen des Islams; die Gläubigen richten sich nach der *Sunna*, dem Brauch des Propheten.

Suryani (türk. *Süryani*): Syrisch-orthodoxe Christen (Jakobiten), die – ursprünglich in der Südost-Türkei beheimatet – eine semitische Sprache (Turoyo) sprechen.

Tariqa (arab. „Weg", türk. *tarikat*): Religiöse Bruderschaft, Derwischorden.

Timar (pers.): Im Osmanischen Reich Lehen oder Pfründe, die Inhabern militärischer bzw. ziviler Ämter anstelle eines Soldes zur Nutznießung übertragen wurden und v. a. das Recht zur Steuereinziehung in einem bestimmten Gebiet einschlossen.

TİP: Türkiye İşçi Partisi, Arbeiterpartei der Türkei, gegr. 1961, zwischen 1971 und 1980 mehrfach verboten.

Umma (arab. „Volk", türk. *ümmet*): Die Gemeinschaft der Muslime.

Vali (arab./türk.): Gouverneur einer Provinz (*vilayet*) im Osmanischen Reich und in der Republik Türkei.

Vaqf (arab., Pl. *evqaf*): Fromme Stiftung.

Vilayet: Provinz im Osmanischen Reich und in der Republik Türkei.

Yeziden (auch: Yezidi): Anhänger einer ausschließlich unter Kurden verbreiteten synkretistischen Religion.

Zaza (Zazaki, Dimili): Kurdischer Dialekt, der wegen seiner beträchtlichen Unterschiede zu den anderen kurdischen Dialektgruppen eher als eigenständige Sprache begriffen werden kann.

Zeamet (arab./türk.): Eine Art Groß-*timar*.

Zoma (kurd.): Sommerweide.

Ausgewählte Daten zur kurdischen Geschichte

2. Jahrtsd. v. Chr.	Mutmaßliche Einwanderung indogermanischer Arier nach Iran, darunter Vorfahren der Kurden.
612 v. Chr.	Der Legende zufolge Tötung des Tyrannen Sohak durch den Schmied Kawa (21. 3.); Eroberung Ninives durch die Meder.
5./4. Jh. v. Chr.	Erwähnung des Volkes der Karduchen, die manche Forscher mit den Kurden identifizieren, in der *Anabasis* Xenophons.
1. Jh. v. Chr.	Erwähnung der Kyrtii in der Geographie des lateinisch schreibenden Strabon.
3.–7. Jh.	Sassaniden in Iran, Zoroastrismus Staatsreligion.
6./7. Jh.	Prophet Muhammad (569–632), Stifter des Islams.
7. Jh.	Expansion der muslimischen Araber nach Iran; Beginn der Islamisierung der Kurden.
9./10. Jh.	Erwähnung kurdischer Nomaden-Stämme bei arabischen Geographen.
10./11. Jh.	Kurdische Lokaldynastien in Aserbaidschan (Schaddadiden 951–1031) und Iran.
11. Jh.	Marwaniden in Nord-Mesopotamien und Südost-Anatolien, Sultan Nasir ad-Daula (1011–1061), Invasionen nomadischer Türken in den Vorderen Orient.
12. Jh.	Erstmalige Erwähnung des Begriffes „Kurdistan" als Name einer Provinz des Seldschukenreiches in Iran. Tätigkeit des Sufi-Scheich Adi ibn Musafir in Kurdistan, wird später zum Gründer des Yezidismus.
12./13. Jh.	Ayyubiden in Ägypten, Syrien und Mesopotamien.
1250–1517	Mamluken in Syrien und Ägypten.
13./14. Jh.	Die mongolische Dynastie der Ilchane in Iran.
um 1300	Gründung des Osmanischen Reiches.
15. Jh.	Kurdistan unter der Herrschaft der turkmenischen Dynastien der Aqqoyunlu und Qaraqoyunlu .
1514	Bündnis des osmanischen Sultans Selim I. mit kurdischen Fürsten gegen die Safawiden, im Gegenzug Gewährung einer Quasi-Autonomie.
16.-18. Jh.	Safawiden-Dynastie in Iran.
1597	Scharaf ad-Din Bitlisi verfaßt sein *Scharafname.*
16./17. Jh.	Blütezeit kurdischer Dichtung; Abfassung des Epos *Mam u Zin* durch Ahmad-i Chani.
18.-20. Jh.	Qadscharen-Dynastie in Iran
19. Jh.	Reformperiode (Tanzimat, 1839–1876) im Osmanischen Reich; Bestrebungen mit dem Ziel, die Provinzen der Kontrolle der Hohen Pforte unterzuordnen; Unterwerfung der

	kurdischen Fürstentümer; Zunahme des Einflusses religiöser Bruderschaften und ihrer Oberhäupter.
1880–82	Aufstand Scheich Ubaidullahs von Nehri.
1890	Einrichtung der kurdischen *Hamidiye*-Regimenter.
1898	Gründung der ersten kurdisch- und osmanisch-sprachigen Zeitung *Kürdistan* durch Angehörige der Bedir Chan-Familie; Verbot der Verbreitung im Osmanischen Reich.
1908	Jungtürkische Revolution (23. 7.); Sturz Sultan Abdülhamids; Gründung und alsbaldiges, aber nicht strikt gehandhabtes Verbot kurdischer Gesellschaften und Zeitungen.
1918	„Vierzehn Punkte-Plan für den Weltfrieden" (8. 1.) des amerikanischen Präsidenten Woodrow Wilson.
1918	Waffenstillstand von Mudros (30. 10.): Kapitulation des Osmanischen Reiches.
1918	Etablierung der „Gesellschaft für den Aufstieg Kurdistans" (Dezember); 1920 Spaltung der Gesellschaft.
1918–22	Revolten Scheich Mahmud Barzindschis in Süd-Kurdistan.
1919–22	Unabhängigkeitskampf der national-türkischen Bewegung unter dem Armeegeneral Mustafa Kemal.
1919–26	Aufstände des Kurdenführers Simko in Nordwest-Iran.
1920	Konferenz von San Remo (April): Britisches Mandat über Mesopotamien, französisches Mandat für Syrien.
1920	Friedensvertrag von Sèvres (10. 8.): Art. 64 stellt einen kurdischen Staat in Aussicht.
1921	Ende der Qadscharen-Herrschaft in Iran, Machtergreifung Reza Chans, des späteren Reza Schah Pahlawi (ab 1925).
1923	Gründung der Republik Türkei (29. 10.).
1923	„Kurdische Autonome Provinz" in der ASSR Aserbaidschan (bis 1929).
1923	Gründung einer kurdischen Geheimorganisation namens *Azadi*.
1924	Abschaffung des Kalifats; Verbot religiöser Schulen und Vereinigungen sowie von Derwischorden in der Türkei (3. 3.).
1924	Vertrag von Lausanne (24. 7.): Aufhebung der Bestimmungen von Sèvres, Herstellung der Souveränität der Regierung in Ankara.
1925	Scheich Said-Aufstand in der Türkei (Februar bis April); Hinrichtung der Führer (Juni).
1926	Anschluß Mosuls an den Irak auf Beschluß des Völkerbunds (5. 6.).
1927–1930	Kurden-Aufstände am Ararat.
1930	Anglo-irakischer Vertrag (30. 6.).
1932	Unabhängigkeit des Irak (3. 10.).
1932–1945	Die Brüder Kamuran und Celadet Bedir Chan geben die kurdische Zeitschrift *Hawar* („Ruf nach Hilfe") in Damaskus heraus.
1934	„Besiedlungsgesetz" (*İskan Kanunu*, Nr. 2510) vom 14. 6. ermöglicht die Umsiedlung „nicht-türkisch-sprachiger" türki-

	scher Staatsbürger innerhalb der Türkei; Ziel ist die Zerschlagung von Stammesstrukturen und der Macht von Scheichs und Agas.
1935	(Vermutlich) erster Roman in kurdischer Sprache: *Schivan-e kurd* („Der kurdische Hirte") von Ereb Schemo.
1936–38	Aufstand in der Provinz Dersim (später in Tunceli umbenannt); Niederschlagung ist gleichbedeutend mit dem Ende der kurdischen Bewegung in der Türkei.
1937	Vertrag von Saadabad zwischen Iran, Irak und der Türkei (8. 7.).
1942	Gründung der zunächst geheimen „Gesellschaft zur Wiedererweckung Kurdistans" (*Komala-i Dschiyanawa-i Kurdistan*) in der iranischen Kleinstadt Mahabad.
1945	Umwandlung der *Komala* in Demokratische Partei Kurdistans in Iran (DPKI).
1946–47	Ausrufung der „Republik Kurdistan" in Mahabad (22. 1.) durch Qadi Muhammad; im Dezember Wiederherstellung der Autorität der Teheraner Regierung im Gebiet von Mahabad; Hinrichtung Qadi Muhammads (März 1947); Flucht Mulla Mustafa Barzanis in die Sowjetunion.
1958	Sturz der Monarchie im Irak: Konzessionen der Regierung Qasim an die Kurden; Rückkehr Barzanis aus seinem Moskauer Exil.
1961 ff.	Aufstandsbewegungen irakischer Kurden unter Mustafa Barzani, unterbrochen von kurzfristigen Friedensabkommen (1963 mit General Arif).
1966	Niederlage irakischer Truppen und mit ihnen verbündeter Kurdengruppierungen gegen Barzani-Kurden; Abkommen zwischen Bagdad und Barzani beinhaltet weitgehende Zugeständnisse an Kurden, die aber nicht verwirklicht werden.
1970	Bagdad und Barzani vereinbaren eine Art Autonomieregelung für die Kurden, die aber nicht umgesetzt wird (11. 3.).
1970–71	Gründung der „Revolutionären kulturellen Zentren des Ostens" signalisiert Wiedergeburt der kurdischen Bewegung in der Türkei; Schließung der „Zentren" nach der Militärintervention vom 12. 3. 1971.
1971	Abd or-Rahman Qasemlu zum Generalsekretär der DPKI gewählt.
1974	Einseitige Verkündung des Autonomiegesetzes vom 11. 3. 1970 durch irakische Regierung, wird von Kurden zurückgewiesen.
1975	Abkommen von Algier zwischen dem Schah und Saddam Husain (März): Iran verzichtet auf Unterstützung der Kurden im Irak und erhält im Gegenzug Konzessionen in strittigen Grenzfragen.
1975	Gründung der PUK Dschalal Talabanis in Konkurrenz zur DPK der Barzanis.
1978	Gründung der PKK (*Partiye Karkeren Kurdistan*, „Arbeiterpartei Kurdistans") durch Abdullah Öcalan, genannt Apo.

1979	Sturz des Schahs wird von Kurden begrüßt; Ausrufung der Islamischen Republik Iran (1. 4.); Konfrontation zwischen Regierung und Kurden, die Autonomieforderungen erheben.
1979–82	Auseinandersetzungen zwischen DPK und PUK.
1980–88	Iran – Irak-Krieg: Beide Staaten unterstützen zwecks Destabilisierung die Kurden der Gegenseite.
1980	Militärputsch in der Türkei (12. 9.).
1983	Gesetz Nr. 2392 (19. 10.): Verbot des Gebrauchs aller Sprachen, „die nicht erste Amtssprache von der Türkei anerkannter Staaten" sind, richtet sich implizit gegen das Kurdische (*Sicilli Kavanini* Bd. 64, 1983, S. 954 ff.).
1984	Erste Aktionen der PKK in Südost-Anatolien.
1986–87	Annäherung der DPK und PUK auf iranische Vermittlung, Bildung einer Kurdistan-Front.
1988	Ca. 5000 Menschen, überwiegend Zivilisten, sterben nach Giftgaseinsatz irakischen Militärs in der kurdischen Stadt Halabdscha (März).
1989	Ermordung des Generalsekretärs der DPKI, Abd or-Rahman Qasemlu, in Wien (Juli).
1989	Parteiausschluß von sieben kurdischen Parlamentsabgeordneten der SHP nach Teilnahme an einer Kurden-Konferenz in Paris (Oktober).
1990	Einmarsch irakischer Truppen in den Nachbarstaat Kuwait (August).
1991	Vertreibung der Iraker aus Kuwait durch eine internationale Militärkoalition unter Führung der USA; Erhebung der Kurden wird von Bagdad niedergeschlagen; Flucht eines großen Teils der kurdischen Bevölkerung nach Iran und in die Türkei; Einrichtung einer Schutzzone für Kurden im Nord-Irak durch die Alliierten (*Operation Provide Comfort*); Rückzug irakischen Militärs aus dem Nord-Irak (März – April); Herausbildung eines kurdischen De-facto-Staates in der von den UN eingerichteten Sicherheitszone.
1991	Aufhebung des Sprachenverbotsgesetzes von 1983; türkische Streitkräfte unternehmen Aktionen gegen die PKK im Nord-Irak; bei den türkischen Wahlen kommen Kandidaten der HEP auf der Liste der SHP ins Parlament (Oktober).
1992	Feierlichkeiten am kurdischen Neujahrstag (*newroz*) in Südost-Anatolien schlagen in Demonstrationen um und werden vom türkischen Militär blutig unterdrückt (März).
1992	Wahlen in Irakisch-Kurdistan, Einberufung eines Parlaments und Bildung einer „Kurdischen Regionalregierung" (Mai).
1993	Iran, Syrien und die Türkei bekräftigen in einer gemeinsamen Erklärung ihr Festhalten an der territorialen Integrität des Irak (Februar).
1993	Verkündung eines einseitigen Waffenstillstandes durch die PKK (März); im April stirbt der türkische Staatspräsident

Özal, Befürworter einer gewaltlosen Lösung der Kurdenfrage; gerichtliches Verbot der HEP (Juli).

1994   Aufhebung der Immunität und Verhaftung von mehreren Abgeordneten der DEP (u. a. Leyla Zana; März); Verurteilung zu langjährigen Haftstrafen wegen Separatismus.

1993–96   Angriffe iranischer Truppen auf Stützpunkte iranischer Kurden im Nord-Irak.

1994–98   Trotz mehrerer Vermittlungsversuche, u. a. der USA, immer wieder gewaltsame Auseinandersetzungen zwischen DPK und PUK im kurdischen de facto-Staat.

1997   Zusammenschluß der DPKI und DPKI-Revolutionäre Führung.

1998–99   Drohungen der Türkei gegenüber Syrien führen zur Ausweisung Öcalans, der nach mehrmonatiger Odyssee durch mehrere europäische Länder in Kenia vom türkischen Geheimdienst festgenommen und in die Türkei gebracht wird (November-Februar).

1999   Anklage gegen Öcalan vor Gericht wegen Separatismus; Verurteilung zum Tode (Juni); Aufruf Öcalans an die PKK, den Kampf einzustellen (August); Bestätigung des Todesteils durch den Kassationsgerichtshof (Dezember).

2002   Umwandlung des Todesurteils gegen Öcalan in eine lebenslange Freiheitsstrafe (Oktober)

2003   Verbot der HADEP durch das türkische Verfassungsgericht wegen angeblicher Verbindungen zur PKK (März)

2003   Nach der „Operation Iraqi Freedom" Übernahme der Macht durch einen „Iraq Governing Council", dem u. a. Barzani und Talabani angehören (Juli)

2004   Unruhen unter den Kurden im Nordosten Syriens (März)

2004   Bestätigung der RRKI durch die provisorische irakische Verfassung (März)

2004   Aufkündigung des Waffenstillstands (seit 1999) durch die PKK (Juni)

2005   Wahlen zur „Provisorischen Irakischen Nationalversammlung" und „Kurdischen Nationalversammlung" (Januar); Barzani „Präsident Kurdistans" (Juni)

2005   Annahme der Verfassung Iraks durch Referendum: Autonomie für Kurdistan (Oktober)

2006   DTP ruft PKK zum Waffenstillstand mit der türkischen Regierung auf (September)

2007   Angriff von PKK-Kämpfern auf türkische Militärposten (Oktober)

2008   Groß angelegte türkische Militäraktion gegen PKK-Stützpunkte im Nordirak (Februar)

2008   Verurteilung Leyla Zanas zu 10 Jahren Gefängnis wegen Propaganda für die PKK (Dezember)

2009   Beginn von Sendungen in kurdischer Sprache durch staatlichen Satellitenkanal TRT 6 (Januar)

2009	Verluste der DPK und PUK bei den Parlamentswahlen in Irakisch-Kurdistan und Erstarken der Opposition; Verabschiedung der Verfassung für den autonomen kurdischen Gliedstaat im Irak (Juni/Juli)
2009	Verbot der DTP durch das türkische Verfassungsgericht (Dezember)

Literatur

Behrendt, Günter: *Nationalismus in Kurdistan. Vorgeschichte, Entstehungsbedingungen und erste Manifestationen bis 1925,* Hamburg 1993 (Schriften des deutschen Orient-Instituts)

Borck, Carsten/Savelsberg, Eva/Hajo, Siamend (Hrsg.): *Ethnizität, Nationalismus, Religion und Politik in Kurdistan* (Kurdologie, 1), Münster 1997

Bozarslan, Hamit: *La Question Kurde: État et minorités au Moyen-Orient,* Paris 1997

Bruinessen, Martin van: *Agha, Scheich und Staat, Politik und Gesellschaft Kurdistans,* Berlin 1989 (Edition Parabolis)

Farouk-Sluglett, Marion/Sluglett, Peter: *Der Irak seit 1958. Von der Revolution zur Diktatur,* Frankfurt/M. 1991

Kirişçi, Kemal/Winrow, Gareth M.: *Kürt Sorunu: Kökeni ve Gelişimi,* Istanbul 1997 (*The Kurdish Question and Turkey: An Example of a Trans-State Ethnic Conflict,* London 1997)

Kreyenbroek, Philip G./Sperl, Stefan (Hrsg.): *The Kurds: A Contemporary Overview,* London-New York 1992

Kreyenbroek, Philip G./Allison, Christine (Hrsg.): *Kurdish Culture and Identity,* Atlantics Highlands, N.J. 1996

Les Kurdes et les États. Peuples Méditerranéens No. 68–69, Paris 1994

McDowall, David: *A Modern History of the Kurds,* London-New York 1996

Meiselas, Susan: *Kurdistan: In the Shadow of History,* New York 1997

Özer, Ahmet: *Modernleşme ve Güneydoğu,* Ankara 1998

Olson, Robert: *The Emergence of Kurdish Nationalism 1880–1925,* Austin 1989

Strohmeier, Martin: *Crucial Images in the Presentation of a Kurdish National Identity: Heroes and Patriots, Traitors and Foes.* Leiden-Boston 2003 (Social, Economic and Political Studies of the Middle East and Asia, 86)

TESEV: *Doğu ve Güneydoğu Anadolu'da Sosyal ve Ekonomik Öncelikler,* Istanbul 2006

Yalçın-Heckmann, Lale: *Tribe and Kinship among the Kurds,* Frankfurt/M. 1991

Yalçın-Heckmann, Lale: *Kürtlerde Aşiret ve Akrabalık İlişkileri,* Istanbul 2002

Register

Aus dem Verlagsprogramm

Naher und Mittlerer Osten

Christopher de Bellaigue
Rebellenland
Eine Reise an die Grenzen der Türkei
Aus dem Englischen von Karl Heinz Siber
2008. 344 Seiten Gebunden

Klaus Kreiser
Atatürk
Eine Biographie
3. Auflage. 2008. 334 Seiten mit 38 Abbildungen und 4 Karten. Gebunden

Günter Seufert/Christopher Kubaseck
Die Türkei
Politik, Geschichte, Kultur
2., durchgesehene und aktualisierte Auflage. 2006. 240 Seiten mit
10 Abbildungen und 5 Karten. Paperback
Beck'sche Reihe Band 1603

Henner Fürtig
Kleine Geschichte des Irak
Von der Gründung 1921 bis zur Gegenwart
2., aktualisierte Auflage. 2004. 175 Seiten mit 2 Karten. Paperback
Beck'sche Reihe Band 1535

Monika Gronke
Geschichte Irans
Von der Islamisierung bis zur Gegenwart
3., durchgesehene und aktualisierte Auflage. 2009.
128 Seiten mit 2 Karten. Paperback
C.H.Beck Wissen in der Beck'schen Reihe Band 2321

Udo Steinbach
Geschichte der Türkei
5. Auflage. 128 Seiten mit 2 Karten. Paperback
C.H.Beck Wissen in der Beck'schen Reihe Band 2143

Verlag C.H.Beck München

Islamischer Orient

Der Islam in der Gegenwart

Herausgegeben von Werner Ende und Udo Steinbach
unter redaktioneller Mitarbeit von Renate Laut
5., aktualisierte und erweiterte Auflage. 2005. 1064 Seiten mit
15 Abbildungen und 1 Karte. Leinen

Geschichte der arabischen Welt

Begründet von Ulrich Haarmann, herausgegeben von Heinz Halm.
Unter Mitwirkung von Monika Gronke, Barbara Kellner-Heinkele,
Helmut Mejcher, Tilman Nagel, Albrecht Noth (†), Alexander Schölch (†),
Reinhard Schulze, Hans-Rudolf Singer (†) und Peter von Sivers
5. Auflage. 2004. 786 Seiten mit 14 Karten. Leinen
Beck's Historische Bibliothek

Gudrun Krämer
Geschichte des Islam

2005. 334 Seiten mit 87 Abbildungen und 5 Karten. Gebunden

Klaus Kreiser
Istanbul

Ein historischer Stadtführer
2., durchgesehene Auflage. 2009. 320 Seiten mit 38 Abbildungen und
14 Plänen. Gebunden

Mathias Rohe
Das islamische Recht

Geschichte und Gegenwart
2., durchgesehene Auflage. 2009. XVI, 606 Seiten. Gebunden
Historische Bibliothek der Gerda Henkel Stiftung

Aatish Taseer
Terra Islamica

Auf der Suche nach der Welt meines Vaters
Aus dem Englischen von Rita Seuß
2010. 365 Seiten mit 1 Karte. Leinen

Verlag C.H.Beck München

Politik und Gesellschaft

Lamya Kaddor
Muslimisch – weiblich – deutsch!
Mein Weg zu einem zeitgemäßen Islam
2010. 206 Seiten. Gebunden

Navid Kermani
Wer ist Wir?
Deutschland und seine Muslime
2., durchgesehene Auflage. 171 Seiten. Gebunden

Nicholas Stern
Der Global Deal
Wie wir dem Klimawandel begegnen und ein neues Zeitalter
von Wachstum und Wohlstand schaffen
Aus dem Englischen von Martin Richter
2009. 287 Seiten mit 8 Tabellen und Grafiken. Gebunden

Boris Barth
Genozid
Völkermord im 20. Jahrhundert
Geschichte, Theorien, Kontroversen
2006. 271 Seiten. Paperback
Beck'sche Reihe Band 1672

Bärbel Beinhauer-Köhler/Claus Leggewie
Moscheen in Deutschland
Religiöse Heimat und gesellschaftliche Herausforderung
Mit einem Essay von Alen Jasarevic und
einem Foto-Essay von Mirko Krizanovic
2009. 240 Seiten mit 46 Abbildungen. Paperback
Beck'sche Reihe Band 1892

Günther Schlee
Wie Feindbilder entstehen
Eine Theorie religiöser und ethnischer Konflikte
2006. 224 Seiten mit 5 Abbildungen und 4 Tabellen. Paperback
Beck'sche Reihe Band 1720

Verlag C.H.Beck München